선인들의 지혜를 탐독하라.

대한민국 국민이라면 한 번쯤 보아야 할 책!

茶山 丁若鏞

쉬운 목민심서

牧民心書

편저 대한고전문화편찬연구회

법문 북스

목민심서

〈목민심서〉의 구성을 보면 12강(綱)으로 크게 구분되고 이것을 또 다시 각각 6조씩 세분하여 전체가 12강 72조로 되어 있는데 이는 목민관의 생활을 총 망라한 것이다.

부임 편에는 목민관으로 발령을 받고 고을로 부임할 때 유의해야 할 6가지 사항에 대한 내용이 담겨 있다. 목민관은 부임할 때부터 검소한 복장을 해야 하며, 백성들에게 폐를 끼치는 일이 없도록 해야 한다. 나라에서 주는 비용 외에는 한 푼도 백성의 돈을 받아서는 안 되며, 일을 처리할 때는 공과 사를 분명히 구분해야 한다. 또한 아랫사람들이 자신 모르게 백성을 괴롭히는 일이 없도록 단속해야 한다.

율기 편에는 목민관이 지켜야 할 생활 원칙이 담겨 있다. 목민관은 몸가짐을 절도 있게 해서 위엄을 갖추어야 한다. 위엄이란 아랫사람이나 백성들을 너그럽게 대하는 동시에 원칙을 지키는 것을 통해 자연스럽게 나타나는 것이다. 마음가짐은 언제나 청렴결백해야 한다. 다른 사람의 청탁을 받아서는 안 되며, 생활은 언제나 검소하게 해야 한다. 집안을 잘 다스리는 것도 목민관의 중요한 덕목이다. 지방에 부임할 때는 가족을 데리고 가지 말아야 하며, 형제나 친척이 방문했을 때는 오래 머무는 일이 없도록 해야 한다. 이는 쓸데없는 청탁이 오가고 물자가 낭비되는 일을 막기 위해서이다. 모든 것을 절약하고 아껴서 백성들에게 은혜를 베푸는 것 또한 목민관이 지켜야 할 원칙이다.

봉공 편에는 위로는 임금을 섬기고 아래로는 백성을 섬기는 방법이 적혀 있다. 목민관의 가장 중요한 임무는 임금의 뜻을 백성에게 잘 알리는 일이다. 당시에는 나라에 큰 일이 있을 때 교문(敎文)이나 사문(赦文)과 같은 공문서를 각 고을로 내려 보냈다. 하지만 글이 너무 어려워 일반 백성들이 그 뜻을 이해하기가 힘들었다. 목민관은 이것을 쉽게 풀어서 백성들에게 알려 주어야 한다. 목민관은 법을 잘 지키는 한편 지방에서 내려오는 잘못된 관행을 바로잡는 데 힘써야 한다. 공문서는 정해진 기간 내에 완벽하게 처리해야 한다. 또한 공납과 같은 세금을 공정하게 징수해서 아전들이 부정을 저지르는 일이 없도록 철저히 단속해야 한다. 외국 선박이 표류해 들어온 경우에는 예의를 갖춰 잘 보살펴 주어야 하며, 그들에 관한 모든 것(배의 모양, 크기, 문자 등)을 빠짐없이 기록해 상부에 보고해야 한다. 이 때 그들의 좋은 점은 보고 배워야 하며 백성들에게 폐를 끼치는 일이 없도록 해야 한다.

애민 편은 백성을 사랑하는 방법에 대해 설명하고 있다. 목민관은 노인을 공경하고 불쌍한 백성을 보살펴야 할 의무가 있다. 특히 4궁(窮)을 구제하는 데 힘써야 한다. 4궁이란 홀아비와 과부, 고아, 늙어서 의지할 곳이 없는 사람을 가리키는 말이다. 재미있는 사실은 목민관이 합독(合獨)이라 하여 홀아비와 과부를 재혼시키는 일에 힘써야 한다고 말한 점이다. 집안에 초상이 난 사람에게는 요역(水役)을 면제해 주고, 환자에게는 정역(征役)을 면제해 주어야 한다. 목민관은 자연 재해가 나지 않도록 항상 대비해야 하며, 재해가 생겼을 때는 백성들을 위로하고 구호하는 데 힘써야 한다.

이전 편부터 공전 편까지는 각 방의 세부 업무에 대해 설명한 부분이다. 조선 시대의 지방 행정 조직은 수령 아래 이(吏)·호(戶)·예(禮)·예(禮)·병(兵)·형(刑)·공(工)의 육방의 업무를 총괄하는 책임자이므로, 마땅히 모든 업무를 빈틈없이 파악하고 있어야 한다. 이전 편에서는 아전을 잘 다스리기 위해서는 목민관 스스로 자기 몸을 잘 다스려야 한다는 점을 강조하고 있다. 따라서 목민관은 아랫사람을 은혜로 다스려야 한다는 점을 강조하고 있다. 따라서 목민관은 아랫사람을 은혜로 대하고 법으로 단속해야 한다. 아무리 학문이 뛰어나더라도 아전을 단속할 줄 모르면 백성을 다스릴 수 없다. 그리고 백성을 잘 다스리려면 무엇보다도 인재를 등용하여 적재적소에 배치할 줄 알아야 한다. 관리를 뽑을 때는 충성과 신의를 첫째 기준으로 삼아야 하며, 재주나 지혜는 그 다음으로 보아야 한다. 또한 관리가 한 일은 반드시 공적을 따져 상벌을 주어야 한다. 그래야만 백성들로 하여금 믿고 따르게 할 수 있다.

호전 편에서는 세금을 거두는 일에 대해 말하고 있다. 소출량을 기준으로 한 세금 징수는 정확한 실태 파악이 어렵기 때문에 문제가 있었다. 정약용은 이 점을 비판하고 공정한 세금 징수를 위해 해마다 직접 조사를 해야 한다고 주장했다. 목민관은 원활한 조세 업무를 위해서 호적을 정비하고 부정 방지에 힘써야 한다. 또한 국민 경제의 근본인 농업을 장려하는 정책을 펴야 한다. 농사를 권장하는 핵심은 세금을 덜어주고 부역을 적게 하여 토지 개척을 장려하는 것이다. 권농 정책에는 벼농사 장려뿐만 아니라 목축과 양잠의 장려, 소의 도축을 막는 일 등이 모두 포함된다.

예전 편에서는 제사와 손님 접대, 교육, 신분 제도 등에 대해 설명하고 있다. 목민관의 중요한 임무 중 하나는 정성을 다해 제(祭)를 지내는 일이다. 미풍양속을 해치는 미신적인 제사가 있다면, 사람들을 계몽하여 없애 버려야 한다. 또한 교육을 장려하고 과거 공부를 권장하여 인재를 양성해야 한다. 문란해진 신분 제도를 바로잡는 일도 목민관이 해야 할 일이다.

병전 편에서는 군대를 키우고 잘 훈련하여 외적의 침입에 대비해야 한다는 점을 말하고 있다. 당시에는 병역 의무자가 군대에 가는 대신 옷감을 내고 면제를 받는 제도가 있었는데, 여기에는 부정이 많았다. 목민관은 이러한 부정을 가려내어 가난한 백성들이 피해를 입는 일이 없도록 해야 한다. 또한 병기들을 수리하고 보충하여 늘 비상사태에 대비해야 하며, 외적의 침입이 있을 때는 목숨을 걸고 지방을 지켜야 한다.

형전 편에서는 재판과 죄인을 다스리는 방법에 대해 말하고 있다. 재판을 할 때는 사건의 전말을 모두 파악한 뒤 신중하게 판결해야 하며, 특히 옥에 가두거나 형벌을 내릴 때 잘못이 없도록 해야 한다. 또한 거짓으로 남을 고발한 사람은 엄하게 다스려야 한다. 예로부터 이진 목민관은 형벌을 약하게 했으니 지나친 형벌은 피하는 것이 좋다. 옥에 갇힌 죄수에게는 집과 식량을 마련해 주어야 한다. 그러나 폭력을 일삼은 흉악한 자들은 엄하게 다스려야 한다.

공전 편에서는 산림과 수리 시설, 환경 미화 등에 대해 말하고 있다. 목민관은 산림을 울창하게 가꾸고 농사의 기본이 되는 수리 시설을 관리할 책임이 있다. 수리 시설의 경우, 지방 토호들이 제멋대로 저수지를 파서 자기 논에만 물을 대는 행동을 막아야 한다. 도로를 닦고 건전한 공업을 육성하는 것 또한 목민관의 책임이다.

진황 편에서는 재해가 났을 때를 대비해 준비해야 할 사항들에 대해 말하고 있다. 흉년이 들 때를 대비해서 평소에 곡식을 저축하고, 창고 안에 있는 식량의 양을 늘 파악하고 있어야 하며, 철저한 대책을 마련해 두어야 한다. 또 흉년이 들어 위급한 때는 조정의 명령을 기다리지 말고 창고를 열어 곡식을 나누어 주어야 한다. 백성을 구제하는 데는 두 가지 관점이 있는데, 첫째는 시기에 맞추는 것이며, 둘째는 원칙을 세우는 것이다. 이는 정확한 실태 파악을 바탕으로 구휼에 나서야 한다는 점을 강조한 것이다. 또한 목민관은 집을 잃은 백성들에게 쉴 곳을 마련해 주고, 재해에 대한 구제가 끝나면 백성들을 따뜻하게 위로해 주어야 한다.

해관 편에서는 목민관이 벼슬을 그만두고 물러날 때와 그 이후의 일에 관해 말하고 있다. 벼슬에 연연하는 것은 선비의 도리가 아니며, 떠날 때 많은 재물을 가지고 가는 것 또한 선비가 할 일이 아니다. 백성들이 목민관이 떠나가는 것을 슬퍼하고 길을 막아선다면 훌륭한 목민관이었다고 할 수 있다. 만약 오랜 병으로 눕게 되면 거처를 옮겨서 공무에 지장이 없도록 해야 한다. 또 죽은 뒤에라도 백성들이 내는 돈을 받지 않도록 미리 유언으로 명령해 두어야 한다. 송덕비나 선정비는 죽은 이후에 세워야 하는 것으로 있을 때 세우는 것은 예가 아니다.

이처럼 '목민심서'는 지방 수령이 갖추어야 할 덕목과 해야 할 일을 총망라해 놓은 책이다. 오랜 세월이 흘렀지만 이 책은 여전히 우리들에게 많은 것을 시사한다. 관리들에게는 좋은 지침서가 되고 그 밖의 사람들에게는 생활의 교훈서가 될 수 있기 때문이다. 이 점에서 '목민심서'가 독자들에게 감동을 줄 수 있는 것이다.

목민심서 차례

1. 부임육조 赴任六條

2. 율기육조 律己六條

5. 이전육조吏典六條

6. 호전육조戶典六條

9. 형전육조刑典六條

10. 공전육조工典六條

11. 진황육조賑荒六條

12. 해관육조解官六條

|제1장|

부임육조
赴任六條

제조 제배 除拜
판직을 제수 받다.

他官可求나 牧民之官은 不可求也니라.
타관가구나 목민지관은 불가구야니라.

다른 벼슬은 모두 취해도 좋지만, 목민관벼슬은 억지로 취해서는 안 된다.

윗사람을 섬기는 사람은 백성이고, 백성을 다스리는 사람은 수령이다. 다시 말해 수령만이 만민을 다스리는 사람으로 불린다. 그 이유는 일의 크고 작음만 다를 뿐 하루에 처리하는 일이 임금과 똑같기 때문이다. 수령의 어려움은 옛날 공후보다 백배나 더 많기 때문에 이 벼슬을 억지로 구해서는 안 된다. 수령의 조건은 덕망이 있어도 위임이 없다거나, 생각이 명철하지 못하면 자격미달이다. 만약 능력 없는 사람이 수령의 자리에 오르면 백성들은 곤궁해지면서 고통에 빠지고, 재앙이 자손들에게까지 미친다.

除拜之初에 財不可濫施也니라.

제배지초에 재불가남시야니라.

임명되는 순간에는 재물을 함부로 나눠주는 것은 좋지
않다.

자신이 원하던 관직에 임명이 되었을 때, 자신도 모르게 마음이 들뜨
면서 고생할 때 신세를 진 사람에게 선심을 쓰기 쉽다. 이때 사용되는
비용은 나중에 백성들의 주머니에서 보충해야 하기 때문이다. 그래서
삼가야 한다는 것이다. 수령으로 부임하기 전에는 봉급이 없는데도 불
구하고, 함부로 부임지의 재물을 사용할 수가 없다. 부득이할 경우는
예외로 슬 경우도 있지만, 아무튼 멋대로 비용을 사용해서는 안 된다.

邸報下送之初에 其可省弊者는 省之니라.

저보하송지초에 기가생폐자는 생지니라.

처음 저보를 내려 보낼 때, 잘못 된 폐단은 가능한 한 줄
일 때까지 줄여야만 한다.

새 수령이 온다는 소식을 접한 해당고을에서는 관사수리와 환영준비
로 많은 비용과 인력이 소비된다. 따라서 발령이 나면 속히 부임지에
연락해 이런 폐단을 줄여야만 한다. 즉 첫째 예물을 바치는 것, 둘째 관

사를 수리하는 것, 셋째 다양한 깃발을 들고 영접하는 것, 넷째 아전이나 지방 유지들이 문안하는 것, 다섯째 부임도중에 문안 받는 일 등은 생략해도 무방하다. 이런 이벤트에 사용되는 돈은 모두 백성들에게서 나온다는 것을 알아야 한다.

新迎刷馬之錢은 旣受公賜인데, 又收民賦면 是匿君之惠而掠民財
신영쇄마지전은 기수공사인데, 우수민부면 시익군지혜이략민재
니 不可爲也라.
니 불가위야라.

신임 쇄마전을 공금으로 미리 받았는데, 백성들로부터 또다시 거둔다면 이것은 임금의 은혜를 배신하고 백성들의 재산을 약탈하는 것이기 때문에 행해서는 안 된다.

부임하거나 전근에 사용되는 비용은 모두 나라에서 별도로 지급한다. 하지만 이것은 빙자해 별도로 백성들에게 징수하는 것은 청렴하지 못한 행동이다. 위엄은 청렴에서 나오기 때문에 간교한 무리들은 겁을 내고, 백성들은 명령을 어기지 않는다. 하지만 지금까지 부임하기 전 이런 경비를 거두지 말라고 영을 내린 사람이 단 한 명도 없다. 이것은 부임하는 모든 사람들이 청렴하지 않다는 것으로 풀이될 수 있다. 이제라도 본인부터 솔선수범한다면 좋은 본보기가 되지 않겠는가.

제2조 치장 治裝
부임길의 행장

治裝에는 其衣服鞍馬는 竝因其舊요 不可新也니라.

치장에는 기의복안마는 병인기구요 불가신야니라.

행장을 꾸릴 때 의복과 말은 사용하던 것을 그대로 가져가고 새로 마련하지 않아야 한다.

행장은 사치스러운 것을 피하고 예전에 자신이 사용하던 것을 그대로 이용하는 것이 좋다. 백성을 사랑한다면 그들의 비용을 절약해주고, 검소를 몸소 실천해야만 한다. 즉 검소해야만 청렴해지고, 청렴해야만 사리판단이 정확해진다. 어리석은 사람은 비싼 옷과 갓으로 치장하고 좋은 안장과 날랜 말을 타면서 자랑하려고 한다.

늙고 경험이 많은 아전은 신관의 행장이 사치스러우면 비웃고 검소하다면 두려워한다. 어리석은 사람은 남들이 자신을 부러워한다고 착각하지만, 아전이나 백성들은 도리어 그런 상전을 비난한다. 그래서 겸손을 중요하게 생각해야만 사람들로부터 비난받지 않는다.

同行者不可多니라.
동행자불가다니라.

동행하는 사람이 많으면 좋지 않다.

목민관으로 부임하면서 가족이나 하인들을 많이 데리고 가지 말아야 한다. 즉 하인들을 많이 두고 위세를 부린다는 것은 좋지 못한 것이다. 또 많은 식구는 고을의 재정을 축내기 때문이다. 따라서 자제 한명과 서기 한명이면 충분하다.

衾枕袍繭之外에 能載書一車면 淸士之裝也니라.
금침포견지외에 능재서일거면 청사지장야니라.

이불과 의복을 제외하고 책을 한 수레 싣는 모양은 청렴한 선비의 행장이다.

생활에 필요한 의복과 침구 정도만 가져가고, 학문과 업무수행에 필요한 서적을 반드시 챙겨 가져가야 한다. 하지만 보편적으로 부임하는 사람들은 책력 한 권 외에는 다른 책들을 가지고 가지 않는다. 그 이유는 임기를 끝내고 돌아올 때 많은 재물을 챙겨 싣기 위해 한 권의 책도 짐으로 생각하기 때문이다. 책은 고을에 사는 선비와의 학문을 말할 때나, 각종 법을 시행할 때도 반드시 필요한 것이다.

제3조 사조 辭朝
조정에의 하직 인사

既署兩司라야 乃辭朝也니라.
기서량사라야 내사조야니라.

이미 양사(兩司)의 서경(署經)이 끝났으면 조정에 하직 인
사를 올린다.

조선시대의 관원 임명절차를 보면 문관은 이조에서 무관은 병조에서
세 명의 후보를 추천해 임금이 한 사람을 낙점한다. 그런 다음에 사헌부
와 사간원에서 서경을 거치면서 끝난다.

歷辭公卿臺諫에는 宜自引材器不稱이요 俸之厚薄은 不可言也니라.
역사공경대간에는 의자인재기불칭이요 봉지후박은 불가언야니라.

> 공경과 대간들에게 하직인사를 할 땐 자신의 재주와
> 기량 및 녹봉과 후박을 말하지 않는다.

신임 수령이 부임지로 떠나기 전 고관들을 찾아가 하직인사를 하는데, 이때 자신의 재량을 자랑하거나 봉록이 많다 적다를 말해서는 안된다. 그 대신 재상과 대신들에게 부임지의 감사나 풍속을 어지럽히는 폐단이나 백성들의 걱정거리를 자세하게 묻고, 그것을 바로잡는 방책을 제시하거나 상의를 하는 것이 정도이다.

歷辭銓官에 不可作感謝語니라.
역사전관에 불가작감사어니라.

전관(관리들을 전형하는 직책)에게 하직인사를 할 때는 반드시 감사의 말을 던져서는 안 된다.

전관은 관리들의 사람됨을 전형하는 직급이다. 문관의 전형은 이조吏曹, 무관의 전형은 병조兵曹에서 했다. 신임관리는 반드시 전관의 전형을 거쳐야만 임관되는데, 승진 때도 마찬가지이다. 그래서 신임은 전관을 찾아가 부임인사로 대부분 감사하다는 말을 한다. 이것은 예의에 어긋나는 행동이다. 즉 전관이 인재를 추천하는 것은 자신의 소임을 다한 것이다. 만약 인사를 갔을 때 전관이 자신의 덕으로 임명이 됐다고 한다면 이것은 잘못 된 것이다. 그래서 전관에게 고마워하는 마음을 가져 서는 절대로 안 된다.

新迎吏隷至어든 其接之也에 宜莊和簡默이니라.
신영이예지어든 기접지야에 의장화간묵이니라.

신임 수령을 맞이하기 위해 고을의 아전과 노비들이 당 도했을 때, 신임 수령은 그들에게 반드시 장중하면서 온 화하고 과묵하게 대해야 한다.

수령을 맞이하기 위해 도착한 아전의 주머니에는 당연하게 '읍총기' 라는 작은 책 한 권이 들어 있다. 책에는 봉록의 쌀과 돈의 숫자를 비롯 해 농간해서 남는 것을 사적으로 취하는 방법들이 적혀있다. 아전이 책 을 바칠 때 수령은 기쁜 표정으로 받은 다음, 그것에 대한 내용을 빠짐 없이 캐어물어 방법을 알아낸다. 이것은 수령으로서는 해서는 안 될 행 동이다.

아전이 이 책을 바치는 날에 즉시 돌려주고 그에 대한 말을 한마디라 도 꺼내지 말아야 한다. 또 자식이나 친척이나 빈객들에게 억지로 보지 말라는 명령을 내린다.

그 다음날 아침 아전을 불러서 고을에 대한 폐단 한두 가지를 물어보 고, 답을 들은 다음 묵묵한 표정으로 다른 대답을 삼가야 한다. 만약 큰 폐단이라 반드시 고치겠다고 생각한다면 전임 수령이 하직인사를 다니 는 날, 감사를 지낸 사람을 불러 고치는 방법을 의논하면 된다. 맞이하

러 온 아전과 하인에게 경솔한 언행으로 체신머리가 떨어지면 안 되고
아울러 자랑하거나 잘난 체하는 것도 삼가야 한다. 반드시 수령으로써
장중하되 화평하고 말이 없는 것이 묘법인 것이다.

辭陛出門에 慨然以酬民望하며 報君恩을 設于乃心하라.
사폐출문에 개연이수민망하며 보군은을 설우내심하라.

임금에게 하직인사를 하고 대궐 문을 나서는 후부터 백
성들의 희망에 따르고, 임금의 은혜에 보답하기 위해서
마음속으로 다짐을 반드시 해야만 한다.

임금 앞에서 하직인사를 할 때 신임 수령은 수령칠사守令七事를 외거나
승정원에서 각론을 하는데, 이때 경박하거나 소홀히 해서는 안 된다.
수령칠사는 수령이 살펴야 할 일곱 가지로 농상성農桑盛, 호구증戶口增,
학교흥學校興, 군정수軍政修, 부역균賦役均, 사송간詞訟簡, 간활식奸猾息 등
을 일컫는다. 신임 수령은 대궐문을 나서는 순간 대궐을 향해 큰 절을
하면서 마음속으로 임금에게 감사하면서 백성을 위한다고 맹세해야
한다.

移官隣州하여 便道赴任則無辭朝之禮니라.
이관인주하여 편도부임즉무사조지례니라.

이웃고을로 발령이 나서 자리를 옮길 때는 편안한 길을 택해서 부임해야만 한다. 이때 사조의 예는 생략해도 괜찮다.

어떤 고을수령이 이웃고을로 전근을 갈 때, 서울로 올라가 임금께 부임 인사를 드리는 절차를 생략하고 곧바로 부임해야 한다. 그 이유는 형식에 얽매인 폐단 때문에 공무수행에 공백이 생길 수가 있는 것이다.

제4조 계행 啓行
부임행차 임지로 여행길

啓行在路에는 亦唯莊和簡默하여 似不能言者니라.
계행재로에는 역유장화간묵하여 사불능언자니라.

부임할 때는 정중, 화평, 간결, 과묵 등의 행동으로 마치 말을 못하는 사람과 같아야 한다.

　수령이 행차할 때 지켜야할 것은 아침 일찍 출발하고 저녁때는 내일을 위해 쉬어야 한다.

　말에 올랐을 때 급히 달려서는 안 되는데, 이것은 아전들이나 백성들에게 성질이 급하고 경박하게 보일 수 있기 때문이다. 한마디로 수령이 행차할 때 위엄, 온화, 과묵해야만 된다.

道路所由에 **其有忌諱**하여 **舍正趨迂者**는 **宣由正路**하여 **以破邪怪**
도로소유에 기유기휘하여 사정추우자는 의유정로하여 이파사괴
之說하라.
지설하라.

길을 갈 때 좋지 않는 곳이라며 곧은길 버리고 돌아가려
는 아전이 있다면, 수령은 이것을 무시하고 곧은길을 감
으로써 이런 소문을 잠재워야 한다.

노준이 전의령이 되어 부임지의 성을 보았는데, 북문을 막아놓고 다른
곳을 뚫어 출입하고 있었다. 그가 문지기에 묻자 그 일이 백년도 넘었다
고 했다. 다른 사람은 무당이 현령에게 좋지 못하다고 해서 막았다고 했
다. 또 수많은 손님들의 음식접대비용을 줄이기 위해 문을 막고 길을 돌
아가게 했다고 했다. 이에 노준은 인색한 속임수라며 북문을 트게 했다.
그러자 고을사람들은 편리하게 생각한 나머지 기뻐서 춤까지 추었다.

廨有鬼怪하여 **吏告拘忌**어든 **宣竝勿拘**하여 **以鎮煽動之俗**하라.
해유기괴하여 이고구기어든 의병물구하여 이진선동지속하라.

관사에 귀신이 있다며 피해야 한다는 아전이 있다면
그들의 말을 무시하고 선동적인 유언비어를 진정시키는
것이 중요하다.

후한시대 왕돈이 미현 수령으로 부임할 때 시정이란 땅에 도착했다. 그러자 정장이 나서서 귀신이 나타나 머무는 나그네를 죽인다며 다른 곳을 안내하려고 했다. 이 말에 왕돈이 "인은 흉악하고 사악함을 이기고, 덕은 상서롭지 못한 것을 물리친다. 그런데 어찌 내가 귀신을 피하겠느냐. 그대로 머물겠다."라고 했다. 깊은 밤이 되자, 촛불이 꺼지면서 방문이 열리고 여자귀신이 나타났다. 그러나 왕돈은 두려움보다 도리어 여자귀신을 꾸짖었다. 이에 여자귀신은 다소곳이 앉아 절을 한 뒤 정장에게 죽임을 당했다고 억울함을 호소했다. 이튿날 아침 왕돈이 유격을 불러 죄를 물었는데, 그가 죄를 자백했고 그를 옥에 가두어 억울함을 풀어주었다.

歷入官府하여서는 宜從先至者하여 熟講治理요 不可諧謔竟夕이
역입관부하여서는 의종선지자하여 숙강치리요 불가해학경석이
니라.
니라.

지나는 길에 관부가 있으면 일부러 찾아들어가 선임 수령들을 만나 고을을 다스릴 방법을 심도 있게 의논함이 현명하다. 하지만 그냥 축하를 받는 술자리로 전락되어서는 곤란하다.

부임고을이 속해있는 도에 들어가면, 여러 고을의 수령들은 모두 동료가 된다. 원수 집안이 아닌 이상 당연히 찾아가 동료의 자격으로 인

사를 나눠야 된다. 그렇지 않고 그대로 지나친다면 건방지다는 소리를 들을 것이다. 더구나 선임자의 경험과 백성들의 고통을 물어 수령으로서 견문을 넓혀야 된다.

上官前一夕은 宜宿隣縣이니라.
상관전일석은 의숙인현이니라.

신임 수령은 부임하기 하루 전 이웃고을에서 반드시 자야만 한다.

「치현결」에 보면 '신임수령은 부임 하루전날엔 반드시 이웃고을에서 하룻밤을 청해서 자는 것이 좋다. 보통 신관행차에는 수행인의 머릿수가 매우 많기 때문에 경내에서 자면 관하의 백성들에게 피해를 준다.' 라고 적혀있다.

제5조 상관 上官
수령의 자리에 취임

上官에는 不須擇日이니 雨則待晴이 可也니라.

상관에는 불수택일이니 우즉대청이 가야니라.

부임할 때 일부러 좋은 날을 받지 말라, 만약 비가 온다면 기다렸다가 날씨가 맑을 때 부임하는 것이 좋다.

대부분 날짜를 가리지 않는 사람이 없다. 하지만 선임 수령이 봉고파직이나 나쁜 사고로 떠나는 사람도 있기 때문에 더더욱 좋은 날로 정하는 것이다. 하지만 좋은 날을 위해 부임을 지체한다는 것은 슬기롭지 못함이고, 부임행차를 따르는 관속들 역시 노자만 소비하기 때문에 원성이 높을 것이다.

그렇지만 부임하는 날에 비바람이 치고 일기가 흐리면 백성들의 이목을 집중시킬 수가 없기 때문에 맑은 날로 정함이 옳은 것이다. 이것은 백성들에게 장엄하게 보이는 방법이기도 하다.

乃上官하여 受官屬參謁이니라.

내상관하여 수관속참알이니라.

신임 수령이 부임지에서 소속된 모든 관속들의 인사를
받는다.

신임 수령은 취임하는 즉시 모든 고을아전들의 인사를 받아야 된다.
이것을 참알례參謁禮라고 하는데, 이때 신임 수령은 아전들을 불러 시급
한 일과 그렇지 않은 일을 반드시 구분하여 말해야 한다. 또 공청건물
의 좋고 나쁨에 대한 말을 삼가야 한다. 그리고 따라온 아전과 하인들
에게는 3일 한도의 휴가를 주되, 아전의 우두머리인 이방에게는 그럴
필요가 없다. 그러면서 이들은 불러 아침 참알과 퇴청 참알에 대한 정
확한 시간을 말해 둔다. 하지만 비나 눈으로 땅이 질퍽거릴 땐 참알을
생략하라고 명한다.

參謁旣退면 穆然端坐하여 思所以出治之方이니라.

참알기퇴면 목연단좌하여 사소이출치지방이니라.

寬嚴簡密하고 預定規模하되 唯適時宜요 確然以自守니라.

관엄간밀하고 예정규모하되 유적시의요 확연이자수니라.

참알례가 끝나면 물러나와 단좌하고 다스릴 방안을 차분
하게 생각한다. 관대하고 엄정하고 간결하고 치밀하게

고을사정에 맞게 계획을 세워야 하며, 스스로 그것을 지켜야만 한다.

수령은 아전들에게 참알을 모두 받은 다음 단정히 앉아서 고을을 다스릴 계획을 세워야 한다. 이때 온화하면서 엄정하고 간결하되 빈틈이 없어야만 한다. 그리고 일의 상황에 따라 결정하고 다스리면서 스스로 기준을 세워 지켜나간다.

厥明에 謁聖于鄕校하고 遂適社稷壇하여 奉審唯謹이니라.
궐명에 알성우향교하고 수적사직단하여 봉심유근이니라.

부임 이튿날엔 향교로 나가서 알성하고 사직단에 나아가 봉심하되 아주 공손히 하라.

부임한 다음 날에 수령은 향교로 가서 신위에 참배하고, 또 사직단으로 가서 공손하게 능이나 종묘를 보살핀다. 이렇게 하는 것은 수령이 고을을 잘 다스리겠다고 다짐하는 예이다.

제6조 이사 莅事
정사에 임함

신임 수령의 취임이 모두 끝난 이튿날부터 모든 이속과 아전들을 자리에 배치시키고 공무수행을 시작한다. 예를 들면 상급기관에 올리는 보고서 중 전례대로 해도 좋은 것은 즉시 성첩(공문서에 관인을 찍는 것)하고, 틀리는 것은 이속에게 초안을 수정·윤색케 하여 문안을 작성해 고쳐 쓰게 해야 한다.

민간으로 내리는 명령은 한자라도 면밀하게 검토한 다음 성첩해야 한다. 만약 전례에 얽혀 고칠 수가 없는 것이 있다면 먼저 명령을 내린 다음에 서서히 개혁해 나간다.

是日에 發令於士民하여 詢瘼求言이니라.
시일에 발령어사민하여 순막구언이니라.

이날 아전과 백성들에게 폐해가 되는 것을 묻고, 또 할 말은 허심탄회하게 하도록 한다.

관내 아전과 일반백성들에게 공문을 내려 오랫동안 폐단이나 새로 생긴 병폐가 있으면 서로 상의하여 빠짐없이 글로 장석해서 올리라고 명한다. 이때 읍의 폐단 또는 마을에만 있는 특수한 사정은 한 장에 쓰고, 마을과 해당되는 것은 하나의 문서로 갖춰 명하는 날부터 7일 이내에 제출토록하면 된다. 이밖에 세력가들의 후한이 두려워 보고하기가 꺼려지는 것은 겉봉투를 만들어 봉합한 다음 직접 가져오게 하라. 만약 이런 보고를 간교한 자가 몰래 고쳐 쓰거나 바꿔치기하거나 빼간다면 연관된 사람과 함께 엄벌에 처한다는 것을 공포하면 된다.

是日에 有民訴之狀어든 其題批宜簡이니라.
시일에 유민소지장어든 기제비의간이니라.

이날 백성이 고소장을 제출한다면 간결하게 판결해야만 된다.

백성들이 찾아와 호소한다는 것은 반드시 억울한 사연이 있는 것이다. 예를 들면 군포에 대한 호소는 군정에 있고, 전세에 대한 호소는 수령에게 있고, 요역의 호소는 부역이 공평하지 못한 것이고, 창곡의 호소는 재무관리의 잘못이고, 침탈의 호소는 토호들의 잘못에 있고, 백성들이 재물을 빼앗긴 호소는 반드시 아전들에게 있다. 다시 말해 백성들의 호소를 보면 자신이 잘 다스리는지 그렇지 못한지를 판단할 수가 있다.

是日에 發令以數件事하여 與民約束하되 遂於外門之楔에 特縣一
시일에 발령이수건사하여 여민약속하되 수어외문지설에 특현일
鼓라.
고라.

이날 몇 가지 일을 정해서 영으로써 백성들과 약속하고, 바깥문 문설주에 북을 하나 달아놓아라.

수령과 백성사이에는 반드시 지켜야할 약속이 있어야 한다. 그래야만 수령은 백성을 신뢰하면서 영을 내리고 백성은 수령을 믿고 따른다. 조항이 선포되면 고을백성 모두에게 숙지시켜 반드시 지키게 해야만 한다. 그리고 어떤 경우라도 어기는 일이 없도록 하고, 만약 어긴다면 엄하게 다스려 용서치 않겠다는 것도 각인시켜야만 한다.

官事有期니 期之不信이면 民乃玩슈이니 期不可不信也니라.
관사유기니 기지불선이면 민내완령이니 기불가불신야니라.

관청 일에는 반드시 처리기한이 있기 때문에 이것을 지키지 않는다면 백성들이 관청의 명을 업신여긴다.

백성을 통솔하는 방법에는 수령이 먼저 약속을 정한 다음 세 번 알리고 다섯 번 일깨워줘야 한다. 또한 약속한 기한을 충분하게 준 다음 이를 어길 때는 약속대로 시행해도 무방하다.

是日에 作適曆小冊하여 開錄諸當之定限하여 以補遺忘하라.
시일에 작적력소책하여 개록제당지정한하여 이보유망하라.

이날 책력에 의거하여 작은 책자를 만들어 일에 따라 정해진 기한을 기록해 잊어버리지 않도록 해야만 한다.

관청에서는 공사의 진행상황을 매일 빠짐없이 기록하는데, 일이 완료되면 완료로 표시하고 그렇지 않으면 정해진 기간 내에 완료되도록 영을 내려 대책을 강구해야 한다. 「상산록」의 예를 들면 '옥에 갇힌 죄수들의 기록을 수도(囚徒)라고 하는데, 이것은 형리가 정리한다. 조세에도 기한이 있는데, 이것은 담당 이속이 처리한다. 상급기관의 독촉에도 정해진 기한이 있는데, 이것은 이방이 처리한다. 따라서 이런 모든 일들을 기록해놓고 매일 펼쳐보면서 잊지 말아야 한다.'고 기록되어 있다.

厥明日에 召老吏하여 令募畵工하여 作本縣四境圖하여 揭之壁上
궐명일에 소노리하여 영모화공하여 작본현사경도하여 게지벽상
하라.
하라.

다음날 늙은 아전을 시켜 화공을 불러오게 해서 고을지
도를 그리게 한 다음 관아 벽에 붙여놓는 것이 좋다.

고을지도는 매우 중요한 것인데, 만약 고을에 화공이 살지 않으면 이
웃 현에 청하면 된다. 하지만 현재 지도는 지형의 길고 짧음이 없이 모
두 네모꼴로 만들어져 무용지물이다. 그래서 고을지도는 알아보기 쉽
게 위치에 따라 있는 그대로를 그려 넣으면 된다.

印文은 不可漫滅이요 花押은 不可草率이니라.
인문은 불가만멸이요 화압은 불가초솔이니라.

관인의 글자가 닳아서는 안 되고, 더구나 화압이 거칠고
엉성하면 품위가 떨어진다.

관인을 날인했을 때 글자가 희미하게 찍히면 아전들이 농간을 부린다. 아전들은 도장을 바꾸는 수령은 벼슬수명이 짧다고 한다. 이 말을 믿은 수령들은 관인을 새기지 않고 뭉그러져 획도 알아볼 수 없는데도 그대로 사용한다. 이런 것으로 공문이나 계약서나 어음에 날인하기 때문에 후대 사람들이 진위를 구별하기가 무척 어려울 것이다. 더구나 관인의 글자가 뭉그러지면 위조가 생길 가능성도 많다.

是日에 刻木印幾顆하여 頒于諸鄕이니라.
시일에 각목인기과하여 반우제향이니라.

이날 나무도장 몇 개를 새긴 다음에 모든 향리로 나뉘줘야만 된다.

관인의 글씨가 애매모호하면 아전들의 장난질이 쉬워진다. 그래서 아전들은 만들어낸 말이 바로 "인장을 바꾸면 벼슬의 수명이 짧다."라는 것이다. 이런 말에 현혹된 수령은 관인을 새것으로 새기지 못하고 글자가 뭉그러지고 획이 없어도 그대로 사용한다. 그래서 위조된 공문서와 증빙서가 발생하는 것이다. 이에 부임하면서 관인을 확인해 글씨가 뭉그러져 있으면 예조에 보고한 다음 다시 만들도록 한다. 이때 기간은 달을 넘기지 말아야 한다. 또 서명도 위조가 있기 때문에 유의해야만 한다.

제1조 칙궁 飭躬
몸가짐을 단정히 함.

興居有節하고 冠帶整飭하여 莅民以莊은 古之道也니라.
흥거유절하고 관대정칙하여 이미이장은 고지도야니라.

수령은 일상에서 절도와 함께 복장이 단정해야 하며, 백성들과의 만남에서는 장중하게 행동하는 것이 도리이다.

새벽녘 해가 뜨기 전 자리에서 일어나 촛불을 밝히고 세수를 한다. 그런 다음 옷을 단정하게 차려입고 띠를 두른 후 조용히 꿇어앉아 명상으로 정신을 가다듬는다.

그리고 오늘 처리해야 할 일들의 순서를 정하고 아전들에게 어떤 영을 내릴 것인지를 확실하게 정리해둔다. 해가 솟아오르면 촛불을 끄고 조용히 꿇어앉아 있다가 하인이 시간을 알리면 창을 열고 아전들의 인사를 받으면서 하루 업무를 시작하면 된다.

公事有暇면 必凝神靜慮하고 思量安民之策하여 至誠求善이니라.
공사유가면 필응신정려하고 사량안민지책하여 지성구선이니라.

공사에 틈이 날 때, 반드시 정신을 집중하여 고요히 생각하며 백성을 편안히 할 방책을 헤아려 지성으로 잘 되기를 구해야 한다.

「치현결」에 보면 "벼슬살이의 주체는 두려워할 '외' 자 한 자뿐이다. 의와 법, 상관과 백성을 두려워해야 한다. 이렇게 하면 허물이 적다."라고 했다. 「정관정요」엔 "벼슬살이에는 석 자의 오묘한 비결이 있다. 첫째는 맑음, 둘째는 삼감, 셋째는 부지런함이다."라고 했다. 송나라 때 한기라는 사람이 개봉부 추관으로 일할 때 게으르지 않았기 때문에 더운 여름철에는 땀이 등을 흠뻑 적셨다. 이럴 본 부윤 왕박문은 "좋은 벼슬자리가 보장되어 있음에도 불구하고 백성 다스리기가 이와 같으니 참으로 재상의 그릇이구나."라고 했다.

毋多言하며 毋暴怒니라.
무다언하며 무폭노니라.

말을 많이 하지 말고 갑자기 성내지 말아야 한다.

백성을 다스리는 수령의 언행은 일거수일투족 감시되기 때문에 조심해야만 한다. 왜냐하면 한마디 말이 방에서 문으로, 문에서 고을로, 고을에서 사방으로 퍼지면서 급기야 도전체로 퍼지기 때문이다. 예를 들면 한지가 감사로 있을 때 단 한 번도 말을 빠르게 하거나 성난 표정을 보이지 않았다. 하루에 법을 어긴 사람에게 주어지는 매질이 두세 번이었지만, 신발 끄는 소리만 나도 사람들은 겁을 먹었다. 그가 시찰할 때도 가는 곳마다 백성들이 조용했고, 영이 행해지면서 법까지 완벽하게 지켜졌다.

御下以寬이면 民罔不順이라. 故로 孔子曰길 居上不寬하고 爲禮어하이관이면 민망불순이라. 고로 공자왈길 거상불관하고 위례 不敬이면 吾何以觀之지리오하고 又曰길 寬則得衆이리라하니라. 불경이면 오하이관지지리오하고 우왈길 관즉득중이리라하니라.

아랫사람을 너그럽게 거느리면 순종하지 않는 백성이 없다. 그러므로 공자는 '윗사람이 되어 너그럽지 아니하고, 예를 차리되 공경하지 않으면 그에게서 무엇을 보겠는가.' 라고 하였고, 또 '너그러우면 대중을 얻는다.' 하였다.

송나라 때 장영이 익주지사로 재신임되었다. 그는 처음 부임할 땐 매우 엄격했지만 재임부터는 온화함으로 백성을 다스렸다. 이에 백성들은 한 번의 명령이 떨어져도 그대로 받아들였다. 그러자 그는 아전을 불러 백성들이 자신을 신임하는지를 물었다. 이때 아전은 "위엄과 은혜가 백성들에게 골고루 미쳐 모두 신뢰하고 있습니다."라고 했다. 이 말을 들은 장영은 "초임 때와는 달리 재임하면서 조금 나아진 것 같구나. 그러고 보니 만 5년 만에 신임을 받은 것이구나."라고 했다.

官府體貌는 務在嚴肅이니 坐側不可有他人이니라.
관부체모는 무재엄숙이니 좌측불가유타인이니라.

관부의 체모는 엄숙하게 하기를 힘써야 하므로 수령의 자리 옆에 다른 사람이 있어서는 안 된다.

『상산록』을 보면 "관청 뜰에서 푸닥거리를 안채에서는 굿을, 중과 무당이 함께 어울려 징과 북을 시끄럽게 두드리는 것은 수령으로서의 모양새가 아니다. 또한 수령이 외근을 나간 사이에도 처자들이 이런 짓을 한다면 집안의 법도가 어지러운 것이다."라고 적혀 있다.

君子는 不重則不威니 爲民上者는 不可不持重이니라.
군자는 부중즉불위니 위민상자는 불가불지중이니라.

군자가 무게가 없으면 위엄이 없으니, 백성의 윗사람이 된 자는 몸가짐을 신중히 하지 않아서는 안 된다.

송나라 때 왕문정은 수령으로 재직하면서 백성들에게 한 번도 노여움을 표시한 적이 없었다. 예를 들면 음식이 불결하면 먹지 않았을 뿐 절대로 화를 내지 않았다. 어느 날 그의 부인이 남편을 시험하기 위해 먼지를 국물에 몰래 넣었지만, 그는 밥만 먹을 뿐 아무런 불평이 없었다. 그러자 아내가 왜 국을 먹지 않느냐고 묻자, "오늘따라 고기가 입에 댕기지 않는구려."라고 했다. 며칠 뒤 먹물을 밥 위에 끼얹었는데, 이를 본 그는 "허어~ 오늘 따라 밥맛이 없구려. 죽을 쑤어주면 좋겠소."라고 했다.

명나라 때 장요는 성품이 몹시 온화했다. 양주지부에 근무하던 중 저자로 시찰을 나갔는데, 어떤 아이가 띄운 연이 공의 모자에 떨어졌다. 이를 본 부하들이 아이를 붙들어오려고 했다. 그러자 그는 "여봐라. 아이를 놀라게 하지 말라."라고 명했다.

斷酒絕色을 屛去聲樂하며 齊속端嚴하며 如承大祭하며 罔敢游豫
단주절색을 병거성악하며 제속단엄하며 여승대제하며 망감유예
하여 以荒以逸이니라.
하여 이황이일이니라.

술을 금하고 여색을 멀리하며, 음악을 물리치며 공손하고 엄숙하기를 큰 제사를 지내듯 하며, 유흥에 빠져 정사를 어지럽히고 시간을 헛되이 보내는 일이 없어야 한다.

조선 영조 때 유관현이란 사람은 성품이 몹시 검소했는데, 벼슬살이 할 때 진수성찬이 올라오면 "시골 미꾸라지 찜보다 못하구나!"라고 했

으며, 기생의 노래를 들으면 "논두렁에서 부르는 농부 노래만도 못하구나."라고 했다.

燕游般樂은 匪民攸悅이니 莫如端居而不動也니라.
연유반락은 비민유열이니 막여단거이부동야니라.

한가히 놀면서 풍류로 세월을 보내는 일을 백성들이 좋아하지 않으니, 단정하게 앉아서 움직이지 않는 것만 못하다.

한나라 때 주박은 세 번씩이나 현령으로 복무했지만, 청렴하고 검소한 나머지 주색과 놀이를 멀리했다. 어렵던 시절에서 출세한 지금까지 식사 때 오직 두 가지 고기를 상에 올리지 않았고 음식은 세 그릇을 넘지 않았다. 또 늦게 잠자리에 들었고 아침 일찍 일어났기 때문에 부인도 남편 얼굴보기가 하늘에서 별 따기보다 더 어려웠다.

治理旣成이요 衆心旣樂이면 風流賁飾하여 與民皆樂도 赤前輩之
치리기성이요 중심기락이면 풍류분식하여 여민개락도 역전배지
盛事也니라.
성사야니라.

다스림이 이미 이루어지고 대중의 마음도 이미 즐거워하면 풍류를 꾸며서 백성들과 함께 즐기는 것도 선비들의 성대한 일이었다.

송나라 때 황간이 안경부 수령으로 재직할 때 치적을 이루었다. 그가 이를 기념하기 위해 정월 보름날을 맞아 등불놀이를 벌이자, 남녀노소 백성들이 손을 잡고 몰려들었다. 이때 1백세 된 어떤 노파가 있었는데, 두 아들이 가마로 모시고 손자들이 그 뒤를 따라 관아로 들어와 사례까지 했다. 그러자 황간은 예를 갖추어 대우하면서 술과 안주를 내리고 금과 비단을 하사해 위로했다. 이에 노파는 "이 늙은이가 찾아온 것은 고을의 모든 백성들을 위해 감사드리려는 뿐입니다. 그래서 태수께서 내리는 하사품을 바라는 것이 아닙니다."라며 사양했다.

簡其騶率하고 溫其顏色하여 以詢以訪하여 則民無不하여 悅矣니라.
간기추졸하고 온기안색하여 이순이방하여 즉민무불하여 열의니라.

따르는 사람을 간략하게 하고 얼굴빛을 부드럽게 하여 민정을 묻는다면 좋아하지 않을 사람이 없을 것이다.

조선 영조 때 유의가 홍주목사로 재직할 때, 조랑말 한 필과 하인 두 사람을 데리고 야외로 순행을 나갔다. 이때 새참을 머리에 이고 가는 아낙을 만나면 새참보자기를 벗겨 나물반찬이 형편없으면 게으름을, 반찬이 많으면 지나침을 나무랐다. 이것을 본 백성들은 그를 존경했다고 한다.

政堂有讀書聲이면 斯可謂之淸士也니라.
정당유독서성이면 사가위지청사야니라.

정당에서 글 읽는 소리가 나면 이는 청렴한 선비라 할 수 있다.

조선 인조 때 완평부원군 이원익이 "평상시에는 책보기에 여념 없지만 근무할 때는 책을 묶어 책장에 넣어두고 밤낮으로 공사에만 주력했다. 지금 사람들은 수령으로 부임하면 책을 책대로 읽는다. 그래서 내 재주로는 도저히 따라갈 수가 없다."라고 했다.

若夫아 詩賭棋하여 委政下吏者는 大不可也니라.
약부아 시도기하여 위정하리자는 대불가야니라.

만약 시를 읊조리고 바둑이나 두면서 정사를 아래 아전들에게 맡겨 두는 것은 크게 옳지 못하다.

조선 중종 김현성은 수차례 주군을 맡아 나라를 다스렸다. 이때 그는 직무에 봉사하면서 청렴으로 이름을 날렸다. 하지만 성품이 소탈하고 담백한 까닭에 사무 처리에 미숙하고 죄인 다스리기를 소홀히 하면서 오직 관아에 앉아 하루종일 시만 읊조렸다. 그러자 백성들은 "김현성은 백성들을 아끼지만 모든 경내 사람들이 원망하고, 침범하는 일이 없어도 관고가 바닥났다."고 비웃었다.

循例省事하고 務持大體도 赤或一道나 唯時淸俗淳하고 位高名重
순례생사하고 무지대체도 역역일도나 유시청속순하고 위고명중
者라야 乃可爲也니라.
자라야 내가위야니라.

전례에 따라 사무를 줄이고 대체를 힘써 지키는 것도 한 가지 방법이다. 그러나 시대의 풍속이 맑고 순후하며 지위도 높고 명망도 두터운 사람이라야 그렇게 할 수 있다.

당나라 육상선이 포주를 다스리면서 "천하엔 원래부터 일이 없는데, 못난 백성들이 요란하게 만들 뿐이다. 진정 뿌리를 맑게 해준다면 일이 간략하지 않아도 걱정하지 않는다."

제2조 청심 清心
마음을 깨끗이 함.

廉者는 牧之本務이며 萬善之源이며 諸德之根이니 不廉而能牧者
염자는 목지본무이며 만선지원이며 제덕지근이니 불렴이능목자
는 未之有也니라.
는 미지유야니라.

청렴은 수령의 기본 임무로, 모든 선의 근원이요 모든 덕
의 근본이니, 청렴하지 않고서 수령 노릇을 할 수 있는 자
는 없다.

　명나라 충의공 산운은 청렴하고 정직했다. 그의 밑에는 성품이 강직하
고 바른말 잘하는 늙은 종 정뢰가 있었다. 산운이 그에게 "장군이 되면
탐욕해도 사람들이 탓하지 않는다고 하는데, 나도 그래도 되겠는가?"라
고 물었다. 이에 정뢰가 "공은 깨끗한 흰 도포 같은데, 한 점의 먹물로
더럽힌다면 끝까지 씻을 수가 없을 것입니다."라고 했다. 그러자 산운이
또다시 "백성들은 오랑캐들이 보내는 선물을 받지 않으면 저들이 의심

하고 성낼 것이라고 하는데 어찌하면 되겠느냐?"고 했다. 이에 정뢰가 "벼슬자리에서 재물을 탐하면 반드시 조정에서 벌을 받습니다. 조정보다 오랑캐를 두려워하겠습니까?"라고 했다.

廉者는 天下之大賈也라 故로 大貪必廉이니 人之所以不廉者는 其 염자는 천하지대고야라 고로 대탐필렴이니 인지소이불렴자는 기 智短也니라. 지단야니라.

청렴은 천하의 큰 장사와 같기 때문에 크게 탐하는 자는 반드시 청렴하려 한다. 사람이 청렴하지 않은 것은 그 지혜가 부족하기 때문이다.

송나라 농부가 밭갈이 중 옥을 발견했다. 농부가 이것을 사성 자한에게 바쳤지만, 사양했다. 이에 농부가 "이것은 저의 집안에 보배입니다. 받아 주소서."라고 했다. 그러자 자한은 "그대는 옥이 보배고 나는 받지 않는 것을 보배이다. 만약 그것은 내가 받으면 그대와 난 보배를 잃는 것이다."라고 했다.

故로 自古以來로 凡智深之士는 無不以廉爲訓하고 以貪爲戒
고로 자고이래로 범지심지사는 무불이염위훈하고 이탐위계
하니라.
하니라.

그러므로 예로부터 지혜가 깊은 선비는 청렴을 교훈으로
삼고, 탐욕을 경계하지 않은 사람이 없었다.

명나라 석박이 관직을 역임한 지 40여 년이 지났지만 청렴하고 깨끗
함은 변함이 없었다. 어느 날 벼슬자리에 있다가 돌아온 고향사람이 있
어서 석박이 인사를 갔다. 그 집 책상 위에는 은그릇과 10여 개의 금 술
잔이 놓여있었다. 이에 석박이 "자네는 벼슬한 지가 몇 년이 되는 것인
가?"라고 묻자, 그는 "3년을 채우지 못했습니다."라고 했다. 또다시 석
박이 "어찌해서 그만두었는가?"라고 하자, "어떤 백성이 내 탐욕을 고
발해 파직된 것입니다."라고 대답했다. 이 말을 듣는 순간 석박은 벌떡
일어나 화를 내면서 "슬프구나. 내 스스로 너의 죄를 다스렸다면 이렇
게 도지 않았을 것이다."라고 했다.

牧之不淸이면 民指爲盜하여 閭里所過에 醜罵以騰이리니 亦足羞
목지불청이면 민지위도하여 여리소과에 추매이등이리니 역족수
也니라.
야니라.

수령이 청렴하지 않으면 백성들은 그를 도적으로 지목하여 마을을 지날 때는 더럽게 욕하는 소리가 드높을 것이니 역시 수치스러운 일이다.

고려 사람 나득황이 백성에게 긁어모은 세금으로 최항에게 뇌물로 바치고 제주부사가 되었다. 나득황 직전 송소가 제주 수령으로 재직하다가 횡령죄로 면직되었다. 그의 뒤를 이어 나득황이 부임하자, 사람들은 "전엔 작은 도적이었지만 이제는 큰 도적이 왔구나."라고 했다.

貨賂之行을 誰不秘密이리오만 中夜所行이 朝已昌矣니라.
화뢰지행을 수불비밀이리오만 중야소행이 조의창의니라.

뇌물을 주고받는 것을 누가 비밀히 하지 않으랴만 밤중에 한 일이 아침이면 드러난다.

후한의 양진이 형주자사로 있을 때 왕밀을 창읍 수령으로 임명했다. 그러자 왕밀은 한밤중에 금 10근을 들고 오면서 "어두운 밤이라 쥐도새도 모를 것입니다."라고 했다. 그러자 양진은 "지금 무슨 소리요? 하늘과 땅과 신이 알고 더구나 나와 그대가 알고 있는데, 왜 아무도 모른다고 하시오."라고 했다. 이에 왕밀은 자신의 행동에 부끄러움을 느껴 조용히 물러갔다.

饋遺之物은 雖若微小라도 恩情旣結이라 私已行矣니라.

궤유지물은 수약미소라도 은정기결이라 사이행의니라.

선물로 보내 온 물건은 비록 작은 것이라 하더라도 은혜
의 정이 맺어졌으니 이미 사사로운 정이 행해진 것이다.

후한 사람 양속이 여강태수로 재직하고 있을 때, 어떤 아전이 물고기
를 선물했다.

하지만 양속은 물고기를 먹지 않고 벽에 걸어놓았다. 얼마 후 또다시
물고기를 보내오자 그는 미리 받아놓은 물고기를 보여주었다. 이에 아
전은 자신의 행동이 부끄러워 선물을 중단했다.

所貴乎廉吏者는 其所過山林泉石도 悉被淸光이니라.

소귀호염리자는 기소과산림천석도 실피청광이니라.

청렴한 관리를 귀하게 여기는 까닭은 그가 지나가는 곳
은 산림과 천석 같은 자연까지도 모두 맑은 빛을 입게 되
기 때문이다.

송나라의 우원이 진인태수로 부임했다. 바닷가에는 항상 구름과 안개
속에 묻혀있는 월왕석이란 바위가 있었다. 옛날부터 이 바위를 두고
'청렴한 태수라야 제대로 볼 수가 있다.'라는 말이 있었다. 며칠 후 우

원이 바닷가로 나가 바위를 보았는데, 신기하게도 구름과 안개가 말끔하게 걷히면서 선명하게 보였다고 한다.

凡珍物産本邑者는 必爲邑弊니 不以一杖歸라야 欺可曰廉者也니라.
범진물산본읍자는 필위읍폐니 불이일장귀라야 사가왈염자야니라.

무릇 그 고을에서 나오는 진귀한 물건은 반드시 고을에 폐단이 될 것이니, 지팡이 하나도 가지고 돌아가지 않아야만 청렴하다고 할 수 있을 것이다.

송나라 당개가 담주통판으로 제직할 때, 어느 대상이 진주를 간직하고 있다가 관문수색에서 적발되었다. 그러자 태수 이하가 값을 후려쳐 모두 구입해버렸다. 이런 사실이 발각되자, 인종이 근시에게 "당개는 결코 진주를 구입하지 않았을 것이다."라면서 조사했다. 과연 당개는 진주를 구입하지 않았다. 이것은 토산물이 얼마나 중요한 것이가를 잘 말해주는 대목이다.

若夫矯激之行이나 刻迫之情은 不近人情이니 君子所黜하고 非所
약부교격지행이나 각박지정은 불근인정이니 군자소출하고 비소
取也니라.
취야니라.

> 파격한 행동이나 각박한 정사는 인정에 맞지 않으므로
> 군자가 버치는 바이니 취할 바가 못 된다.

북제 사람 고적간의 아들 사문은 성품이 청렴해 나라에서 주는 녹까지 사양했다. 더구나 자신의 아들이 관청음식을 먹었다고 목에 칼을 씌워 여러 날 옥에 가두었다가 곤장 2백 대를 때린 다음 걸려서 서울로 돌려보냈다. 또 어떤 아전이 베 한자와 쌀 한말을 뇌물로 받았는데, 뇌물의 양이 많고 적음을 따지지 않고 무조건 탄핵해 영남으로 귀양 보낸 사람만 무려 1천 명이나 되었다. 그들은 귀양지에서 풍토병에 걸려 죽자, 가족들이 울부짖었다. 이럴수록 사문은 그들의 가족까지 잡다가 매질을 했는데, 때리는 매가 수북했고 울부짖는 소리가 온 천지를 진동했다. 이 소문을 들은 임금은 "포악함이 짐승보다 더 심하구나."라면서 그를 파면시켰다.

> **清而不密하여 損而無實도 亦不足稱也니라.**
> 청이불밀하여 손이무실도 역부족칭야니라.
>
> 청렴하면서도 치밀하지 못하여 재물을 내놓되 실효가 없으면 또한 칭찬할 일이 못 된다.

『상산록』에 '수령이 청렴한 대신 다스림에 치밀하지 못하다면 재물을

내놓는 것에만 힘쓰고, 쓰는 방법을 몰라 기생이나 광대에게 뿌리고, 절간에 시주하는데, 이것은 원칙적으로 잘못된 것이다. 이와 반대로 실효 있게 쓰려고 생각하는 수령은 소를 구입해 백성에게 나눠주거나 빚으로 주어서 부역에 도움이 되게 한다.

그러나 돌아가는 모양이 문밖으로 나간다면 약속이 깨지면서 소를 구입한 돈은 모두 토호들의 주머니 속으로 들어간다. 이렇게 되면 아전과 나눠 먹고, 빚은 모두 가난한 백성들에게 떠넘겨진다. 이렇게 된다면 백성들의 살림을 온전할 수가 있겠는가.

그렇다면 해결책은 없을까? 만약 큰 재산이 있다면 전답을 구입해 요역을 덜어준다. 이와 반대로 큰 재산이 없다면 노인을 봉양하고 어린애를 키우고 결혼·초상·장사를 도우며, 병든 사람과 노인을 구호한다면 마음으로 만족을 느낄 수가 있다. 하지만 자신의 지위가 확고하지 않기 때문에 미래에 대한 계획을 세울 수가 없는 것이 안타까울 뿐이다.

凡買民物에 其官式太輕者는 宜以時直取之리라.
범매민물에 기관식태경자는 의이시치취지리라.

무릇 민간의 물건을 사들일 때에 그 관청에의 정가가 너무 헐한 것은 시가로 사들여야 한다.

호태초는 "벼슬살이에서 가장 중요한 것은 청렴과 근면이다. 그래서 새털만큼의 부정이라도 정사에는 독이 된다. 빈천하면 처자들의 울부짖음에 흔들리고, 부귀하면 사치에 힘쓰고, 명예를 중시하면 손님에게 대접을 잘하고, 부정에 마음을 두면 선물을 좋아한다. 한마디로 탐욕에 사로잡혀 부끄러움을 모르는 사람과는 사귀지 말아야 한다.

凡謬例之沿襲者는 刻意矯革이니 或其難革者는 我則勿犯하라.
범유례지연습자는 각의교혁이니 혹기난혁자는 아즉물범하라.

무릇 전부터 내려오는 그릇된 관례는 굳은 결심으로 고치도록 하고, 혹 고치기 어려운 것이 있더라도 나는 범하지 말아야 한다.

고려 사람 권단이 경주유수가 되었다. 전임 유수들이 공물로 바칠 비단을 백성들로부터 거둬들여 쌓아놓는 갑방이란 창고가 있었다. 하지만 공물로 바치고 남는 비단은 모두 수령의 사유물로 처리되었다. 이것을 병폐라고 생각한 권단은 갑방제도를 단번에 없애고, 1년 동안 거둬들인 비단으로 3년 동안의 공물에 충당했다.

凡布帛貿入者는 宜有印岾이니라.
범포백무입자는 의유인첩이니라.

무릇 포목과 비단을 사들일 경우에 인첩이 있어야 한다.

각 고을마다 시장이 있는데, 물건 구입을 담당하는 하인들이 관을 빙자해 포백을 헐값으로 구입하거나, 안채나 책방에서 구입하면서 값을 몰래 깎는다면 장사꾼이 손해를 본다. 이런 일들은 모두 원한을 받게되지만, 관에서는 이런 사실을 알 턱이 없다.

凡日用之簿는 不宜注目이니 署尾如流니라.
범일용지부는 불의주목이니 서미여류니라.

날마다 쓰는 장부는 자세히 볼 것이 아니니 끝에 서명을 빨리 해야 한다.

창고의 지출기록은 자세히 살펴야겠지만, 주방이나 푸줏간의 지출은 자세히 살피지 말고 속히 서명하는 것이 이롭다. 만약 지나친 지출이라도 값을 깎아서는 실례가 된다.

牧之生朝에 吏校諸廳이 或進殷饌이라도 不可受也니라.
목지생조에 이교제청이 혹진은찬이라도 불가수야니라.

수령의 생일에 아전과 군교 등 여러 부서에서 혹 성찬을 올리더라도 받아서는 안 된다.

여러 부서에서 바치는 성찬비용은 백성들의 재물에서 나온 것이다. 다시 말해 계방의 돈이나 보솔의 돈에서 갹출하는데, 아전들은 이것을 빙자해 수단과 방법을 거리지 않고 혹독하게 거둬들인다. 예를 들면 어민들의 물고기를 빼앗고, 민가의 개를 때려잡고, 밀가루와 기름은 절에서 가져오고, 주발과 접시는 옹기전에서 가져오는 것들이다.

凡有所捨라도 *毋聲言*하며 *毋德色*하며 *毋以語人*하며 *毋說前人過*
범유소사라도 무성언하며 무덕색하며 무이어인하며 무설전인과
失이니라.
실이니라.

받지 않고 버어놓는 것이 있더라도 큰소리치지 말고, 자랑하는 기색을 나타내지도 말며, 남에게 이야기하지도 말며, 전임자의 허물도 말하지 말라.

청렴하지만 덕이 모자란 수령은 잘못된 전례로 얻어진 재물을 공적으로 사용하고, 자신의 봉급에서 일부분을 떼어내 백성들에게 은혜를 주기도 한다. 하지만 이런 착한 행동과 함께 "사대부가 이런 물건을 어떻게 사용하겠는가?"라며 큰소리친다. 또 아전들이 전례에 대해 말하면 꾸짖거나 곤장으로 다스려서 자신의 청렴함을 보여준다. 송나라 두연이 "벼슬살이의 첫째 조건은 청렴이다. 하지만 타인 몰래 베풀어야 값어치가 높다. 그렇지 않다면 동료 중 근신하지 않는 사람이 많기 때문이다. 특히 산정으로서 자세하게 살피지 않으면 화를 당할 수가 있다."

廉者寡恩이면 **人則病之**니라. **躬自厚而薄責於人**이면 **斯可矣**요
염자과은이면 인즉병지니라. 궁자후이박책어인이면 사가야요
干囑不行언이면 **可謂廉矣**이리라.
간촉불행언이면 가위렴의이리라.

청렴한 자는 은혜롭게 용서하는 일이 적어서 사람들이
이를 병통으로 여긴다. 자기는 잘하려고 애쓰고 남에게
책임 지우는 일이 적은 것이 좋으며, 청탁이 행해지지 않
으면 청렴하다 할 수 있다.

아전이나 하인들은 무지해서 오로지 욕심만 있다. 스스로 청렴하려고
힘쓰는데 왜 상대방을 탓하겠나. 법 이외에 백성을 침해하는 것은 법으
로 금지시켜야 한다. 또 잘못 고하면 그대로 따라주고 온화하게 보여주
는 것도 좋다.

淸聲四達하여 **令聞日彰**도 **亦人世之至榮也**니라.
청성사달하여 영문일창도 역인세지지영야니라.

청렴하다는 명성이 사방에 퍼져서 좋은 소문이 날로 드
러나면 역시 인생의 지극한 영화이다.

고려 충숙왕 때 윤선좌가 한양부윤으로 부임하고 얼마 후 왕과 왕비

가 용산으로 순행을 갔다. 이때 왕이 신하에게 "이곳 수령 윤선좌가 청렴하고 검소해서 목민관으로 발령을 냈다. 그래서 너희들은 그를 괴롭히거나 번거롭게 하지 말라."라고 했다. 몇 년 후 왕은 친히 계림부윤을 선발했는데, 갑자기 윤선좌가 떠올라 곧바로 그를 임명하면서 "조정에 신하들이 많지만 윤선좌를 따를 자가 없구나."라고 했다.

제3조 제가 齊家
집안을 다스림

修身而後齊家하고 齊家而後治國은 天下之通義也니 欲治其邑
수신이후제가하고 제가이후치국은 천하지통의야니 욕치기읍
者는 先齊其家니라.
자는 선제기가니라.

자신을 수양한 뒤에 집안을 다스리고, 집안을 다스린 뒤
에 나라를 다스림은 천하의 공통된 원칙이다. 고을을 다
스리고자 하는 자는 먼저 제집부터 잘 다스려야 한다.

작은 고을이라도 다스리는 것은 나라를 다스리는 것과 똑같다. 그렇기
때문에 집안을 다스리지 못하는 사람이 어찌 고을의 수령이 될 수 있겠
는가. 따라서 집안을 잘 다스리기 위해서는 첫째 함께 데려가는 사람 숫
자를 규정에 맞춰야 하고, 둘째 집안이 검소해야 하고, 셋째 음식을 절
약해야 하고, 넷째 집안의 법도가 엄해야 하고, 다섯째 청탁은 버려야
하고, 여섯째 물건을 구입할 때 깨끗해야 한다.

國法에 母之就養은 則有公賜하고 父之就養은 不會其費는 意有在
국법에 모지취양은 즉유공사하고 부지취양은 불회기비는 의유재

也니라.
야니라.

국법에 어머니를 모셔다가 봉양하면 나라에서 그 비용을
대주지만, 아버지의 경우에는 그 비용을 회계해 주지 않
는 것은 뜻이 있다.

아버지가 아들의 부임지로 가면 아들친구들은 춘부라 칭하고, 아전과
하인들은 대감이라고 칭한다. 만약 대감의 나이가 60이 넘어 봉양 받을
입장이라면 따라가는 것이 당연하다. 하지만 건강하다면 효자 아들이
간청해도 따라가면 안 된다. 꼭 가야한다면 안채에 깊이 거처하면서 하
전들과 거리를 멀리하는 것이 예법에 맞는 것이다.

清士赴官에 不以家累自隨라하니 妻子之謂也니라.
청사부관에 불이가루자수라하니 처자지위야니라.

청렴한 선비가 수령으로 나갈 때에 가족을 데리고 가지
않았다 하였는데, 가족이란 처자를 두고 이른 말이다.

양속이 남양태수로 근무할 때 그의 아내가 아들과 함께 관아로 찾아

갔다. 그러자 양속은 문을 닫고 받아들이지 않았다. 이때 그의 아내는 혼자 아들을 데리고 왔는데, 행장은 베 이불과 낡은 홑옷에 소금과 보리 몇 말뿐이었다. 하지만 이 모양새는 지나친 행동이기 때문에 염두에 둘 필요가 없다.

昆弟相憶하여 以時往來나 不可以久居也니라.
곤제상억하여 이시왕래나 불가이구거야니라.

형제간에 서로 생각이 날 때는 가끔 왕래할 것이나 오래 묵어서는 안 된다.

형제간에 아무리 우애가 돈독해도 언젠가는 이별한다. 수령으로 부임할 때 동생은 데려가도 되지만 형은 삼가야 한다. 수령의 형을 아전과 하인들이 관백으로 부른다. 이렇게 부르는 까닭은 왜국 천황은 자리만 지키고 관백이 백성을 다스리기 때문이다. 즉 현령의 형이 고을업무에 간섭한다는 것이다.

賓從雖多라도 溫言留別하고 臧獲雖多라도 良順是選이요 不可以
빈종수다라도 온언유별하고 장획수다라도 양순시선이요 불가이
牽纏也니라.
견전야니라.

손님이나 하인이 많더라도 따뜻한 말로 작별하고, 종이 많더라도 양순한 자를 고를 것이요, 사사로운 정에 끌려서는 안 된다.

조선 정조 때 좌상 정홍순이 평안감사로 부임할 때의 일이다. 하인 중 오랫동안 부지런히 일한 사람이 있었는데, 당연히 그는 함께 갈 것으로 생각해 행장을 꾸렸다. 하지만 정홍순은 허락하지 않았다. 이에 하인은 화가 머리끝까지 올랐다. 그 하인은 체면불구하고 반 년 만에 평안감영으로 찾아갔다. 하지만 정홍순은 3일 동안 편안하게 묵게 한 다음 서울로 되돌려 보냈다. 이때 하인에게 준 것은 고작 말 한 필이었는데, 하인은 더욱 분개했다. 정홍순이 임기를 마치고 서울로 돌아왔는데, 하인은 지난날 일로 인연을 끊고 말았다. 열흘이 지난 다음 정홍순은 하인을 불러 책망하면서 낡은 종이 한축을 주었다. 그러자 하인은 불평불만 쌓인 채 집으로 돌아와 어머니 앞에 종이를 내던졌다. 어머니가 종이를 펴보자, 그것은 기인공물 2인의 교권이었다.

內行下來之日에 其治裝을 宜十分儉約이니라.
내행하래지일에 기치장을 의십분검약이니라.

내행이 내려오는 날에는 행장을 아주 검소하게 해야 한다.

송나라 사람 한억과 이약곡은 급제하지 않았을 때는 몹시 가난했다. 이들은 서울에서 시험을 치를 때, 서로 돌아가면서 하인노릇을 했다. 그러던 중 이약곡이 먼저 과거에 급제해 장사현 주부로 제수 받고 부임할 때, 직접 아내가 탄 나귀의 고삐를 잡았고 한억은 상자 하나를 짊어지고 따라갔다. 부임지를 30여리 앞에 도착했을 때 이약곡이 한억에게 "현의 사람들이 볼까 두렵네."라며 상자 안에 있는 돈 6백전에서 반을 한억에게 주면서 크게 통곡한 후 헤어졌다. 그 뒤에 한억 역시 급제해서 함께 벼슬이 참지정사까지 이르렀다.

衣服之奢는 衆之所忌요 鬼之所嫉이니 折福之道也니라.
의복지사는 중지소기요 귀지소질이니 절복지도야니라.

의복이 사치스런 것은 여러 사람이 꺼리는 바이고, 귀신이 질투하는 바이니 복을 꺾는 길이다.

형공악이 경양을 다스릴 때 동료부인들끼리 함께 모였다. 이 자리에 모인 부인들은 하나같이 금붙이와 비단으로 치장했지만, 공의 부인은 나무비녀에 베옷 차림이었다. 모임이 끝난 다음 부인이 공에게 불만을 털어놓았다. 그러자 공은 "당신아 앉은 자리는 어디였소?"라고 물었다. 이에 부인은 "상석이지 어딥니까."라며 쏘아 붙였다. 이 말은 들은 공은 "이미 상석에 앉았는데, 하물며 화려한 치장을 원하고 있으니, 어찌 부귀를 함께 가지려고 하오?"라고 했다.

飲食之侈는 財之所糜요 物之所殄이며 소재지술也니라.
음식지치는 재지소미요 물지소진이며 초재지술야니라.

음식을 사치스럽게 하는 것은 재물을 소비하고 물자를
탕진하는 것이며 재앙을 불러들이는 길이다.

조선 세종 때 사람 조어가 합천군수로 부임되었는데, 청렴함으로 이름을 떨쳤다. 당시 아들과 사위, 노비들이 왕래할 때 모두 자기양식을 가지고 다니게 했고, 고을에 은어가 났지만, 여름철에 고기가 썩어도 처자들에게는 먹이지 않았다.

閨門不嚴이면 家道亂矣라. 在家猶然이온 況於官署乎아. 立法申
규문불엄이면 가도난의라. 재가유연이온 황어관서호아. 입법신
禁을 宜如雷如霜이니라.
금을 의여뢰여상이니라.

규문이 엄하지 않으면 집안의 법도가 문란해진다. 가정에 있어서도 그러한데 하물며 관서에 있어서라. 법을 마련하여 거듭 금하되 우레와 같고 서리와 같이 해야 한다.

조선 숙종 때 권일이란 사람이 수령으로 제수되자, 그의 어머니인 안부인이 "백성들에게 항상 관대하게 대해 늙은 어미가 봉양 받을 때 부

끄럽지 않게 하라. 안팎이 엄정하지 않는다면 뇌물을 오고가는 폐단이
있기 때문에 더더욱 삼가야 한다."라고 경계했다.

干謁不行하고 苞苴不入이라야 斯可謂正家矣니라.
간알불행하고 포저불입이라야 사가위정가의니라.

청탁이 행해지지 않고 뇌물이 들어오지 못하게 하면 이
것이 집을 바로 잡았다고 할 수 있다.

　조선 인조 때 청음 김상헌이 벼슬살이할 때 몹시 청렴했다. 어느 날
아전이 찾아와 자신의 아내가 뇌물을 받아 비방이 있다고 걱정했다. 이
에 공은 "부인의 소청을 단 한 개라도 들어주지 말라. 그러면 비방이 없
어질 것이다."라고 했다. 이 말을 들은 아전이 그대로 행하자, 그의 부
인이 시도 때도 없이 "저 늙은이는 자신만 청렴하면 되지, 왜 남까지 끌
어들여 나를 이토록 고생시키는지 모르겠다."라며 김상헌을 헐뜯었다.

貿販不問其價하고 役使不以其威는 則閨門尊矣니라.
무판불문기가하고 역사불이기위는 즉규문존의니라.

물건을 살 때에 가격을 따지지 않고, 위력으로 사람을 부
리지 않으면 규문이 존엄해질 것이다.

『상산록』에 "법도가 없는 집안은 아전과 종들이 문밖에 기다렸다가 무명, 삼베, 명주, 생모시 등을 지게에 가득지고 안채로 들여보내 고르도록 한다. 그러면 노비들이 나서서 좋은 물건을 골라 싼값으로 팔기를 강요하는데, 이때 소리가 밖으로 흘러나가고 빈약한 속셈이 사람들 눈에 드러난다. 그래서 포목장수가 밖으로 나오는 순간 나쁜 소문들이 난무한다. 이것은 천하의 큰 조롱거리가 된다."라고 했다.

房之有嬖는 閨則嫉之요 擧措一誤면 聲聞四達이니라. 早絶邪慾하
방지유폐는 규즉질지요 거조일오면 성문사달이니라. 조절사욕하
여 毋裨有悔하라.
여 무비유희하라.

집안에 애첩을 두면 부인이 질투하게 마련이고, 행동이 한 번 잘못되면 소문이 사방에 퍼진다. 일찌기 사특한 정욕을 끊어 후회함이 없도록 해야 한다.

부인에게 질투가 없다는 것은 있을 수가 없다. 진나라 사막이 오흥 태수로 부임했다. 얼마 후 사막이 첩을 들이자 질투가 심한 부인은 원망하면서 절연하자는 글을 보내왔다. 그러자 사막은 문하생 구현달이 자신의 아내를 위해 지어준 것으로 의심해 그를 내쫓았다. 쫓겨난 구현달은 손은에게 의탁했다가 얼마 뒤 사막을 해치고 말았다.

慈母有教하고 妻子守戒면 斯之謂法家면 而民法之矣니라.
자모유교하고 처자수계면 사지위법가면 이민법지의니라.

어머니의 교훈이 있고 처자들이 계율을 지키면 이는 법
도 있는 집안이라 말할 수 있고, 백성들도 이를 본받을
것이다.

조선 성종 때 윤석보라는 사람이 풍기군수로 재직할 때, 본가에 있던
처자들은 추위와 굶주림에 시달렸다. 그러자 부인 박씨는 대대로 물려
받은 비단옷을 팔아 전답 한 떼기를 마련했다. 윤석보가 이 소식을 듣
고 부인 박씨에게 급히 편지를 보내 전답을 돌려주라고 했다. 편지내용
은 "지금 내가 대부의 반열에 올라 국록을 먹고 있는데, 하물며 밭과 집
을 마련한다는 것은 옳지 못한 행동이오. 백성과의 매매로 내 죄를 무
겁게 하지 마시오."였다. 이에 박씨는 두말없이 구입한 전답을 되돌려
주었다.

제4조 병객 屏客
손님을 사절함

凡官府에 不宜有客이니 唯書記一人으로 兼察內事니라.
범관부에 불의유객이니 유서기일인으로 겸찰내사니라.

판아에 책객을 두는 것은 좋지 않다. 오직 서기 한 사람이 겸임하여 안의 일을 보살피도록 해야 한다.

수령이 청렴하면 아전들은 절대로 속이지 못한다. 보통 인색한 사람들은 책객에게 거듭 일러 장부를 자세하게 밝혀내게 명하는데, 이에 따라 책객은 "수령이 깎는 것을 좋아해 괴롭습니다.

그래서 너는 소비되는 비용을 더 많게 기록하고 내가 그것을 깎는 것으로 약속합시다. 그러면 당신과 관에서도 잃는 것이 없고, 나는 중간에서 허물과 책망을 면하게 되지요. 이렇게 되면 서로가 좋지 않겠소이까."라며 아전과 약속할 것이다.

凡邑人及隣邑之人은 不可引接이니라. 大凡官府之中은 宜肅肅淸
범읍인급인읍지인은 불가인접이니라. 대범관부지중은 의숙숙청
淸이니라.
청이니라.

본 고을 백성과 이웃 고을 사람들을 만나서는 안 된다.
무릇 관아는 엄숙하고 맑아야 한다.

옛날 정조 때 참판 유의가 홍주목사로 재작할 때, 대궐의 고관들은 인
사를 올리라고 했다. 하지만 유의가 이를 지키지 않자, 그를 융통성 사
람으로 치부했다. 이 말을 들은 유의는 "주상께서는 이미 홍주 백성을
보존하고 비호하도록 나에게 명했소이다. 물론 조정고관들의 부탁도
중하지만, 이것보다 더 중요하겠소이까. 만약 내가 한사람에게 인사하
는 것에 치우친다면, 이것은 임금의 명령을 어기는 것입니다. 그래서
사양한 것이오."라고 했다. 그러자 고관들은 유공의 말이 옳다고 생각
해 더 이상 수군거리지 않았다.

親戚故舊가 多居部內면 宜申嚴約束하여 以絶疑謗하여 以保情好
친척고구가 다거부내면 의신엄약속하여 이절의방하여 이보정호
니라.
니라.

친척이나 친구가 관내에 많이 살면 단단히 약속하여 의심하거나 헐뜯는 일일 없게 하고, 서로 우정을 보존하도록 해야 한다.

당나라 장진주가 자신의 고향인 서주에 도독으로 부임했다. 서주에 도착하는 순간 옛집에서 술과 안주를 준비해 친척과 친구들을 초대하여 잔치를 베풀었다. 그때 그는 머리를 흩뜨리고 두 다리를 뻗고 앉아 술을 마셨는데, 이 모습은 벼슬이 없던 선비시절과 똑같았다. 이런 모습으로 10일 동안 잔치를 베풀면서 그들에게 돈과 비단을 나눠주면서 "오늘까지는 장진주가 이곳에 모인 친척이나 친구들과 함께 맘껏 술을 마실 수가 있습니다. 하지만 내일부터는 서주도독으로써 백성을 다스립니다. 이것은 관장과 백성의 예는 각별한 사이이기 때문에 이렇게 놀 수가 없습니다."라며 눈물 흘리며 작별했다. 그 다음날부터 친척이나 친구들이 법을 어겼을 때 전혀 용서하지 않았고, 이에 서주가 그를 따랐던 것이다.

凡朝貴私書로 以關節相託者는 不可聽施니라.
범조귀사서로 이관절상탁자는 불가청시니라.

무릇 조정의 고관이 사신을 보내어 뇌물로 청탁하는 것을 들어주어서는 안 된다.

한나라 질도가 제남 수령으로 부임했는데, 공평하고 청렴한 나머지 청탁이나 뇌물을 거절했다. 위나라 진태가 병주 태수로 재직하고 있을 때, 서울의 귀인들이 수많은 편지를 보내왔지만, 그는 하나도 뜯어보지 않고 벽에 걸어놓기만 했다. 몇 년 뒤 상서로 진급되면서 지금까지 받은 편지를 모두 본인에게 돌려주었다.

貧交窮族으로 自遠方來者는 宜卽延接하여 厚遇以遺之니라.
빈교궁족으로 자원방래자는 의즉연접하여 후우이견지니라.

가난한 친구와 딱한 친척이 먼 데서 찾아오면 곧 맞이하여 후히 대접하여 돌려보내야만 한다.

아버님께서 "가난한 친구와 친척을 대접하기란 무척 까다롭다. 진정 깨끗한 선비와 고상한 벗은 궁할지라도 관아로 찾아오지 않을 것이다. 만약 찾아온다면 그들은 구차스럽고 비루한 사람들로 못나거나 청탁 때문일 것이다.

또 헤진 옷과 닳아빠진 신에 몸에 이가 득실거리는 자들은 내가 일찍이 운이 없어 궁했을 때, 나를 무시하고 세력가들만 따른 자들이다. 이들을 맞아 반갑게 접대하기란 매우 어렵다."라고 했다.

閽禁은 不得不嚴이니라.
혼금은 부득불엄이니라.

문단속을 엄하게 하지 않아서는 안 된다.

　사람들은 중문을 활짝 열어놓는 것을 덕으로 생각한다. 물론 덕이라고는 하겠지만, 이것은 정사를 알지 못하는 것이다. 나의 직책은 목민하는 것이 임무이지 손님을 접대하는 것이 아니다. 따라서 생전에 한번도 보지 못한 사람들을 모두 만날 수가 없는 것이다.

　그렇기 때문에 문지기에게 "만약 손님이 문밖에 도착하면 따뜻하게 사절한 다음 조용히 보고해서 처분을 기다려라."라고 한다면 실수를 줄일 수 있을 것이다.

제5조 절용 節用
절약해서 씀

善爲牧者는 必慈하고 欲慈者는 必廉이요 欲廉者는 必約이니 節
선위목자는 필자하고 욕자자는 필렴이요 욕염자는 필약이니 절
用者는 牧之首務也니라.
용자는 목지수무야니라.

수령 노릇을 잘 하려는 자는 반드시 인자해야 하고, 인자
하려면 반드시 청렴해야 하며, 청렴하려면 반드시 절약
해야 하는데, 절약해서 씀은 수령이 맨 먼저 힘써야 할 일
이다.

무식한 자가 수령이 된다면 방자교만하고 사치를 즐기기 때문에 절제
와는 거리가 멀 수밖에 없다. 공금을 함부로 써서 빚이 많아지고 이것을
메우기 위해 탐욕하게 된다. 이렇게 되면 아전들과 공모해 이익을 나눠
먹는데, 이것은 백성의 고혈을 짜내는 지름길이 되는 것이다. 그렇기 때
문에 백성을 위해 절약해야 한다.

節者는 限制也니 限以制之라. 必有式焉이니 式也者는 節用之本
절자는 한세야니 한이제지라. 필유식언이니 식야자는 절용지본
也니라.
야니라.

절이란 말은 한계를 두어 억제하는 것이다. 한계를 두어
억제하는 데는 반드시 법식이 있어야 하니, 법이란 것은
절약해 쓰는 근본이다.

「주례」에 보면, 아홉 가지 법식으로 재용을 절약해야 된다고 했다. 천
자처럼 부가 있어도 먼저 법식을 정한 뒤에 재용을 절약해서 사용했다.
이에 작은 고을의 수령 역시 법식을 반드시 정해야만 한다. 예를 들면
고을의 크고 작음을 잘 판단해 봉급의 많고 적음을 계산해 일정한 규칙
으로 정해야 된다.

衣服飲食은 以儉爲式이니 輕踰其式이면 斯用無節矣니라.
의복음식은 이검위식이니 경유기식이면 사용무절의니라.

의복과 음식은 검소함을 법식으로 삼아야 하니, 조금이
라도 법식을 넘으면 지출에 절제가 없게 되는 것이다.

조선 영조 때 유정원은 여러 번 군현의 수령으로 재직했지만, 임기를

마쳤을 때는 항상 채찍 하나로 길을 나섰다. 또한 의복과 살림도구 역시 늘어나지 않고 그대로였다. 휴가차 집으로 돌아오면서 현아에 근무하던 아전들의 자제들이 사용했던 헌 농짝을 각자 집으로 돌려보냈다. 그때 빈 농짝이 찌그러지는 것을 방지하기 위해 짚으로 안을 채우라고 명했다. 농짝을 받은 아녀자들은 관에서 온 것이기 때문에 뭔가 선물이 들어있을 것으로 기대하고 열어보았다. 하지만 농짝 속의 짚단을 본 아녀자들은 웃고 말았다.

祭祀賓客이 雖係私事나 宜有恒式이니 殘小之邑은 視式宜減이니라.
제사빈객이 수계사사나 의유항식이니 잔소지읍은 시식의감이니라.

제사와 손님접대는 비록 개인적인 일이지만 일정한 법식이 있어야 한다. 가난하고 작은 고을에서는 법식보다 줄여야 한다.

손님이 공적으로 찾아올 때 대접하는 법이 있다. 송나라 사마온공은 "선친이 군목판관으로 재직할 때, 손님이 찾아오면 술로 대접했다. 이때 세 순배, 다섯 순배를 했고 절대로 일곱 순배를 넘지 않았으며, 술은 반드시 저자에서 샀다. 과일은 배, 밤, 대추, 감뿐이고 안주는 포, 젓, 나물국뿐이며, 그릇은 사기와 칠기였다.

凡內饌之物은 咸定厥式이로되 一月之用은 咸以朔納이니라.
범내궤지물은 함정궐식이로되 일월지용은 함이삭납이니라.

무릇 안채에 보내는 물건은 다 법식을 정하되, 한 달에
쓰는 것은 모두 초하룻날 바치게 해야 한다.

아내가 집의 항아리와 상자와 농짝이 비어 비녀를 팔고 옷을 잡혀서
저자에서 말린 생선만 사 먹어도 즐겁게 살았다. 하지만 지금은 크고
넓은 집에 살면서 매월 초하루에 푸줏간 사람과 창고지기가 온갖 물건
을 굽실거리며 바치고 있다. 하루아침에 얻은 부귀가 무슨 불만이 있기
에 때마다 그들에게 요구하는가. 이런 법은 반드시 고쳐야할 것이다.

公賓之饎는 亦先定厥式이로되 先期辦物하여 以授禮吏하며
공빈지희는 역선정궐식이로되 선기판물하여 이수예리하며
雖有贏餘라도 勿還追也니라.
수유영여라도 물환추야니라.

공적인 손을 대접하는 데도 먼저 법식을 정하고, 기일 전
에 물건을 마련하여 예리에게 주며 비록 남는 것이 생기
더라도 도로 찾지 말아야 한다.

관찰사를 대접할 때의 음식은 고례에 따라 해야만 한다. 하지만 10년

동안의 전례에서 사치스런 것이나 너무 검소한 것이 있다면 버리고, 중간을 정해서 법식으로 정해야 한다.

凡吏奴所供이 其無會計者는 尤宜節用이니라.
범이노소공이 기무회계자는 우의절용이니라.

아전과 노복들이 바치는 물건으로서 회계가 없는 것은 더욱 절약해야 한다.

관청의 모든 물건은 백성들 것이기 때문에 재물로 챙기지 않으면 백성의 재산을 버리는 것과 같다. 더구나 백성의 재물이기 때문에 반드시 절약해서 사용해야만 한다.

조선 세종 때 최윤덕이 안주목사로 재직하면서, 공무에서 휴식을 이용해 청사 뒤에 직접 오이를 심고 호미질까지 했다. 이때 어떤 사람이 소송하려고 왔다가, 목사인줄을 모르고 "상공은 어디에 계십니까?"라고 물었다.

이에 최윤덕은 거짓으로 "저쪽으로 돌아가면 계실 것이오."라면서 들어가 옷을 갈아입고 공무를 처리했다.

私用之節은 夫人能之요, 公庫之節은 民鮮能之니. 視公如私라야

사용지절은 범인능지요, 공고지절은 민선능지니. 시공여사라야

斯賢牧也니라.

사현목야니라.

사용의 절약은 보통 사람도 할 수 있지만, 공고를 절약하는 이는 드물다. 공물을 사물처럼 보아야 어진 수령이라 할 수 있다.

조선 현종 때 정만화는 여러 번 감사로 재직했는데, 부임지마다 저축이 넘쳤다. 이에 그는 "빼돌리는 것을 막았더니 1년 동안 이렇게 남았다. 절약해서 쓴다는 것은 백성을 사랑하는 근본이다."라고 했다.

遞歸之日에 必有記付니 記付之數를 宜豫備也니라.

체귀지일에 필유기부니 기부지수를 의예비야니라.

갈려서 돌아가는 날에는 반드시 기재한 장부가 있어야 하니, 기재할 액수를 미리 준비해야 한다.

관아의 돈, 곡식, 기타 물건들을 기재한 장부를 중기라고 한다. 임기중 돌아갈 때 쓰다 남은 것을 중기에 기록하는 것을 기부라고 한다. 매달 초하루에 회계하는데, 관아의 모든 물건의 나머지를 대략 준비했다

가 갑자기 발령이 날 때를 대비해두는 것이 좋다.

天地生物하여 令人享用하나니 能使一物無棄면 斯可曰善用財也
천지생물하여 영인향용하나니 능사일물무기면 사가왈선용재야
니라.
니라.

천지가 만물을 낳아 사람으로 하여금 누려서 쓰게 한 것
이니, 한 물건이라도 버림이 없게 해야 재물을 잘 쓴다고
할 수 있다.

진나라 때 도간이 형주에서 벼슬살이할 때 선관에게 명해 톱밥은 챙
기라고 했다. 이렇게 모은 톱밥은 진창을 막는데 사용했고, 대나무의
밑동을 산처럼 쌓아놓게 했다가 촉나라를 공격할 때 배 수선에서 못으
로 사용했다.

제6조 낙시 樂施
즐거운 마음으로 베풂

節而不散이면 親戚畔之니 樂施者는 樹德之本也니라.
절이불산이면 친척반지니 낙시자는 수덕지본야니라.

절약만 하고 쓰지 않으면 친척도 멀어지니 베풀기를 좋아하는 것이 바로 덕을 심는 근본이다.

못에 고이는 물은 곧바로 낮은 곳으로 흘러내려 만물을 적셔준다. 이처럼 절약하면 남에게 은혜를 베풀 수 있고, 그렇지 못하면 은혜를 베풀지 못한다. 따라서 절약은 은혜 베풀기에 근본이 된다. 내가 귀양살이할 때 검소한 의복을 입는 수령은 나를 가엾게 생각하고 이와 반대인 수령은 나를 무시했다.

貧交窮族을 量力以周之니라.
빈교궁족을 양력이주지니라.

가난한 친구나 딱한 친척들은 힘을 헤아려서 돌보아 주
어야 한다.

조선 광해군 때 감사 이창정이 순천부사로 재직할 때, 그와 관의 품계
가 같은 동명이인이 있었다. 동명이인의 친구 중 가난한 선비가 있
었다.

그는 딸의 혼수를 도움받기 위해 찾아왔다가 친구가 아닌 동명이인이
라는 것을 알고 실망하면서 머뭇거렸다. 이에 공은 그를 자리에 앉힌
다음 까닭을 묻자, 그 사람은 사실대로 고했다. 그러자 공이 웃으며 "본
인이 아니라도 상관없다."라면서 후히 대접하고 혼수까지 완벽하게 마
련해주었다. 고마움을 느낀 그는 "내 친구가 마련해도 이와 같지 않을
것이다."라고 했다.

我廩有力이라야 方可施人이요 竊公貨하여 以稠私人은 非禮也
아름유력이라야 방가시인이요 절공화하여 이주사인은 비례야
니라.
니라.

내 녹봉에 남는 것이 있어야 남에게 베풀 수 있고, 관가

친의 재물을 훔쳐 사사로이 아는 사람을 돌보아 주는 것은 예가 아니다.

만약 공채가 많다면 그것을 친척과 친구들에게 알려 여유가 있을 때까지 기다렸다가 요구하는 것이 좋다. 나의 친한 친구 윤외심의 아우가 해남 수령으로 재직할 때, 공채가 많았음에도 불구하고 그에게 제수를 보내왔다. 윤외심은 이것을 물리치면서 "백성들에게 빼앗은 재물로 조상의 제사를 모시는 것은 양심상 허락되지 않는구나."라고 했다. 하지만 가난하고 불쌍한 사람을 급하게 구제할 때는 예외라는 것도 있다.

節其官俸하여 **以還土民**하고 **散其家穡**하여 **以贍親戚**하여 **則無怨**
절기관봉하여 이환토민하고 산기가색하여 이섬친척하여 즉무원
矣니라.
의니라.

관에서 받는 녹봉을 절약하여 그 곳 백성에게 돌려주고, 자기 전답의 수입으로 친척들을 돌보아 주면 원망이 없을 것이다.

사람들은 "벼슬살이의 즐거움은 남는 것 모두가 집안 재산이 되기 때문이다."라고 한다. 즉 벼슬살이할 때 자기 농토에서 수확되는 것은 저

축이나 팔기도 한다. 이렇게 모은 것으로 토지를 더 늘릴 수 있는 것이다.

讁徒之人이 旅瑣困窮이면 憐而贍之도 亦仁人之務也니라.
적도지인이 여쇄곤궁이면 연이섬지도 역인인지무야니라.

귀양살이하는 이가 객지에서 곤궁하게 지내면 불쌍히 여겨 도와주는 것 역시 어진 사람의 할 일이다.

김영구가 전주판관이 되면서 죄가 가벼운 죄수에게 돈으로 속죄해도 된다는 영이 내렸다. 하지만 만경에서 귀양살이하던 김수는 몹시 가난해 돈을 마련할 수가 없었다. 김영구는 김수의 집안과 원래부터 사이가 좋았기 때문에 노비 7명과 한강 가에 있는 석 섬지기 전답을 속전으로 주고, 고을백성에게 폐를 끼치지 않았다.

干戈搶攘에 流離寄寓는 憮而存之가 斯義人之行也니라.
간과창양에 유리기우는 무이존지가 사의인지행야니라.

전쟁 때 난을 피해 떠돌아다니며 붙어 사는 사람을 불쌍히 여겨 보호해 주는 것은 의로운 사람의 할 일이다.

조선 현종 때 홍이일이 대구판관으로 재직할 때 병자호란을 일어났다. 그렇지만 조령 이남엔 난리가 미치지 않았기 때문에 이곳으로 피란 온 사대부들이 많았다. 이때 공이 그들을 잘 보살펴주었기 때문에 고맙게 생각했다. 그러자 공은 "나는 한 고을에서 부유함을 차지하고 있는데; 어찌 나만 편안하게 지내고 남의 굶주림을 두고 볼 수가 있겠는가."라고 했다. 어느 날 관찰사가 "벼슬살이에서 청렴한 것은 좋지만, 자손들의 가난은 어찌할 것입니까?"라고 하자, 공은 "나는 본심을 지킨 것으로 만족합니다. 청렴함을 자손에게 물려주는 것으로도 만족합니다."라고 했다.

權門勢家를 不可以厚事也니라.
권문세가를 불가이후사야니라.

권세 있는 집안을 후히 섬겨서는 안 된다.

권세가에게 후한 선물이나 뇌물을 바쳐서는 안 된다. 현종 때 우의정 김수항이 왕에게 "사대부의 대소상에는 친지들이 부의를 보내는 규례가 있지만, 10세 이전인 어린아이의 죽음에도 적용되고 있습니다. 지난 겨울에 신의 어린자식이 죽었는데, 충청병사 박진한이 무명 50필을 부의로 보내왔습니다. 이것은 신에게 아첨하는 것이 아니면 시험하려는 것으로 생각됩니다. 물론 즉시 물리쳤지만, 이것은 잘못 된 일입니다. 그래서 법관에게 죄를 묻게 하는 바람직합니다."라고 하자, 숙종이 허락했다.

봉공육조

奉公六條

제조 선화 宣化
임금의 은덕을 백성들에게 베풂

郡守縣令은 本所以承流宣貨인데 今唯監司가 謂有是責은 非也라.
군수현령은 본소이승류선화인데 금유감사가 위유시책은 비야라.

군수나 현령은 본래 은택을 입히어 교화를 펴는 것인데,
요즈음 감사에게만 이 책임이 있다고 말하는 것은 잘못
이다.

한나라 『동중서』에 "지금의 군수나 현령들은 백성의 스승이고 지도자
다. 그들에게 은택을 입혀서 교화를 펴게 하는 것이다. 그래서 수령이
똑똑하지 못하면 임금의 덕이 선양되지 못하면서 은택이 도달하지 못한
다. 그래서 가난하고 약한 백성들은 생업을 잃어버리게 된다."라고
했다.

綸音致縣하면 宣聚集黎民하여 親口宣諭하여 俾知德意니라.
윤음도현하면 의취집여민하여 친구선유하여 비지덕의니라.

윤음이 고을에 도착하면 백성들을 모아놓고 친히 선포하
여 국가의 은덕을 알게 하여야 한다.

임금이 백성을 위로하는 말을 윤음이라고 한다. 백성들은 문자를 모
르기 때문에 귀나 얼굴을 가까이 하면서 명령하지 않으면 알아듣지 못
한다. 따라서 임금의 말씀이 내려오면 수령은 이를 선포해 백성들이 국
가의 은혜를 마음 깊이 새기도록 노력해야만 한다.

教文赦文到縣이라도 亦宣撮其事實하여 宣諭下民하여 俾各知悉
교문사문도현이라도 역의촬기사실하여 선유하민하여 비각지실
이니라.
이니라.

교문이나 사문이 현에 도착하면 사실의 요점을 뽑아 백
성들에게 선유하여 제각기 다 잘 알도록 하여야 한다.

나라의 큰 경사는 교문으로 반포한다. 예를 들면 왕의 환후가 나았거
나, 세자가 탄생했거나, 가례를 거행하는 것 등은 모두 교문을 반포하
는데, 이날 사면이 선포된다. 선포문은 어려운 문장이기 때문에 백성들

이 쉽게 이해하지 못한다. 따라서 수령이 그것을 쉽게 풀어서 백성들에게 선포한다.

凡望賀之禮는 宣肅穆致敬하여 使百姓知朝廷之尊이니라.
범망하지례는 의숙목치경하여 사백성지조정지존이니라.

망하례는 엄숙하고 조용히 하여 경건을 다해서 백성들로 하여금 조정의 존엄함을 알게 해야 한다.

관청 뜰에서 예식을 치룬 후에는 반드시 한동안 엎드려 15일 동안 자신이 행한 일이 임금께 부끄러운 일이 없었나를 생각해야만 한다. 만약 잘못된 것이 있다면 빨리 고쳐 양심을 길러야만 한다.

望慰之禮는 一遵儀注而古禮不可以不講也이니라.
망의지례는 일준의주이고례불가이불강야이니라.

망위례는 일체 의주를 따라야 하지만, 옛날의 예를 강구하지 않을 수 없다.

망위례는 매우 신중하게 행해야 한다. 만약 국상이 있다면 오사모, 천담복, 흑각대를 갖추고 뜰 가운데에서 곡하고, 바깥뜰로 물러나와 옷을 갈아입고 들어가서 우곡해야 옳은 것이다.

國忌에는 廢事不用形하고 不用樂을 皆如法例이니라.
국기에는 폐사불용형하고 불용악을 개여법례이니라.

나라의 제삿날에는 공무를 보지 않고, 형벌도 집행하지 않으며, 음악도 베풀지 않기를 모두 법례대로 해야 한다.

조선 현종 때 조극선이 온양군수로 재직할 때, 인조대왕의 서거하자, 죽을 먹고 거적 자리를 깔고 자면서 조석으로 슬퍼하고 곡했다. 내외 주방에 있던 술과 고기를 거둬버렸는데, 감히 부녀자나 어린아이도 고기를 먹지 않았다.

朝令所降에 民心弗悅하여 不可以奉行者는 宜移疾去官이니라.
조령소강에 민심불열하여 불가이봉행자는 의이질거관이니라.

조정의 법령이 내려왔는데 백성들이 좋아하지 않아서 봉행할 수 없으면 병을 핑계하고 벼슬을 그만두어야 한다.

송나라 강잠이 부임한 지 몇 달이 되지 않아 청묘령이 내려왔다. 그러자 문에 방을 붙인 다음 고을에 공문을 보냈지만, 3일이 지나도 공문을 보는 사람이 없었다. 그러자 강잠은 방을 떼어 아전에게 주면서 "백성들이 원하지 않는구나."라고 말한 뒤 병을 핑계로 떠났다. 이때 진순유가 글을 올려 신법을 반대하다가 좌천되자 또다시 "청묘법은 매우 편리한데, 처음에는 몽매해서 알지 못했다."라는 글을 올렸다. 그러자 식자들이 그를 비웃었던 것이다.

璽書遠降이면 牧之榮也요 責諭時至는 牧之懼也니라.
새서원강이면 목지영야요 책유시지는 목지구야니라.

새서가 멀리 버려오는 것은 수령의 영광이요, 꾸짖는 유시가 때때로 오는 것은 수령의 두려움이다.

법만 지킨다면 도리어 상황에 따라 그것에 얽매일 수가 있다. 다소의 융통성으로 백성들을 이롭게 할 수 있었던 것은 변통해서 처리했기 때문이다.

不爲利誘하고 不爲威屈은 守之道也라. 雖上司督之라도 有所不受
불위이유하고 불위위굴은 수지도야라. 수상사독지라도 유소불수
니라.
니라.

이익에 유혹되지 않고 위협에 굴복되지 않는 것이 법을 지키는 도리이다. 비록 상관이 독촉하더라도 받아들이지 않음이 있어야 한다.

조선 인조 때 이명준이 고산찰방으로 임명되었는데, 고산역은 북쪽 국경요로에 위치하고 있었다. 보편적으로 역마를 타는 자들은 법의 한계를 넘어 지나친 요구를 많이 했다. 그래서 역졸들은 그들의 명령을 견디낼 수가 없었다. 하지만 이명준은 굽히지 않고 법대로 집행했다. 어느 날 감사가 왔지만 그는 마패대로 역마를 지급했다. 하지만 감사는 화를 내면서 그의 말을 듣지 않았다. 그는 감사와 다투다가 마침내 조정에 처분을 부탁했다. 조정에서는 그의 손을 들어주었고 이와 같은 폐단까지 고쳤다.

法之無害者는 守而無變하고 例之合理者는 遵而勿失이니라.
법지무해자는 수이무변하고 예지합리자는 준이물실이니라.

해가 없는 법은 지키어 고치지 말고, 사리에 맞는 관례는 따라서 없어지지 않도록 해야 한다.

송나라 정자는 "지금 살면서 지금의 법령을 지키는 것이 바로 의리다. 정치를 논하려면 지금의 법 테두리 안에서 다퉈야 의리를 지키는 것이다. 그것을 고친 후에 논하는 것은 아무런 의미가 없는 것이다."라고 했다.

邑例者는 一邑之法也니 其不中理者는 修而守之니라.
읍례자는 일읍지법야니 기부중리자는 수이수지니라.

한 고을의 예란 그 고을의 법이다. 그것이 사리에 맞지
않을 때에는 수정하여 지켜야 한다.

　무조건 관가만 이롭게 하는 것은 잘못된 것이기 때문에 반드시 고치
거나 제거해야 한다. 따라서 꼼꼼하게 생각하면서 살피고 모르면 널리
물어서 과감히 결단해야 한다. 이때 훗날의 폐단을 미연에 막아야만
한다.

제2조 수법 守法
법을 준수함

法者는 君命也이니 不守法이면 是不遵君命者也라. 爲人臣者는
법자는 군명야이니 불수법이면 시부준군명자야라. 위인신자는
其敢爲是乎아.
기감위시호아.

법이란 임금의 명령이다. 법을 지키지 않음은 임금의 명
령을 따르지 않는 것이 되는데, 신하로서 감히 그래서야
되겠는가.

   공무를 볼 때 책상 위에 『대명률』과 『대전통편』한 권을 갖다놓고, 항
상 보면서 조례를 알아야 한다. 이를 근거로 법을 지키면서 영을 행하고
송사를 결단하면서 사무를 처리한다. 이때 법의 조례에 금지하는 것을
조금도 침범해서는 안 된다.

確然持守하여 不撓不奪이면 便是人欲退이요 聽天理流行이니라.
확연지수하여 불요불탈이면 변시인욕퇴이요 청천리유행이니라.

법을 굳게 지켜서 굽히지도 흔들리지도 않으면 인욕이
물러가고 천리가 유행하게 될 것이다.

조선 태종 때 정승 허조가 전주판관으로 재직할 때, 청렴을 지키면서
강직하고 사리판단이 정확해 일처리에 능했다. 그는 '법이 아닌 것으로
일을 처리한다면 반드시 하늘이 법을 내린다.' 라는 말을 현판에 새겨
청사에 걸어놓았다.

凡國法所禁과 形律所載는 宜懍懍危懼하여 毋敢冒犯이니라.
범국법소금과 형율소재는 의율율위구하여 무감모범이니라.

국법이 금하는 것과 형률에 실려 있는 것은 마땅히 두려
위하여 감히 범하는 일이 없도록 해야 한다.

법만 지킨다면 도리어 상황에 따라 그것에 얽매일 수가 있다. 다소의
융통성으로 백성들을 이롭게 할 수 있었던 것은 변통해서 처리했기 때
문이다.

不爲利誘하고 不爲威屈은 守之道也라. 雖上司督之라도 有所不受
불위이유하고 불위위굴은 수지도야라. 수상사독지라도 유소불수
니라.

니라.

이익에 유혹되지 않고 위협에 굴복되지 않는 것이 법을
지키는 도리이다. 비록 상관이 독촉하더라도 받아들이지
않음이 있어야 한다.

조선 인조 때 이명준이 고산찰방으로 임명되었는데, 고산역은 북쪽 국
경요로에 위치하고 있었다. 보편적으로 역마를 타는 자들은 법의 한계를
넘어 지나친 요구를 많이 했다. 그래서 역졸들은 그들의 명령을 견디낼
수가 없었다. 하지만 이명준은 굽히지 않고 법대로 집행했다. 어느 날 감
사가 왔지만 그는 마패대로 역마를 지급했다. 하지만 감사는 화를 내면서
그의 말을 듣지 않았다. 그는 감사와 다투다가 마침내 조정에 처분을 부
탁했다. 조정에서는 그의 손을 들어주었고 이와 같은 폐단까지 고쳤다.

法之無害者는 守而無變하고 例之合理者는 遵而勿失이니라.
법지무해자는 수이무변하고 예지합리자는 준이물실이니라.

해가 없는 법은 지키어 고치지 말고, 사리에 맞는 관례는
따라서 없어지지 않도록 해야 한다.

송나라 정자는 "지금 살면서 지금의 법령을 지키는 것이 바로 의리다. 정치를 논하려면 지금의 법 테두리 안에서 다뤄야 의리를 지키는 것이다. 그것을 고친 후에 논하는 것은 아무런 의미가 없는 것이다."라고 했다.

邑例者는 一邑之法也니 其不中理者는 修而守之니라.
읍례자는 일읍지법야니 기부중리자는 수이수지니라.

한 고을의 예란 그 고을의 법이다. 그것이 사리에 맞지 않을 때에는 수정하여 지켜야 한다.

무조건 관가만 이롭게 하는 것은 잘못된 것이기 때문에 반드시 고치거나 제거해야 한다. 따라서 꼼꼼하게 생각하면서 살피고 모르면 널리 물어서 과감히 결단해야 한다. 이때 훗날의 폐단을 미연에 막아야만 한다.

제3조 예제 禮際
예禮로써 사람들을 대함

禮際者는 君子之所愼也니 恭近於禮이면 遠恥辱也니라.
예제자는 군자지소신야니 공근어례이면 원치욕야니라.

예의로 교제함은 군자가 신중히 여기는 바이니, 공손함이 예의에 가까우면 치욕을 멀리 할 것이다.

조선 선조 때 학봉 김성일이란 사람은 원래부터 성격이 굳세고 발랐다. 그가 수령으로 재직할 때 이런 일이 있었다. 상관이 경내에 들어왔다는 보고를 들으면 관대를 착용하고 문에서 기다렸던 것이다. 이것은 자신이 아랫사람이라면 무관이던 문관이던 간에 본분에 맞게 상관을 섬겨야 한다.

外官之與使臣相見은 具有禮儀하니 見於邦典이니라.
외관지여사신상견은 구유예의하니 견어방전이니라.

외관이 사신과 서로 만나 보는 데는 그 예의가 나라의 법
전에 실려 있다.

조선 영조 초기였다. 어떤 건방지고 자존심이 강한 사람이 감사로 제
수되어 처음으로 수령들과 마주앉아서 읍하는 관례를 만들었다. 이것
이 오늘날까지 내려온 것은 하관이 감사에게 밉보여 관직을 잃게 될까
봐 고개를 숙여 받아들였기 때문이다. 이런 관례가 백년이 가까워서
이제는 바꿀 수가 없다. 그렇지만 대신이 조정에 건의하고 조정이 받아
들이면 개선이 가능하다. 그럴지 않고서는 그저 옛날 관례에 따를 뿐
이다.

延命之赴營行禮는 非古也라.
연명지부영행례는 비고야라.

연명의 예를 감영에 나아가서 행하는 것은 옛 예가 아
니다.

연명은 조선시대 수령이 감사에게 처음으로 찾아가 취임인사를 하던
의식이다.

영조 초년에는 옛 도를 썼지만, 후대로 내려오면 쇠퇴해져 상관에게 아첨하기 위해 감사가 부임하면 수령은 10일 안에 감영으로 달려가 예를 행했다. 이것은 연명이라기보다 참알에 가까운 것이다.

監司者는 執法之官이니 雖有舊好라도 不可恃也니라.
감사자는 집법지관이니 수유구호라도 불가시야니라.

감사는 법을 집행하는 관리이니, 비록 옛날부터 좋게 지내는 사이라 하더라도 그것을 믿어서는 안 된다.

조선 현종 때 심지원이 홍주목사로 재직할 때, 판서 임담이 같은 도의 감사가 되어 순행하던 중 홍주에 도착했다. 이때 심지원은 감사가 친구였기 때문에 대접을 소홀히 했다.

그러자 임담은 홍주의 아전을 불러 태형을 가하면서 "너의 상관이 나와 친구이지만, 상하관계는 분명해야 된다. 네 상관이 실수를 범해서 그 대신 네가 태형을 맞는 것이다!."라며 꾸짖었다. 그 뒤로부터 심지원은 자신의 자식들에게 "내가 먼저 체신을 잃은 적이 있었다. 그때 아전에게 태형이 가해진 것에 대해 화를 냈다면, 법을 어긴 것이기 때문에 마음에 두지 않았던 것이다. 당시 임판서의 행동에서 나는 많은 것을 깨달았다."라고 했다.

營下判官은 於上營에 宜恪恭盡禮하여 不可忽也니라.
영하판관은 어상영에 의각공진례하여 불가홀야니라.

영하 판관은 상급 영에 대하여 각별히 공경하며 예를 극
진히 하여 소홀한 점이 있어서는 안 된다.

조선 숙종 때 판서 권대재는 검소하고 청렴했으며 어떤 일이던지 간편
하게 처리했다. 과거 공주판관으로 재직할 때 감사가 사용하는 물자까지
절약해서 보내줘 남용을 막았다. 어느 날 감영 아전들이 배당된 땔나무
일부를 몰래 빼돌려 팔아먹었다. 그래서 감사의 방은 항상 춥기만 했다.
추위를 견디다 못한 감사가 그 이유를 하인에게 묻자 "배당된 땔나무가
원래부터 적습니다요."라고 대답했다. 화가 난 감사는 권 판관을 꾸짖자,
그는 "제가 직접 살펴보겠습니다."라고 했다. 그는 그날 저녁 몸소 감독
해서 배당된 땔나무를 모두 때자, 방은 화로처럼 뜨거워지면서 감사가
견디지 못했다. 감사는 급히 권 판관에게 사람을 보내어 사과했다.

上司推治吏校에 雖事係非理라도 有順無違焉可也니라.
상사추치이교에 수사계비리라도 유순무위언가야니라.

상사가 아전과 군교들의 죄를 조사하느라 다스릴 때에는
일이 비록 사리에 어긋나더라도 순종하고 어기지 않는
것이 좋다.

상사가 생트집을 잡아 얼토당토않은 일을 뒤집어씌우려 해도 그의 부하이기 때문에 순종할 수밖에 없다. 만일 상사의 뜻이 잘못 되었고 악한 마음이 아니라면, 죄인을 호송하는 문서에 사정을 낱낱이 기록해 관대한 처분을 빌어 내가 거느린 부하들의 억울한 형벌에서 벗어나게 하는 것이 도리이다. 이때 감사가 사과하면 힘써 업무를 보고, 끝내 무례하다면 세 번 계속해서 사직서를 내어 거취를 밝히는 것이 좋다.

所失在牧은 而上司令牧하여 自治其吏校者어든 宜請移囚니라.
소실재목은 이상사영목하여 자치기이교자어든 의청이수니라.

잘못은 수령인 자신에게 있는데 상사가 자기더러 아전과 군교의 죄를 다스리라고 하는 경우에는 죄수를 다른 고을로 옮겨 다스리기를 청해야 한다.

부하들이 죄를 짓는다면 수령에게 그 책임이 따른다. 상사가 추문으로 다스릴 때, 죄수를 이웃고을로 옮겨 벌을 받게 하여도 사건을 꼼꼼히 따져서 과오가 있다면 수령끼리 서로 충고하는 것이다. 그렇다고 감정이 개입되거나 깊이 인책할 필요까지는 없다.

唯上司所令이 違於公法하고 害於民生이면 當毅然不屈하고 確然
유상사소령이 위어공법하고 해어민생이면 당의연불굴하고 확연
自守니라.
자수니라.

상사가 명령한 것이 공법에 어긋나고 백성들에게 해가 되
는 것이면 꿋꿋하게 굽히지 말고 확실하게 지켜야 한다.

이영휘가 안협의 현감으로 재직할 때 같은 도내의감사가 관내에서 자
신의 처를 장사지내면서 각 고을에 많은 물자를 요구했다. 그러자 각
고을 수령들은 앞 다퉈 요구를 들어주었다. 그러자 이영희가 "상관이
아랫사람에게 사적으로 물자를 요구하는 것은 도리에 어긋나는 것이
다. 이렇게 되면 부하들은 상관의 비위를 맞추는 것이라, 아첨이 된다.
그렇지만 상례를 핑계로 요구하기 때문에 거절할 수도 없는 일이라, 안
타깝구나."라며 간단한 물건을 보냈다. 그러자 화가치민 감사가 고의로
모함했다.

禮不可不恭이요 義不可不潔이니 禮義兩全하면 雍容中道이니 斯
예불가불공이요 의불가불결이니 예의양전하면 옹용중도이니 사
之謂君子也니라.
위지군자야니라.

예는 공손히 하지 않으면 안 되고 의는 결백하게 하지 않을 수 없으니, 예와 의가 아울러 온전하여 온화한 태도로 도에 맞아야 이를 군자라 한다.

송나라 장구성이 진동 참판으로 재직할 때, 개인적으로 소금을 굽지 말라는 금령을 어기는 사람들이 이웃 고을까지 폐를 끼쳤다. 그러자 그는 "진정 처벌받아야 할 죄인은 몇 명뿐이고, 나머지는 모두 양민들입니다. 굽어살피소서."라고 했다. 그러자 감사는 성난 표정을 지으면서 거친 말투로 장구성을 꾸짖었다. 이에 그는 "허어~. 일을 할 수 없게 만드는데, 구차하게 할 필요가 있겠나."라며, 임명장을 찢어버리고 참판 자리를 떠났다.

隣邑相睦하고 **接之以禮**는 **則寡悔矣**니라. **隣官有兄弟之誼**하니
인읍상목하고 접지이례는 즉과회의니라. 인관유형제지의하니
彼雖有失이라도 **無相猶矣**니라.
피수유실이라도 무상유의니라.

이웃 고을과 서로 화목하고 예로써 대접하면 뉘우침이 적을 것이다. 이웃 수령과는 형제 같은 의가 있느니, 저쪽에 잘못이 있더라도 그와 같아져서는 안 될 것이다.

양나라 대부 송취가 초나라와 경계선상에 위치한 현의 수령으로 재직할 때이다. 그와 초나라 수령은 각각 경계 가까이에 오이를 심었다. 그 후 양나라 사람들은 부지런히 물을 주자 오이의 품질이 좋았다. 이와 반대로 초나라 사람들은 게을러서 제때에 물을 주지 않아 오이의 품질이 나빴다. 그러자 초나라 수령이 시기해서 밤중에 양나라 오이를 손톱으로 긁었고, 상처가 난 오이들은 말라버렸다.

이에 양나라 정장이 복수로 초나라 오이를 긁으려고 하자, 송취가 "그만두어라. 그들과 똑같이 행동한다면 화를 나누는 것일 뿐이다."라면서, 사람들에게 명해 매일 밤 몰래 초나라 오이 밭에 물을 주게 했다. 초나라 정장이 매일 아침 오이 밭을 보았는데, 물이 대어져 있고 날로 품질이 좋아졌다. 이상하게 생각한 그는 까닭을 조사하다가, 양나라 정장이 그렇게 한 것을 알았다. 이런 보고를 받은 초나라 수령은 기뻐하면서 초나라 왕에게 알렸다. 초나라 왕 역시 양나라에서 몰래 양보했다는 것을 기뻐하면서 귀한 물품을 보내 사례했다. 이후 두 나라는 서로 우호관계를 맺었다.

交承有僚友之誼하니 所惡於後라도 無以從前이면 斯寡怨矣이라.
교승유요우지의하니 소오어후라도 무이종전이면 사과원의이라.

교대한 사람과는 동료의 우의가 있으니, 뒷사람에게 미움받을 일을 앞사람이 하지 않아야 원망이 적을 것이다.

과거에는 전임자와 동료관계라면 서로 교대할 때, 전임자에게 불법이 있더라도 흔적이 남지 않게 조용하고 간절하게 처리했다. 이렇게 하지 않고 명예를 취하기 위해 요란하게 처리한다면 덕이 경박하고 뒤를 잘 이을 수가 없다. 더구나 전임자의 가족들이 고을에 남아 있다면, 마음을 다해 자신의 일처럼 돌봐야 한다.

前官有疵어든 掩之勿彰하고 前官有罪어든 補之勿成이니라.
전관유자어든 엄지물창하고 전관유죄어든 보지물성이니라.

전관에게 흠이 있으면 덮어 주어 나타나지 않도록 하고, 전관이 죄가 있으면 도와서 죄가 되지 않도록 해야 한다.

송나라 부요유가 서주로 부임했을 때, 전임 수령이 군량을 축냈었다. 그러자 부요유가 대신 채웠는데, 끝내 채우지 못하고 파직되었지만 끝까지 내색하지 않았다. 이에 강절 소옹이 "그는 깨끗하면서 드러나지 않고, 곧으면서 과격하지 않으며, 용감하면서 온순했다. 이렇게 행동하기란 쉽지가 않다."라고 칭찬했다. 조선 숙종 때 상국 정지화가 광주부윤으로 재직할 때 전임 부윤이 죄를 지어 옥에 갇혔다. 정지화가 사실을 밝히기 위해 몸소 장부를 조사했는데, 그때 그를 도와줄 자료 하나가 나왔다. 그는 기쁜 마음으로 감사에게 적극적으로 변명해서 그를 죽음에서 벗어나게 했다.

若夫政之寬猛과 令之得失은 相承相變하여 以濟其過니라.
약부정지관맹과 영지득실은 상승상변하여 이제기과니라.

대체로 정사의 너그럽고 가혹한 것과 정령의 좋고 나쁜
것은 계승하기도 하고 변통하기도 하여 그 잘못된 점을
해결해야 한다.

　한나라 한연수가 영천태수로 재직할 때였다. 전임 태수 조광한이 풍
속에 다툼이 많은 것을 걱정했다. 그래서 그는 현명하다고 판단해 아전
과 백성들을 얽어 서로의 잘못을 고발토록 했다. 하지만 이로 인해 백
성들은 서로 원수가 된 경우가 많았다. 이에 따라 한연수는 예의와 겸
양으로 가르치되 백성이 따르지 않을까 걱정해 고을 장로 수십 명을 불
러 대접하면서 풍속과 백성들의 괴로움을 물었다. 그리고 화목하고 친
애하면서 원망함을 풀어버릴 방도로 타일렀다. 그러자 장로들은 그렇
게 할 수 있을 것이라고 대답했다.

제4조 문보 文報
공문서公文書의 작성 및 처리

公移文牒은 宜精思自撰이요 不可委之於吏手니라.
공이문첩은 의정사자찬이요 불가위지어이수니라.

공문서는 마땅히 정밀하게 생각하여 손수 써야지 아전들의 손에 맡겨서는 안 된다.

조선 영조 때 한지가 군수나 감사로 재직하면서 항상 "천하의 일은 절대로 한사람이 완성할 수가 없다."라고 했다. 그는 문서를 만들 때 초안이 작성되면, 반드시 막료, 향승, 군관들에게 두루 보게 해서 모두 좋다고 하면 작성했다.

其格例文句가 異乎經史하여 書生始到에 多以爲惑이니라.
기격례문구가 이호경사하여 서생시도에 다이위혹이니라.

그 공문서는 격식과 문구가 경사와 다르기 때문에 서생이 처음 부임하면 흔히 어리둥절하게 된다.

한기가 위부로 재직할 때, 관원 중 노증이란 사람이 그의 책상 앞으로 나와 작성된 서류를 올렸다. 그때 노증은 서류를 작성한 다음 마지막에 적어야할 서명을 잊어버리고 하지 않았다. 이것은 본 한기는 곧바로 서명하는 자리를 자신의 소매로 덮고, 그와 말하면서 조금씩 둘둘 말았다. 모든 이야기가 끝나자 한기는 조심스럽게 서류를 그에게 넘겨주었다. 이 사실을 스스로 본 노증은 부끄럽기도 하고 한편으론 감탄했다. 그 이유는 당시 중국에서는 문서의 격식이 틀리면 반드시 죄를 받게 되어 있었다.

上納之狀과 起送之狀과 知會之狀과 到付之狀은 吏自循例이 付之
상납지장과 기송지장과 지회지장과 도부지장은 이자순례이 부지
可也니라.
가야니라.

상납의 글, 기송의 글, 지회의 글, 도부의 글 등은 아전이 판례에 따라서 보내도 좋다.

상납은, 공물·세포·군전·군포 등을 진상하는 것이고, 기송은 장

인·번군·죄수·원역 등을 명에 따라서 보내 주는 것이며, 지회는 조정에서 보낸 조유를 즉시 반포하는 보고서다. 또 도부는 상사가 보낸 공문을 몇날며칠에 수령했다는 보고서다. 이런 보고서는 아전에게 시켜도 무방하다. 이중 상납은 상사가 퇴짜 놓을 우려가 있다는 설명을 본장 끝에 농간하는 폐단을 적어 모두 알 수 있게 해야만 한다.

設弊之狀과 請求之狀과 防塞之狀과 辯訟之狀은 必其文詞條벌이
설폐지장과 청구지장과 방색지장과 변송지장은 필기문사조창이
誠意測怛하여야 方可以動人인이니라.
성의측달하여야 방가이동인이니라.

폐단을 말하는 공문, 청구하는 공문, 방색하는 공문, 변송하는 공문은 반드시 그 문장이 분명하고 성의가 간절하여야 사람을 움직일 수 있다.

만약 고을에 병폐가 있어 바로 잡아야할 경우에는, 반드시 확실한 명분이 있어야 해결할 수가 있다. 만약 백성을 위한 건의라면 당연히 이해가 되도록 서술해야하고, 지성으로써 윗사람을 감동시켜야 한다. 한 번으로 안 되면 두세 번을 거듭한 해야 하는데, 이것으로 파면된다고 해도 핑크빛 장래가 기다릴 것이다. 만약 백성들의 곤란을 방치하다가 죄에 빠지는 것과는 다른 것이다.

人命之狀은 宜慮其擦改하고 盜獄之狀은 宜秘其封緘이니라.
인명지장은 의여기찰개하고 도옥지장은 의비기봉함이니라.

인명에 관한 보고서는 고치고 지우는 것을 염려해야 하고, 도적에 관한 보장은 그 봉함을 비밀히 해야 할 것이다.

   살인죄에 대한 회답 판결문을 작성할 때, 아전이 뇌물을 먹고 중요한 글자를 지우고 딴 글자로 고친다면 수령으로서는 알 수가 없다. 내가 장기에서 귀양살이할 때, 어떤 아전이 사람을 죽였다. 그런데 아전들이 입을 맞춰 검시보고서를 모두 고쳐버렸다. 감영에서 회답이 왔을 때 현감이 놀라 의심스럽고 괴이함이 헤아릴 수가 없었다. 이에 따라 살인자는 무죄로 풀려났던 것이다.

農形之狀과 雨澤之狀은 有緩有急하니 要皆及期라야 乃無事也니라.
농형지장과 우택지장은 유완유급하니 요개급기라야 내무사야니라.

농사 형편에 대한 보고서와 비가 온 데 대한 보고서에는 완급이 있으니 요컨대 모두 제때에 맞추어야 무사하게 된다.

   오랜 가뭄 끝에 단비가 내리면, 보고서는 시각을 다투게 된다. 하지만 5일이나 10일마다 농사에 대한 보고서는 형식일 뿐이다. 시각을 다투는 보고서는 고을과 상사와의 거리가 멀다면 이웃 고을 편으로 부쳐도 무방하다.

磨勘之狀은 宜正謬例하고 年分之狀은 宜察奸竇니라.
마감지장은 의정유례하고 연분지장은 의찰간두니라.

마감의 보고서는 잘못된 관례는 바로잡아야 하고, 연분의 보고서는 부정의 사단을 잘 살펴야 할 것이다.

환곡을 마감하는 서장은 지출하고 남은 숫자와, 전년도에 남은 것과 신년도 모곡의 숫자를 나열해서 회계한 것이다. 장부의 기록이 불분명하다면 격식대로 바로잡아 의혹을 갖지 않도록 해야만 한다. 대체적으로 중요한 공문서는 모두 8~9줄이면 충분하다. 전답등급을 확인하거나, 쌀과 콩의 세를 계산해서 한곳으로 몰아 계산하되, 평균해서 한 결에 쌀 몇 말을 거두는 것이다. 여기서 수령은 한 점의 의혹없이 정확하게 살펴야 한다.

數目多者는 開列干成册하고 條段少者는 疏理干後錄하니라.
수목다자는 개열우성책하고 조단소자는 소리우후록하니라.

수목의 수가 많은 것은 장부에 나열하고, 조목이 적은 것은 후록에 정리한다.

책을 편찬하거나 수록하는 일은 아전들이 관례에 따라 처리하기 때문에 신경 쓸 필요가 없다. 하지만 세곡에 대한 장부가 부실하면 감영의 견책이 있기 때문에 당연히 경위표를 작성해 의혹 없이 밝혀야 한다.

月終之狀은 其可刪者는 議於上司하여 圖所以去之니라.
월종지장은 기가삭자는 의어상사하여 도소이거지니라.

월말의 보고서 가운데 없어도 좋을 것은 상사와 의논하여 없애도록 해야 할 것이다.

월말보고서는 대부분 형식적이지만 남겨둘만한 건들은 그대로 두는 것이 좋다. 여기서 황당한 것들은 상사와 의논해 모두 지워버리면 된다.

諸營之狀과 亞營之狀과 京司之狀과 史館之狀은 並皆循例이니 不足致意니라.
제영지장과 아영지장과 경사지장과 사관지장은 병개순례이니 부족치의니라.

여러 영에 대한 보고서나, 아영에 대한 보고서나, 경사에 대한 보고서나, 사관에 대한 보고서 등은 모두 관례에 따른 것이니 특별히 유의할 것은 없다.

여러 영은 병마영·수군영·토포영이고, 아영은 도사고, 경사는 상납할 것이 있다는 아문이고, 사관은 도내의 수령으로 춘추관의 기주관을 겸한 사람이다. 매일 날씨의 맑고 흐림을 적은 일기를 수령에게 보고하는데, 모두 형식적이기 때문에 논할 것이 없다.

隣邑移文은 宜善其辭令하여 無俾生釁이니라.
인읍이문은 의선기사령하여 무비생흔이니라.

이웃 고을로 보내는 문서는 말투를 좋게 하여 틈이 생기지 않도록 해야 한다.

가능한 한 이웃과 사이좋게 지내야한다는 것은 옛 사람들의 훈계다. 이웃과 지위와 덕이 서로 같다면 양보하지 않고 건수만 생기면 기를 쓰고 이기려고 한다. 이렇게 되면 서로가 우사를 당하는 것이다. 원수지간이라도 공경하고 예로써 대한다면 자연적으로 감동하게 된다. 또 역승·목관·변보 등의 장수들은 비록 지위와 문벌이 낮지만 모두 관장으로 불린다. 따라서 서로 존경하고 말을 조심하면서 공손하다면 좋은 일이다.

文牒稽滯면 必遭上司督責하니 非所以奉公之道也라.
문첩계체면 필조상사독책하니 비소이봉공지도야라.

공문이 지체되면, 반드시 상사의 독촉과 문책을 당하게 될 것이니, 이는 봉공하는 도리가 아니다.

이영휘가 안협 현감으로 있을 때, 자신의 현이 감영과 무려 4~5백리 떨어져 있었다. 이로 인해 공문서 전달에 대한 왕래비용이 많이 사용되었다. 따라서 시급한 문서가 아니면 이웃 고을 편으로 보냈다. 이렇게 1년 동안 시행하자 남는 것이 있었고, 백성들의 부담도 줄어들었다.

凡上下文牒은 宜錄之爲册하여 以備考檢하되 其設期限者는 別爲
범상하문첩은 의녹지위책하여 이비고검하되 기설기한자는 별위
小册이니라.
소책이니라.

무릇 위로 올리고 아래로 전하는 문서들은 마땅히 기록하여 책으로 만들어서 후일에 상고해 보는데 대비하되, 기한이 정해진 것은 따로 작은 책을 만들어야 한다.

상사에게 보고한 문서나, 백성들에게 내린 명령은 각각 책으로 만들어 상시 책상 위에 놓아둬야 한다. 하지만 불필요한 것들은 책으로 만들 필요가 없다. 상사가 공문을 보내 본읍에서 시행케 하는 것에는 반드시 기한이 정해져 있다. 아전들이 이것을 등한시하기 때문에 반드시

책을 만들어 기한을 확인해야 한다. 그러면서 아전들의 근무상태를 살피는 것 역시 중요하다. 만약 이것을 지키지 못하는 아전이 있다면 용서하지 말고 벌을 내려야만 제대로 지켜진다. 이렇게 하지 않으면 감영의 문책이 반드시 뒤따를 것이다.

若邊門掌鑰하여 直達狀啓者는 尤宜明習格例하여 兢然致愼이니라.
약변문장약하여 직달장계자는 우의명습격례하여 긍연치선이니라.

만약 국경 관문의 열쇠를 맡아 곧장 장계를 보낼 때는, 더욱 격식과 관례를 분명히 익혀 두려운 태도로 조심하도록 해야 한다.

장계를 작성할 때는 첫 문단에 인사말이 금지되어 있기 때문에 바로 본론으로 들어가면 된다. 장계의 문체는 슬퍼하고 충실한 마음을 근본으로 한 내용이라면 마음을 움직일 수가 있다.

제5조 공납 貢納
공물의 공평한 수납

財出於民이요 受而納之者牧也니 察吏奸則은 雖寬無害요 不察吏
재출어민이요 수이납지자목야니 찰리간즉은 수관무해요 불찰리
奸則은 雖急無益이라.
간즉은 수급무익이라.

재물은 백성에게서 나오는 것이며, 이를 수납하는 자는
수령이다. 아전의 부정을 잘 살피기만 하면 비록 수령이
관대하게 하더라도 폐해가 없지만, 아전의 부정을 살피지
못하면 비록 엄하게 하더라도 이익이 없다.

　당나라 양성이 도주자사로 재직할 때, 납세의 기한을 넘기는 바람에
감사의 독촉이 심했다. 그는 고과 성적를 올릴 때 자신의 것을 스스로
기록했는데, 내용을 보면 '백성을 어루만져 다스리면서 마음이 피로했
고, 부세를 독촉하는 정치는 졸렬하다. 그러나 고과 성적은 최하등이
다."였다. 그러던 어느 날 부세를 독촉하기 위해 관찰사가 판관을 파견

했다. 판관이 주에 도착했을 때 양성이 마중을 나오지 않았다. 이를 이상하게 생각한 판관이 아전들에게 이유를 묻자, 그들은 이구동성으로 "자사는 죄가 있다며 스스로 옥에 갇혀 있습니다."라고 했다. 이 말에 깜짝 놀란 판관은 허겁지겁 옥으로 달려가 양성을 만나면서 "도주자사께서 무슨 죄가 있다고 이러십니까?"라고 했다. 이어 양성은 관사 밖에서 자면서 명을 기다렸는데, 판관은 아무 말도 못하고 급하게 떠나버렸다.

田租田布는 國用之所急須也니 先執饒戶하여 無爲吏攘이라야 斯
전조전포는 국용지소급수야니 선집요호하여 무위이양이라야 사
可以及期矣니라.
가이급기의니라.

전조나 전포는 국가의 재정에 가장 긴급한 것들이다. 녁녁한 민호의 것을 먼저 징수하되, 아전들이 훔쳐 빼돌리지 못하게 해야만 제 기한에 댈 수 있을 것이다.

최근 들어 국가재정이 줄어들면서 백관들의 봉록과 공인의 대가지불이 항상 부족했다. 그 까닭은 부자나 지주가 내는 부세를 아전들이 중간에서 가로챘고, 세곡운반은 매년 기한을 지키지 못했기 때문이었다. 이 때문에 관련자들이 추포되어 문초당한 후 파면되는 사람들이 많았다. 이런 상황에 처했지만 아전들은 정신을 차리지 못했다.

軍錢軍布는 京營之所恒督也니 察其疊徵하고 禁其斥退라야 斯可
군전군포는 경영지소항독야니 찰기첩징하고 금기척퇴라야 사사
以無怨矣니라.
이무원의니라.

군전, 군포는 경영에서 항상 독촉하는 것들이다. 거듭 징
수하는가를 잘 살피고, 퇴짜놓는 일이 없게 하여야 백성
의 원망이 없을 것이다.

과거에 곡산 아전이 군포를 함부로 거둬들였는데, 1필에 돈으로 9백
전까지 받아 백성들의 원망이 높아져 변란이 일어날 뻔했다. 그래서 본
인이 이 고을로 부임하면서 "앞으로 군포납부는 관정에서 납입하도록
하라."라는 영을 내렸다. 이로부터 몇 달이 지나면서 백성들은 군포를
관정으로 가져왔다. 이때 아전이 잣대를 내놓았는데, 그 양쪽 끝에 낙
인이 있었다. 난 그것이 의심스러워 "이 잣대는 어디서 나온 것이냐?"
라고 묻자, 아전이 "감영에서 나눠준 것이랍니다."고 했다. 이어서 내가
"그래? 잣대가 왜 이렇게 긴 것인가?"라면서 「오례의」를 가져오라고 영
했다. 여기에는 베를 재는 잣대의 도면이 있는데, 이것과 낙인이 찍힌
것과 비교했다. 그러자 낙인이 찍힌 잣대가 무려 두 치나 더 길었던 것
이다. 난 곧바로 아전을 뜰에 꿇리고 "낙인찍힌 잣대는 어디서 만든 것
이냐?"라고 물었다. 이 말에 아전은 머리를 조아리며 고을에서 만든 것
이라고 자백했다.

貢物土物은 上司之所配定也니 恪修其故하고 捍其新求라야 斯可

공물토물은 상사지소배정야니 각수기고하고 한기신구라야 사가

以無弊矣니라.

이무폐의니라.

공물이나 토산물은 상사에서 배정하는 것이다. 전에 있
던 것을 성심껏 이행하고 새로 요구하는 것을 막아야 폐
단이 없게 될 것이다.

청나라 사람 송택이 액현에 재직할 때, 호부에서 우황을 사들이도록
재촉했다. 그러자 백성들은 앞 다퉈 소를 잡아 우황을 취했지만, 송택
만은 글로써 "소가 병들어야 우황이 생기는데, 지금 태평이 오래되면서
소가 살이 찌는 바람에 우황을 취할 수가 없다."라고 올렸다. 이에 사자
는 따져서 물을 수 없었기 때문에 고을 전체가 우황부과를 면하게 되
었다.

雜稅雜物은 下民之所甚苦也니라. 輸其易獲하고 辭其難辦이라야

잡세잡물은 하민지소심고야니라. 수기이획하고 사기잡판이라야

斯可以无咎矣矣니라.

사가이무이구의니라.

잡세나 잡물은 가난한 백성들이 몹시 괴로워하는 것들이

다. 쉽게 얻을 수 있는 것은 보내주고, 마련하기 어려운 것은 사절하여야 허물이 없게 된다.

광해군 때 상국 이경여가 충원현감이 되었다. 어느 여름날 그는 백성들에게 칡을 캐게 했다. 백성들은 칡을 어디에 사용하려는지 도무지 알 수가 없었다. 이듬해 봄, 모시 값과 맞먹는 칡 수천 묶음을 영건도감에서 징수했는데, 충원 고을 사람들은 칡을 미리 준비하고 있었기 때문에 편안했다. 남는 칡은 이웃 고을에 도와주고, 받은 돈은 다른 부역의 대가로 지급했다.

上司가 以非理之事로 强配郡縣커든 牧宜敷陳利害하여 期不奉行
상사가 이비리지사로 강배군현커든 목의부진이해하여 기불봉행
이니라.
이니라.

상사가 이치에 맞지 않는 일을 군현에 강제로 배정하면 수령은 마땅히 그 이해를 차근차근 설명하여 봉행하지 않기를 기해야 한다.

명나라 장요가 양주지부로 재직할 때, 총신 강빈이 황제의 명이라며 "조정에서 처녀를 간선하도록 하고 있소이다."라고 했다. 이에 장요는

"양주에는 세 사람의 처녀 밖에 없소."라고 했다. 그러자 강빈은 "어디에 있단 말이오?"라고 물었다. 장요가 "만가엔 없고 부내에 내 딸 셋만 있소. 조정에서 꼭 간선한다면 숫자에 넣겠소."라고 했다. 이 말을 들은 강빈은 기가 막혀서 간선이 중지되었다.

內司諸官과 其上納愆期는 亦具生事니 不可忽也니라.
내사제궁과 기상납건기는 역차생사니 불가홀야니라.

내수사나 제궁에의 상납은 그 기일을 어기면 역시 사단이 생기니 소홀히 해서는 안된다.

조선 인조 때 상국 허적이 전라감사로 재직할 때, 후궁 조씨 집안에서 보낸 종이 감영을 찾아와 어떤 일을 부탁했다. 하지만 그는 사리에 맞지 않는다며 뿌리쳤다. 그러자 종이 "저의 부탁을 들어주지 않으시면 진급할 수가 할 수가 있겠습니까?"라고 했다. 이에 화가 난 허적은 나졸들에게 명령해 종을 곤장으로 다스려 죽였다. 이 소식을 들은 후궁은 집안사람들에게 "만약 주상께서 내가 보낸 종이 나를 믿다가 죽었다는 소문을 들으시면 나를 문책하실 것이다."라며 경계했다.

제6조 요역 勞役
출장 근무

上司差遣이면 倂宜承順하고 託故稱病하여 以圖自便은 非君子之
상사차견이면 병의승순하고 탁고칭병하여 이도자편은 비군자지
義也니라.
의야니라.

상사에서 차출하여 보내면 모두 순순히 받들어 행해야
한다. 일이 있다거나 병이 났다고 핑계하여 스스로 편하
기를 피하는 것은 군자의 도리가 아니다.

상급기관에서 나를 차출해 일하게 했는데, 만약 내가 거절하면 그 대
신 다른 사람이 차출되어야 한다. 그러면 원망이 얼마나 심하겠는가. 내
가 하기 싫은 일을 남에게 미루지 말아야 한다. 그렇지 않으면 군자가
아니다.

上司封箋하여 差員赴京은 不可辭也니라.
상상봉전하여 차원부경은 불가사야니라.

상사의 공문서를 가지고 서울에 가는 인원으로 차출되었
을 때는 사절해서는 안 된다.

고을에서 곡식을 징수하거나, 묵은 밭을 측량하는 큰 정사가 있거나,
다른 중요한 사정으로 자리를 떠날 수 없을 때는 사실대로 상관이 관대
하게 면제해 주기를 청하면 된다.

宮廟之祭에 差爲亨官이면 宜齊宿하여 以行事也니라.
궁묘지제에 차위향관이면 의재숙하여 이행사야니라.

궁묘의 제사 때 제관으로 차출되면 재숙하고 제사해야
한다.

지금의 제관은 제단이나 사랑에서 기생을 끼고 즐기거나, 술을 싣고
다니면서 노는 것은 예의에 어긋난다. 그래서 제관은 목욕재계하고 몸
을 깨끗이 해야만 한다. 또한 제사 때 행동은 함부로 해서는 안 되고,
제기가 깨지거나 더러운 것은 사용해서는 안 되며, 고기가 상하거나 술
이 신 것의 사용을 삼가야 한다.

試院에 同考가 差官赴場이면 宜一心秉公하고 若京官行私어든 宜
시원에 동고가 차관부장이면 의일심병공하고 약경관행사어든 의
執不可니라.
집불가니라.

시원에 경관과 함께 고시관으로 차출되어 과장에 나가게
되면 한결같은 마음으로 공정하게 집행하여야 하고, 만
일 경관이 사정을 쓰려고 하면 불가함을 고집해야 할 것
이다.

수령이 고시관이 된다면, 반드시 자신의 고을 유생들에게 뇌물을 받
고 합격시키려고 힘쓴다. 이런 방법으로 합격한다면 온 고을에서 원망
을 들을 것이다. 그렇기 때문에 지혜가 있는 수령을 부정한 방법을 물
리칠 것이다. 즉 수령이 그릇이 작으면 명성이 한 고을에 한정되지만,
그릇이 크다면 명성이 도내에 미칠 것이다.

人命之獄에 謨避檢官은 國有恒律이니 不可犯也니라.
인명지옥에 모피검관은 국유향률이니 불가범야니라.

인명에 관한 옥사에 검시관이 되기를 피하려 하면 국가
에는 그것을 다스리는 일정한 법률이 있으니 범해서는
안 된다.

조사관이나 검시관이 된 수령은 의심스럽거나 억울한 옥사가 있으면 가까운 사람 중에서 깨끗한 사람을 선발해 사건의 실정을 캐내게 해야 한다. 그리고 수령은 밤을 타서 그를 만나거나 서찰로 서로 통한 후, 간악한 일이나 감춰진 일을 캐내야 정확한 판결을 할 수가 있다.

推官取便하여 僞飾文書하여 以報上司는 非古也니라.

추관취편하여 위식문서하여 이보상사는 비고야니라.

추관이 편의를 취하여 문서만을 거짓 꾸며서 상사에게 보고하는 일은 옛 사람의 도리가 아니다.

과거에는 옥사를 결단하고 형을 집행하는 것이 대부분 해를 넘기지 못했다. 그래서 한 달에 세 번씩 이웃 고을의 수령과 함께 조사해서 실정을 알게 했다. 지금은 모든 일들이 해이해진 상태로 살인자도 죽이지 않고 해를 넘기면서 옥중에서 늙어버린다. 이로 인해 이웃 고을의 수령과 공동으로 조사하는 법까지 폐지되었다. 그렇기 때문에 수령이 추관이 되어 직접 현장으로 출동해서 실정을 밝혀 속히 판결을 하는 것이 좋다.

漕運督發을 差員하여 赴倉하여 能蠲其雜費하고 禁其橫侵이면 頌

조운독발을 차원하여 부창하여 능견기잡비하고 금기횡침이면 송

聲其載路矣니라.
성기재로의니라.

조운을 감독하는 차사원이 되어, 조창에 가서 잡비를 견
감하고 아전이 함부로 빼앗는 것을 금지하면, 칭송하는
소리가 길가에 가득할 것이다.

조세를 운반하는 백성들은 지게나 수레에 싣고 산과 계곡을 건너 조
창에 도착하는데, 이때 사나운 창고지기와 교활한 아전들이 뱃사공과
결탁해서 말질을 속인다. 더구나 관리의 침해가 악독해 백성의 등을 때
리고 볼기를 쳐서 울부짖는 소리가 진동하지만, 차사원이란 작자는 기
생을 끼고 놀면서 듣지도 않는다. 이래서 자신의 소임을 다한다고 할
수가 없다.

漕船臭載가 在於吾境이면 其拯米晒米를 宜如救焚니라.
조선취재가 재어오경이면 기증미쇄미를 의여구화니라.

조선이 자기 경내에 침몰하면, 쌀을 건져 버고 쌀을 말리
는 일은 불타는 것을 구해 버듯이 하여야 한다.

침몰한 배에서 건져낸 쌀을 백성들에게 나눠주는 것은 큰 해악이다. 그
이유는 불어터진 쌀로는 밥, 죽, 술, 장을 담그지 못하기 때문이다. 물에

빠졌던 쌀은 한 섬에 6두7승5홉이 불어나고, 쪄서 말린 쌀은 한 섬에 5두8승8홉이 줄어든다. 그래서 백성들에게 나눠주지 말아야 한다.

勅使送迎에 差員護行엔 宜亦恪恭하여 毋俾生事니라.
칙사영송에 차원호행엔 의역각공하여 무비생사니라.

칙사를 맞이하고 보낼 때, 차사원이 되어 호행하게 되면, 각별히 공경하여 사단이 생기지 않도록 해야 한다.

칙사를 맞이하는 관원들은 스스로 트집 잡는 일을 만들고 그것으로 옥신각신하는데, 정말 민망할 따름이다. 칙사가 지나는 길가에는 고을의 아전들과 군교들이 횃불 밝히는데, 이것을 빙자해 백성들을 동원시킨다. 이렇게 백성을 괴로히는 것은 엄하게 금지시켜야 된다.

漂船問情은 機急而行艱하니 勿庸遲滯하고 爭時刻以赴니라.
표선문정은 기급이행간하니 물용지체하고 쟁시각이부니라.

표류해 온 배에 대하여 실정을 물을 때는, 사정은 급하고 행하기는 어려운 것이니 지체하지 말고 시각을 다투어 달려가야 한다.

지난해에 몇 천만 권의 책을 실은 표류선이 무장외양에 정박했다. 이 것을 조사하던 여러 관리들은 "이 책들을 베껴 보고하자면, 정위조가 나무와 돌을 물어다가 바다를 메우는 것과 같습니다. 또한 이중에서 몇 권만 골라 베끼면 반드시 억울한 화를 당할 수 있습니다."라면서 모래 밭에 수만 권의 책을 파묻었다. 그러자 배에 타고 있던 표류인들은 분 통하게 생각했지만 어쩔 수가 없었다. 그런 뒤 나의 친구 이유수가 무 장현감이 되었을 때, 모래 속에서 책 몇 질을 얻었다. 책은 『삼례의소』 나 『십대가문초』같은 것들인데, 물에 젖은 흔적이 있었다고 했다.

修堤築城에 差員往督하여 悅以勞民하여 務得衆心이면 事功其集
수제축성에 차원왕독하여 열이영민하여 무득중심이면 사공기집
矣니라.
의니라.

제방을 수리하고 성을 쌓을 때, 차사원이 되어 가서 감독 하게 되면, 기쁘게 백성들을 위로하여 인심을 얻도록 힘 쓰면 그 일의 공이 이루어질 것이다.

송나라 정호가 현령으로 부임해 부역을 감독했다. 그는 추운 겨울이 나 더운 여름에도 가죽옷을 입거나 일산을 받치는 일이 없었다. 순행할 때도 그가 오가는 시간을 아무도 몰랐기 때문에 사람들은 열심히 일해 서 항상 기한 전에 일을 마쳤다.

|제4장|

애민육조
愛民六條

제1조 양로 養老

제2조 자유 慈幼

제3조 진궁 振窮

제4조 애상 哀喪

제5조 관질 寬疾

제6조 구재 救災

제1조 양로 養老
노인을 잘 봉양함

養老之禮廢가 而民不興孝하나니 爲民牧者는 不可以不擧也니라.
양로지예폐가 이민불흥효하나니 위민목자는 불가이불거야니라.

양로의 예가 폐지된 후로 백성들이 효도에 뜻을 두지 않으니 수령이 된 자는 거행하지 않아서는 안 된다.

영조 때 성호 이익은 "효도하고 우애하지 않는 사람은 있어도 우애하고 효도하지 않는 사람은 없다. 그래서 선왕제도의 우애는 향당이나 길에서나 군대까지 통한다. 그에 대한 교화는 국가에서 양로하는 것에 근거를 두고 있다.

力詘而擧羸은 不可廣也니 宜選八十以上이니라.
역굴이거영은 불가광야니 의선팔십이상이니라.

재력이 부족하면 참석 범위를 넓혀서는 안 되니, 80세 이
상만을 선발해야 한다.

남자 80세 이상을 선발해 잔치에 참석시켜 80세 이상은 떡과 국 외에
반찬이 네 접시고, 90세 이상은 반찬이 여섯 접시이다. 동월의 「조선
부」에 '나라 안에 80세 된 노인이 있으면, 남녀 구별 없이 모두 연회를
베풀어 임금의 은혜를 널리 알렸다.' 라고 적혀 있다.

養老之禮에는 必有乞言이니 詢瘼問疾하여 以當斯禮니라.
양로지예에는 필유걸언이니 순막문질하여 이당사례니라.

양로하는 예에는 반드시 좋은 말을 구하는 절차가 있으
니, 백성의 폐해를 묻고 고통을 물어서 예에 맞추도록 해
야 한다.

조선 선조 때 장현광이 보은현감으로 부임해 부로들과 초하루와 보름
날에 모이기로 약속했다. 이 모임은 부로들에게 백성들의 폐해와 잘못
된 점을 듣고 보완해서 바로잡기 위해서였다.

依於禮法하되 簡其文節하고 行之於學宮이니라.
의어예법하되 간기문절하고 행지어학궁이니라.

예법에 의하되 절차는 간략하게 하고, 이를 학궁에서 거
행하도록 한다.

『대학』에 '위에서 어른을 어른으로 섬기면 백성들에게 공경하는 마음
을 생긴다.' 라고 했다. 수령이 이것을 거행하기 위해서는 반드시학궁에
서 거행해야 한다. 길흉의 예법에서는 오로지 한사람의 빈과 한사람의
주인이 있는 것이다.

前哲於此에 修而行之하여 旣成故常이 猶有遺徽이다.
전철어차에 수이행지하여 기성고상이 유유유휘이다.

옛날 훌륭한 이들이 이를 닦아서 시행하여 이미 상례가
되었으므로 오히려 그 남은 운치가 있다.

조선 성종 때 정여창이 안음현감으로 재직할 때, 공무의 여가를 활용
해 고을의 총명한 인제들을 선발해 재실을 지어놓고 그곳에 거처하게
했다. 그는 이곳에서 직접 가르치면서 매일 강독했는데, 학자들이 소문
을 듣고 먼 곳에서 찾아오기도 했다. 봄과 가을에 양로의 예를 거행했
는데, 안에서는 부인이 대접하고, 밖에서는 공이 관대를 착용하고 접대

했다. 그러자 늙은 남녀들이 모두 취하고 배불러서 노래하고 춤추기를 마다하지 않았다. 정사는 정사대로 맑아서 백성들이 기뻐했다.

以時行優老之惠면 斯民知敬老矣니라.
이시행우로지혜면 사민지경로의니라.

때때로 노인을 우대하는 혜택을 베풀면 백성들이 노인에 게 공경할 줄을 알 것이다.

『상산록』에 '80세 이상 장수한 남자 21명과 여자 15명을 선발해 전모 36개를 구입해, 남자는 자주색으로 여자는 검은 색으로 입동 때 관아에 서 나눠주었는데, 비용이 10냥에 불과했다. 이에 백성들은 이 행사를 진심으로 기뻐했다.' 라고 했다.

歲除前二日에 以食物歸耆老니라.
세제전이일에 이식물귀기로니라.

섣달 그믐 이틀 전에 노인들에게 음식물을 돌려야 한다.

80세 이상의 노인에게 쌀 1말과 고기 2근씩을 준비해 예를 갖춰 문안 하고, 90세 이상은 귀한 반찬 두 접시를 더 드린다. 큰 고을이라도 80

세 이상의 노인은 불과 수십 명일 것이고, 90세 이상은 몇 사람뿐일 것이다. 그래서 쌀은 고작 2섬에 불과하고 고기는 60근이면 족한데, 이것은 쓰기 어려운 재물이 아니다. 기생집에서 하룻밤 놀면서 거액을 버리는 사람들도 많다. 이런 방탕함을 백성들이 원망하는 것이다.

제2조 자유 慈幼
어린이를 사랑함

慈幼者는 先王之大政也니 歷代修之하여 以爲令典이니라.
자유자는 선왕지대정야니 역대수지하여 이위영전이니라.

자유란 선대 왕들의 큰 정사여서 역대로 이를 닦아 행하
여 법으로 삼았다.

송나라 제도에 군현에 자유국이 있는데, 이것은 가난한 집에서 자식을
버릴 경우에 아이를 데려와 생년월일을 기록하고 유모를 두어 기르는
곳이다. 자식이 없는 집에 통보해 자유국의 아이를 데려가 기르도록 했
다. 그러자 흉년이 들어도 길가에 아이를 버리는 일이 사라졌다.

民旣困窮이면 生子不擧하니 誘之育之하여 保我男女니라.
민기곤궁이면 생자불거하니 유지육지하여 보아남녀니라.

백성들이 곤궁하게 되면 자식을 낳아도 거두지 못하니,
이들을 타이르고 길러서 내 자식처럼 보호해야 한다.

후한 때 가표가 신식장으로 부임했는데, 당시 백성들은 가난해서 자식을 기르지 않는 사람이 많았다. 그래서 그는 제도를 엄중히 적용해 살인 죄처럼 다스렸다. 성의 남쪽에는 강도가 되어 살인한 사람이 있었고, 북쪽에는 부인이 자식을 죽인 사람이 살고 있었다. 이에 그가 손수 조사해 다스리려고 하자, 아전들은 남쪽으로 인도하려고 했다. 그러자 그는 노한 말로 "도적이 사람을 해치는 것은 통상적이지만, 어미와 자식이 서로 살인하는 것은 천륜을 거스리는 것이다."라며 수레를 북쪽으로 몰고 가서 자식을 살인한 어미에게 죄를 물었는데, 이때 도적도 스스로 손을 묶고 자수했다. 이후로 수년간에 자식을 기르는 사람이 천 명이나 되었다. 그들은 모두 "아이들은 모두 가부가 낳아준 것이다."라고 했다.

歲値荒儉에는 棄兒如遺하니 收之養之하여 作民父母니라.
세치황검에는 기아여유하니 수지양지하여 작민부모니라.

흉년에는 자식 버리기를 물건 버리듯 하니, 거두어 주고
길러 주어 백성의 부모가 되어야 한다.

후한 때 방삼이 한양태수로 재직할 때, 임당이 고을에 은거하여 학생

들을 가르쳤다. 방삼이 부임해서 가장 먼저 그를 찾았는데, 임당이 말은 하지 않았다. 그 대신 부추 한 뿌리와 물 한 그릇을 병풍 앞에 놓고 어린아이를 안은 채 문밖으로 나가 엎드렸다. 이때 방삼은 '물은 내가 청렴하기를 바라는 것이고, 부추는 내가 강한 족속을 치라는 뜻이고, 어린아이를 안고 문 앞에 엎드린 것은 내가 문을 열어놓고 불쌍한 어린애를 돌보라는 뜻이구나.' 라고 풀이했다. 그 다음날부터 행동에 옮기자, 한양이 잘 다스려졌다.

我朝立法에 許其收養하여 爲子爲奴는 條例詳密이니라.
아조입법에 허기수양하여 위자위노는 조례상밀이니라.

우리 나라에서도 법을 세워 거두어 기른 아이를 자식으로 삼거나 종으로 삼는 것을 허락하였으니, 그 조례가 상세하고도 치밀하다.

과거에 내가 경기 암행어사로 활동할 때, 정조 임금께서 나에게 내버려진 아이들을 거둬서 기르는 일을 말씀하셨다. 이때 주상의 뜻이 애처로워함이 간절하셨다. 그러나 각 고을에서는 한사람도 주상의 뜻을 받드는 수령없었다.

若非饑歲에 而有遺棄者면 募民收養하여 官助其糧이니라.
약비기세에 유유귀기자면 모민수양하여 관조기량이니라.

기근이 든 해가 아닌데도 아이를 버리는 자가 있을 경우
에는 민간에서 거두어 기를 사람을 모집하되 관에서 그
양식을 도와 주어야 한다.

　진휼할 때는 반드시 양식으로 도와주고, 평년엔 민간에서 거둬 기를
수 있는 사람을 모집해야만 한다. 자식을 기를 수 없는 가난한 부인이
응모했을 경우엔, 수령이 양식을 내어 도와줘야 한다. 이때 한 달에 쌀
2말씩 지급하고, 여름에는 매월 보리 4말씩을 지급하는데, 기간은 2년
동안이다. 이밖에 간혹 서울 개천에 버려지는 아이가 있는데, 이것은
대부문 간음한 자의 짓이다.

제3조 진궁 振窮
가난한 자를 구제함

鰥寡孤獨을 謂之四窮이니 窮不自振하야 待人以起라야 振者擧也라.
환과고독을 위지사궁이니 궁불자진하야 대인이기라야 진자거야라.

홀아비, 과부, 고아, 늙어 자식 없는 사람을 사궁이라 하는데, 궁하여 스스로 일어날 수 없고, 남의 도움을 받아야 일어날 수 있다. 진이란 일으켜 준다는 말이다.

송나라 때 정호가 진성령으로 부임해서 외롭고 병든 사람들을 그들의 친척들이나 마을사람들에게 책임을 지웠다. 그러자 그들은 살 곳을 잃지 않았고, 여행자들이 이곳을 지나다가 병든 사람들을 도와주었다.

過歲不婚聚者는 官宜成之니라.
과세불혼취자는 관의성지니라.

나이가 지나도록 혼인하지 못한 자는 관에서 성혼시키도록 해야 한다.

월나라 왕 구천이 "여자가 17세에 이르러 시집가지 않거나, 남자가 20세에 장가들지 않으면 그 책임은 부모에게 있다."라고 했다. 또 한나라 혜제 6년에는 "민간의 여자로 나이 30에 이르기까지 시집보내지 않으면 100전의 벌금을 부과하겠다."라는 영을 내렸다.

權婚之政은 **是我列聖遺法**이니 **令長之所宜恪遵也**니라.
권혼지정은 시아열성유법이니 영장지소의각준야니라.

혼인을 장려하는 정책은 우리나라 역대 임금들이 남겨준 법이니, 수령은 성심으로 준수해야 한다.

정조 15년 신해 2월, 왕은 서민들 중 가난해서 혼기를 놓친 사람이 있다는 것에 안타까워했다. 그래서 서울의 오부에 명을 내려 성혼하도록 권하면서 혼기가 찬 사람에겐 혼인을 재촉하게 했다. 또 혼수비용으로 돈 5백 푼과 포목 2필을 도와주게 했다.

每歲孟春에 選過時未婚者하여 竝於仲春成之니라.

매세맹춘에 선과시미혼자하여 병어중춘성지니라.

매년 정월에, 나이가 지났는데도 아직 혼인을 하지 못하고 있는 자를 골라 모두 2월에 성혼하도록 해야 한다.

고을에서 남자 25세, 여자 20세 이상 된 사람을 골라 부모나 친척들이 있으면 독촉해 성혼토록하고, 이에 태만한 사람에겐 벌을 내리면 되다. 만약 부모나 친척이나 재산이 없는 사람에겐 마을에서 덕망이 있는 사람을 선발해 중매쟁이를 통해 성혼하도록 하면 된다. 이때 관에서 돈과 포목 약간을 도와주고 의복 등은 관에서 빌려주면 된다.

合獨之政도 亦可行也니라.

합독지정도 역가행야니라.

홀로 된 사람을 짝지어 주는 정사도 실행해야 한다.

「관자」입국 편에 보면 '도성에 중매를 맡은 사람이 홀아비와 과부를 골라 결혼시켰는데, 이것을 합독이라고 한다."라고 적혀있다.

제4조 애상 哀喪
상을 입은 사람들을 애도함

有喪蠲徭는 古之道也니 其可自擅者는 皆可蠲也니라.
유상견요는 고지도야니 기가자천자는 개가견야니라.

상을 당한 사람에게 요역을 감하는 것이 옛날의 도이다.
자신이 결정할 수 있는 것은 감해 주는 것이 좋다.

『국어』의 월어편에 "구천이 백성에게 '맏아들이 죽으면 3년 동안 부역
할 의무를 면제하고, 장자 이외의 아들이 죽으면 3달 동안 부역할 의무
를 면제해 준다.' 라고 말했다고 한다."라고 적혀있다. 지금 그 법을 정
하는데, 부모상을 당한 사람은 1백일 동안 일체의 잡역을 면제해주는 것
이 옛날의 뜻을 따르는 것이 될 것이다.

民有至窮極貧하여 死不能殮하고 委之溝壑者는 官出錢葬之니라.

민유지궁극빈하여 사불능렴하고 위지구학자는 관출전장지니라.

아주 궁색하고 가난한 백성이 있어 죽어도 염하지 못하고, 개천이나 구렁에 내버릴 형편인 자에게는 관에서 돈을 내어 장사지내도록 해야 한다.

윤형래가 회인현감으로 재직하던 어느 날이었다. 그가 관아에 앉아있던 중 문 앞을 통곡하면서 지나가는 사람을 보았다. 이에 그는 아전에게 "무엇 때문에 저렇게 통곡하는 것이냐?"라고 묻자, 이에 아전은 "어떤 백성이 어제 죽었는데, 지금 장사지내러 가는 중입니다."라고 했다. 그러자 "염은 했다고 하던가?"라고 묻자, 아전은 "가난해서 염을 못했다고 합니다."라고 했다. 그는 곧바로 돈을 내려 관을 사서 매장토록 했다.

其或饑饉癘疫으로 死亡相續이어든 收瘞之政는 與賑恤偕作이니라.

기혹기근여역으로 사망상속이어든 수예지정는 여진휼해작이니라.

기근과 유행병으로 사망자가 속출하면 거두어 매장하는 정사를 진휼과 함께 시행해야 한다.

정조 22년 겨울 독감이 도성에 퍼졌는데, 당시 나는 황해도 곡산에 근무하면서 매장정책을 시행했다. 그러자 아전이 "조정의 명이 없기 때문에 시행해도 공이 없습니다."라고 했다. 이 말에 나는 두말없이 "그대로 실행하라! 곧 영이 내려올 것이다."라며 밀어붙였다. 그리고 5일마다 사망자 명부를 만들어 친인척이 없는 사람에겐 관에서 매장비용을 지급했다. 한 달 후 마침내 조정의 명이 도착했고, 감사는 사망자 명부에 대한 독촉이 성화같았다. 이때 다른 고을에서는 급하게 장부를 정리한 탓에 여러번 문책을 받았지만, 난 이미 정리해 놓을 것을 바쳤다.

或有觸目生悲하여 不堪悽惻이면 卽宜施恤하고 勿復商度이니라.
혹유촉목생비하여 불감처측이면 즉의시휼하고 물부상탁이니라.

혹시 비참한 사연이 눈에 띄어 측은한 마음을 견딜 수 없으면, 즉시 구제해 주고 주저하지 말아야 한다.

범중엄이 빈주관찰사로 재직하던 어느 날, 관원들과 함께 누각에 술자리를 마련했다. 그가 막 술잔을 들려고 했을 때 상복차림의 어떤 사람이 상구를 마련하는 모습이 눈에 띠었다. 그는 아전에게 급히 명해 사연을 묻게 했다. 사연은 어떤 선비가 죽어 가까운 곳으로 빈소를 옮기려고 하는데 상구를 모두 갖추지 못했다는 것이다. 범중엄은 곧바로 술자리를 파하고 부의를 후하게 내려 장사를 치르게 했다. 이에 함께 있던 손님들이 감탄했다.

或有客宦遠方하여 其旅櫬過邑이어든 其助運助費를 務要忠厚니라.
혹유객환원방하여 기려친과읍이어든 기조운조비를 무요충후니라.

혹 먼저 객지에 와서 벼슬 살던 사람의 영구가 그 고을을 지나가면 운반도 돕고 비용도 도와주는 것을 성심껏 후하게 하도록 힘써야 한다.

조선 정조 때 조영경이 황주목사로 재직할 때였다. 나는 영조사로 부임해 그와 함께 정당에 앉아 있었는데, 때마침 상여가 지나갔다. 그러자 황주목사가 아전을 불러 묻자 "변방 수령이 임지에서 죽어서 지금 고향으로 돌아가는 중이랍니다."라고 했다. 그 즉시 조공은 아전에게 명해 호행하는 자에게 위로의 말을 전하고, 죽과 밥을 일행에게 먹인 다음 부의로 30냥을 보냈다. 하지만 그가 직접 나가서 조문은 하지 않았다. 내가 그 까닭을 묻자 "객지에서 죽은 상여가 고을을 지날 때 음식을 대접하고 부의를 하는 것은 옛날의 법도입니다. 하지만 나는 죽은 사람이나 그의 자손들을 모르기 때문에 조문할 명분이 없다오."라고 했다.

鄕丞吏校에 有喪有死면 宜致賻問하여 以存恩意니라.
향승이교에 유상유사면 의치부문하여 이존은의니라.

향승이나 아전과 군교가 상을 당했거나, 본인이 죽었거

나 했을 때는, 마땅히 부의하고 조문하여 은혜로운 뜻을 보이도록 해야 한다.

과거에는 조정의 신하가 상을 당하면 임금이 직접 조문하면서 소렴과 대렴을 보고, 염할 수의와 장사에 필요한 폐백을 하사했다. 경내의 관원출신이나, 효행이나 태학생 혹은 문예가 뛰어난 자가 죽었거나 상을 당하면 이같이 해줘야 한다. 그리고 모든 관속들도 미음이나 죽으로써 위로해야 한다.

제5조 관질 寬疾
병든 사람들을 관대히 배려함

廢疾篤疾者는 免其征役하니 此之謂寬疾也니라.
폐질독질자는 면기정역하니 차지위관질야니라.

폐인과 병이 중한 자는 조세와 요역을 면제해 주는데, 이것을 관질이라 한다.

지금의 수령들은 사나워 인자하지 못하다. 시골아낙이 젖먹이를 안고 관청을 찾아와 "우리 아이가 아궁이로 들어가 화상을 입어 손발을 쓰지 못하고 있습니다. 새로 오신 선무군관께서는 면제처분을 내려주기를 원합니다."라고 했다. 그러자 수령은 "그래도 밭 가운데의 허수아비보다는 낫다."라며 들어주지 않았다. 이런 사람이 수령이라고 할 수 있겠는가. 더구나 장님, 벙어리, 절름발이 등의 장애자들은 요역 장부에 기제해서도 안 되고, 요역에 징발해서도 안 된다.

罷癃殘疾로 力不能自食者는 有奇有養이니라.
폐륭잔질로 역불능자식자는 유기유양이니라.

곱사등이나 불치 병자들처럼 자력으로 생활할 수 없는
자에게는 의지할 곳과 살아갈 길을 마련해 주어야 한다.

송나라 여숭귀가 강주태수로 재직할 때, 눈바람이 크게 불었다. 하지
만 이를 마다하지 않고 강정으로 가서 백성들을 살피고 돈과 쌀을 나눠
주었다. 그리고 거지들에겐 종이 이불을 주었고, 병자들이 기거하는 집
을 더 세우기도 했다.

軍卒羸病하여 因於凍餒者는 贍其衣飮하여 裨無死也니라.
군졸이병하여 인어동뢰자는 섬기의반하여 비무사야니라.

군졸들 중에 추위와 굶주림으로 인하여 여위고 병든
자에게는 의복과 음식을 주어 죽지 않도록 해 주어야
한다.

진나라 유홍이 형주를 다스릴 때였다. 어느 날 밤 성위로 올라갔다가
그곳에서 야경을 맡은 사람의 탄식을 들었다. 그래서 그를 불렀는데,
늙고 병든 병사는 저고리조차 없는 것을 보고 옷과 모자를 지급했다.

瘟疫流行에 蚩俗多忌하니 憮之療之하여 裨無畏也니라.

온역유행에 치속다기하니 무지요지하여 비무외야니라.

염병이 유행할 때 어리석은 풍속이 꺼리는 것이 많으니, 어루만지고 치료해 주어서 두려워하지 않도록 해야 한다.

조선 숙종 때 정승 허적이 진휼청제조로 재작할 때, 직접 병자들이 수용된 곳으로 가서 살폈다. 그리고 죽은 자의 매장까지 감독했다. 조선 인조 때 장군 유혁연도 염병을 두려워하지 않았다. 당시 온 가족이 염병으로 떼죽음을 당한 집이 있었는데, 직접 염하고 매장까지 했다.

瘟疫麻魔하고 及諸民病死亡夭札하고 天災流行이면 宜自官救助니라.

온역마진하고 급제민병사망요찰하고 천재유행이면 의자관구조니라.

염병, 천연두 및 모든 백성이 병으로 사망, 요사하는 천재가 유행할 때는 의당 관에서 구조하여야 한다.

『경국대전』예전편 혜휼조에 "환자가 가난해서 약을 살 수 없으면 관에서 대신 지급하고, 지방에서는 해당 고을에서 의약을 지급해야 한다."라고 했다. 조선 정조 때 이기양이 문의현감으로 재작할 때, 염병이 크게 돌았다. 그는 성산자란 약을 지어 백성들에게 먹였는데, 이웃인 청주와 옥천까지 미쳐 살아난 사람이 수를 셀 수 없을 정도로 많았다. 그래서 수령은 염병이 유행한다면 수만 전을 써서라도 성산자를 많이 만들게 해서 의원들에게 헐값에 팔도록 해야 한다.

流行之病에 死亡過多이니 救療埋葬者는 宜請賞典이니라.
유행지병에 사망과다이니 구료매장자는 의청상전이니라.

유행병이 돌아 사망하는 자가 아주 많은 것이니, 이들을 치료하고 매장해 주는 장자에게는 상전을 주도록 청하여야 한다.

정조 22년 겨울에 독감으로 죽는 자가 많았다. 그래서 조정은 부자들에게 명해 치료나 염과 매장하게 했다. 그리고 그들에게 3품이나 2품의 벼슬까지 제수토록 했다. 내가 곡산부에 근무할 때, 이것은 임금의 명으로 일렀다. 그러자 이에 응한 사람이 5명이었는데, 일이 끝나고 일일이 상사에게 보고했다. 이에 상사는 "다른 고을에서는 봉행한 자가 없다. 그래서 한 고을 백성만으로는 아뢸 수가 없다."라면서 중지시키고 조정에 아뢰지 않았다. 나는 즉시 승정원에 "이렇게 되면 장차 임금의 명령을 백성들이 믿지 않을 것입니다. 이것은 작은 일이 아니기 때문에 속히 주상께 아뢰합니다. 만약 그렇게 하지 않는다면 본인이 직접 상경해 상소할 것입니다."라고 했다. 승정원은 이런 사실을 급히 임금에게 아뢨는데, 임금이 깜짝 놀라 그 감사를 2등 감봉하고, 5명의 백성에겐 벼슬을 제수했다.

近所行麻脚之瘟도 亦有新方이니 自燕京來니라.
근소행마각지온도 역유신방이니 자연경래니라.

근래에 유행한 마각온의 치료에도 역시 새로운 처방이 있는데, 연경으로부터 서울에 들어온 것이다.

신사년(순조 21, 1821) 가을에 이 병이 유행하였는데, 열흘 동안에 평양에서 죽은 자만 수만 명이요, 서울 오부에서 죽은 자가 13만 명이었는데 치료법은 알 수 없었다.

제6조 구재 救災
재난당한 사람들을 구제함

水火之災는 國有恤典이니 行之惟謹이나 宜於恒典之外는 牧埒自
수화지재는 국유휼전이니 행지유근이나 의어항전지외는 외목자
恤之니라.
휼지니라.

수재와 화재에 대해서는 나라에 휼전이 있으니 오직 정
성스럽게 행할 것이요, 일정한 규정이 없는 것은 수령이
스스로 헤아려서 구제해야 한다.

훌전은 환상미로 지급하는데, 환상미는 모두 쭉정이다. 훌전을 지급할
때 수령은 자신 앞에서 벼를 찧고 키질해서 나눠주도록 해야만 한다. 그
이유는 실제 양보다 줄어든다는 것을 알 수 있기 때문이다. 이것이 확인
되면 수령은 한 섬마다 쌀 세말씩 보충해주고, 열두 말 미만일 때는 창
고관리에게 충당토록 명한다.

凡有災厄에 其救焚拯溺을 宜如自焚自溺하여 不可緩也니라.
범유재액에 기구분증닉을 의여자분자닉하여 불가완야니라.

무릇 재해와 액운이 있으면 불에 타는 것을 구하고 물에
빠진 것을 건져 내야 하는데, 마치 내가 불에 타고 물에
빠진 듯 서둘러야지 늦추어서는 안 된다.

후한 사람 유곤이 강릉령으로 재직할 때, 고을에 큰 화재가 일어났다.
그러자 유곤이 불을 향해 머리를 조아리자, 바람이 반대 방향으로 바뀌
면서 화재가 진압되었다. 송사비가 수령을 다스릴 때였다. 물이 둑 밑
을 파고들어 송사비가 의자를 가지고 가서 둑 위에 앉았다. 이에 사람
들은 위험하기 때문에 피하기를 간청했지만 듣지 않았다. 그런데 얼마
뒤 수위가 낮아졌다.

思患而預防은 又愈於旣災而施恩이니라.
사환이예방은 우유어기재이시은이니라.

환란이 있을 것을 생각하고 예방하는 것은 이미 재앙을
당하여 은혜를 베푸는 것보다 낫다.

조선 광해군 때 이명준이 서원현감으로 재직할 때, 고을이 큰 하천과
가깝게 있어서 수재의 위험이 도사리고 있었다. 어느 날 저녁 무렵 물

새들이 관청 뜰에 모여드는 것을 본 이명준은 '이것은 수재가 날 징조다.'라면서 아전들과 백성들에게 수재에 대비토록 했다. 얼마 후 하천이 범람했는데, 미리 준비한 덕분에 백성들은 무사했다.

若夫築堤設堰하여 以捍水災하고 以興水利者는 雨利之術也니라.
약부축제설언하여 이한수재하고 이흥수리자는 양리지술야니라.

둑을 쌓 방죽을 만들어 수재도 막고 수리도 일으키는 것은 두 가지 이익이 있는 방법이다.

내가 살고 있는 집이 한강 가에 있었는데, 매년 여름과 가을에 홍수가 날 때마다 집들이 떠내려 오는 것을 보았다. 올해도 지난해처럼 홍수가 나는데, 이것은 수령이 대비책을 세우지 못한 탓이다.

其害旣去면 撫綏安集이 是又民牧之仁政也니라.
기해기거면 무수안집이 시우민목지인정의니라.

그 재해가 사라지고 나면 어루만져 주고 편안히 모여 살게 해야 하니, 이 또한 수령의 어진 정사이다.

조선 정조 때 교리 김희채가 장련현감으로 부임했는데, 이때 구월산이 홍수로 무너져 매몰된 지역이 30여리나 되었다. 더구나 이로 인해 사람이 다치고 논밭이 손상된 것은 이루 말 할 수 없었다. 공이 밖으로 나가자, 백성들은 그를 붙잡고 통곡했다. 이에 공은 말에서 내려 그들의 손을 잡고 함께 통곡했다. 울음이 멈추자 그는 백성들의 소원을 묻고 곧장 감영으로 달려가 중앙에 보고하기를 요구했다. 공과 감사가 이 일로 하루 종일 다퉜는데, 감사가 괴로운 나머지 "그대는 어질기만 하지 일에는 어둡구려."라고 했다. 그런 다음 감사는 장계를 올려 안협현감과 바꿔줄 것을 요구했고, 허락이 떨어졌다. 이에 따라 공은 벼슬을 버리고 떠나려고 하자 백성들이 열 겹으로 둘러싸서 막았다. 공은 어쩔 수 없이 10여일 동안 촌가에 머물다가 밤중에 몰래 도망쳤다. 그러자 백성들은 한곳에 모여 통곡했다. 이것은 한마디로 백성을 어짊으로 다스려야 한다는 것을 잘 말해주고 있다.

飛蝗蔽天에 禳之捕之하여 以省民災도 亦可謂仁聞矣니라.
비황폐천에 양지포지하여 이생민재도 역가위인문의니라.

황충이 하늘을 뒤덮으면 물러가기를 빌기도 하고 잡아 죽이기도 하여 백성들의 재해를 덜어 주는 것도 어질다는 명성을 듣게 될 것이다.

후한 사람 마원이 무릉태수로 재직할 때, 군내 황충의 피해가 연이어 발생했다. 이때 마원이 가난한 사람을 도와주고 부역과 세금의 징수를 가볍게 해주자, 황충은 바다로 들어가서 새우가 되었다.

제1조 속리 束吏
아전을 단속함

束吏之本은 在於律己니 其身正이요 不令而行이요 其身不正이면
속리지본은 재어율기니 기신정이면 불령이행이요 기신부정이면
雖令不行이니라.
수령불행이니라.

아전을 단속하는 근본은 자기의 처신을 올바르게 하는
데 달려 있다. 자신이 올바르면 명령하지 않아도 잘 시행
되고, 자신이 올바르지 못하면 아무리 명령해도 잘 시행
되지 않는다.

  고려 때 금유와 옥고는 대구군의 수령을 지냈다. 대구군에는 아주 교
활한 하전 배설이 근무하고 있었다. 그는 문서를 마음대로 뜯어고치는
재주가 뛰어나 수령들은 그를 내세워 정사를 처리했다. 만년에 들어선
배설은 사람들에게 "모든 수령들을 내가 거느렸는데, 금유와 옥고만은
모셨다."라고 했다.

齊之以禮하고 **接之有恩然後**에 **束之以法**이요 **若陵轢虐使**하고 **顚**

제지이례하고 접지유은연후에 속지이법이요 약능력학사하고 전

例詭遇하면 **不受束也**니라.

도궤우하면 불수속야니라.

예로써 정돈하고 은혜로 대우한 다음 법으로써 단속해야

한다. 업신여기고 짓밟거나 잔악하게 부리거나 사리에

어긋나는 일을 하거나 속임수를 쓰면 단속을 받아들이지

않는다.

 아전들이 상전을 보면 허리를 굽히는데, 언제부터 시작되었는지는 잘

모르겠다. 지금 중앙관서의 이속들은 머리만 숙이고 허리는 굽히지 않

는다. 그런데 왜 향리만 허리를 굽히는지 의심스럽다. 그러던 중 내가

남쪽지방에서 근무할 때, 허리를 굽히는 법도가 옛사람의 깊은 뜻에서

나온 것임을 알고는 변경시킬 수 없다는 것을 알았다.

居上不寬은 **聖人攸誡**라. **寬而不弛**하고 **仁而不懦**라야. **亦無所廢**

거상불관은 성인유계라. 관이불이하고 인이불나라야. 역무소폐

事矣니라.

사의니라.

윗자리에 있으면서 너그럽지 못함에 대해서는 성인이 이

미 경계하였다. 너그럽게 하되 너무 지나치게 느슨하지
않고, 인자하되 너무 지나치게 나약하지 않아야 그르치
는 일이 없을 것이다.

조선 성종 때 이세정은 경학에 조예가 깊고 가르치기를 게을리 하지
않았다. 그래서 그의 문하에서 재상들이 많이 나왔고, 우리 형제도 그
의 문인이었다. 어느 날 이세정이 재간도 없이 청양현감을 맡았는데,
이때 최숙생이 새 관찰사로 제수되었다. 그러자 재상들이 나서서 청양
현감을 부탁하면서 "우리 스승은 학문이 높고 지조가 결백하다. 그래서
망령되게 자네 부하로 생각하지 말라."고 했다. 이에 최공은 그 말을 따
르겠다면서 임지로 떠났는데, 첫 번째로 그를 파직시켰다. 최공이 돌아
오자, 여러 재상들이 찾아가 "충청도에는 간사하고 교활한 관리가 그렇
게도 없어서 우리 스승을 그렇게 처리했는가?"라고 했다. 이에 최공은
"다른 고을 수령은 간활하지만 한사람의 도적일 뿐이기 때문에 백성들
이 견딜 수 있다. 그러나 청양현감은 청렴하지만 여섯 명의 도적이 아
래에 있기 때문에 백성들이 견딜 수가 없다."라고 했다.

誘之掖誌하고 敎之誨之하면 彼亦人性이니 未有不格이라 威不可
유지액지하고 교지회지하면 피역인성이니 미유불격이라 위불가
先施矣니라.
선시의니라.

이끌어 주고 도와주고 가르쳐 주면 그들 또한 사람의 성품을 가졌으니 고치지 않을 리가 없다. 위엄을 먼저 베풀어서는 안 된다.

후한 때 사람 종리의가 하구령으로 재직할 때, 도둑질한 아전이 있었다. 하지만 그는 형벌 대신 직위만 파면시켰다. 이에 그의 아비가 "이것은 의로써 형벌을 내린 것이다."라면서 아들에게 독약을 먹여 죽게 했다.

誘之不牖하고 敎之不悛하고 瑚終欺詐하여 爲元惡大奸者는 刑以
유지불유하고 교지부전하고 호종기사하여 위원악대간자는 형이
臨之니라.
임지니라.

타일러도 깨닫지 못하고 가르쳐도 고치지 않으며 끝내 허물을 뉘우칠 줄도 모르고 사기만을 일삼는 간악한 자는 형벌로 다스려야 한다.

조선 정조 때 판서 이노익이 전라감사로 재직할 때였다. 감영 아전인 최치봉은 성품이 교활한 악인이었다. 그는 도내 53개 고을의 아전 2~3명들의 맹주였다. 그는 매년 수십 만 냥을 이들 아전에게 나눠주면서

그 대가로 창고에서 도둑질했다. 여기서 생긴 돈으로 고리대금업을 했으며 이것으로 백성들의 고통이 심했다. 이에 감사가 수령들의 잘못을 조사하기 위해 조사관을 파견하지만, 최치봉은 조사관을 매수해 조사 내용을 먼저 보고 대처했다. 더구나 최치봉은 청렴하고 법을 잘 지키는 수령이 부임하면 중상 모략했고, 반대로 법을 지키지 않는 탐관오리가 부임하면 그를 이용했다. 이에 도민들의 원성이 높았던 것이다. 이런 가운데 판서 이노익이 감사로 부임한지 10여 일 만에 최치봉을 추포해 곤장으로 다스렸지만 죽지 않았다. 그래서 서너 고을로 옮겨서 가뒀다가 고창에 도착했을 때 감사는 물고장物故狀을 올리도록 재촉했다. 그러자 최치봉은 다음날 정오까지만 살려달라고 애걸했지만, 현감이 들어주지 않았다. 이에 따라 그는 고창에서 목숨을 잃었다.

元惡大奸은 須於布政司外에 立碑鐫名하여 永勿復屬이니라.
원악대간은 수어포정사외에 입비전명하여 영물복속이니라.

아주 간악한 자는 모름지기 감영 밖에 비를 세우고 그 이름을 새겨 영원토록 복직하지 못하게 해야 한다.

노환이 수차례 큰 군을 다스리면서 뛰어난 치적을 세웠는데, 이에 사람들은 그를 귀신처럼 무서워했다. 간악한 죄안을 다스릴 때는 죄를 처단하면서 그들의 죄를 낱낱이 새겨 문 앞에 두었고, 재범을 저지렀을 때는 반드시 사형수 명부에 올렸다. 이것은 기악비라고 했다.

牧之所好는 吏無不迎合이니 知我好財이면 必誘之以利라. 一爲所
목지소호는 이무불영합이니 지아호재이면 필유지이리라. 일위소
誘則與之同陷矣니라.
유즉여지동함의니라.

수령이 좋아하는 바는 아전들이 모두 영합하게 마련이
다. 내가 재물을 좋아하는 줄 알면 반드시 이익으로써 유
인할 것이니, 한 번 꾐을 받으면 그 때는 그들과 함께 죄
에 빠지게 된다.

관장이 처음 부임하면 명령을 내리고 담당하는 일이 제법 많다. 하지
만 몇 달이 지나면 아전들의 농간에 휘말려 약점이 잡혀서 벼슬자리까
지 위태로워진다. 이렇게 되면 만약 수령이 재 10결을 훔치면 아전은 1
천 결을 훔치고, 수령이 1결을 방납하면 아전은 1백 결 방납한다. 이렇
게 된다면 어찌 나라살림이 원활하게 돌아가겠는가?

性有偏僻이면 吏則窺之하여 因以激之하고 以濟其奸하여 於是乎
성유편벽이면 이즉규지하여 인이격지하고 이제기간하여 어시호
墮陷矣니라.
타함의니라.

수령의 성품이 편벽되면 아전은 그 틈을 엿보아 바로 격

동시켜 자신의 간계를 쓰게 되니, 그래서 그의 술책에 빠지게 된다.

송나라 포증이 경조윤으로 재직할 때, 밝게 살핀다는 소문이 자자했다. 백성 가운데 법을 어겨 곤장형벌에 처한 사람이 있었다. 그는 곤장형벌을 면하기 위해 아전에게 뇌물을 바쳤다. 그러자 아전은 "경조윤이 나에게 죄를 조사하라고 할 것이다. 그럴 때 너는 큰소리로 변명하라."라고 일렀다. 얼마 후 죄수에게 심문하자, 죄수는 아전이 말대로 했다. 그러자 아전은 "곤장을 받으면 되지, 무슨 잔소리가 그렇게 많은 것인가?"라며 꾸짖었다. 이에 포증은 감히 아전이 권세를 부린다며 그에게 곤장을 치고 죄수를 관대하게 처리했다. 다시 말해 포증도 아전이 죄수에게 매수된 줄을 몰랐던 것이다.

不知以爲知하여 酬應如流者는 牧之所以墮於吏也니라.
부지이위지하여 수응여류자는 목지소이타어이야니라.

모르는 것을 아는 체하면서 물 흐르듯 쉽게 처리하는 것은 수령이 아전의 간계에 빠지게 되는 것이다.

조선의 문신은 시부나 조금 익히고, 무신은 무술이나 약간 익힐 뿐이다. 이 외에 고작 배운다는 것이 도박이나 기생을 끼고 술 마시는 것이다. 내가 오랫동안 현청 소재지에서 재직할 때의 일이다. 새로 부임한 관원이 업무에 서툴러 열심히 하려고 하면 늙은 아전들이 모여서 "앞으로 저 놈 때문에 괴롭겠구나."라면서 싫어하고, 업무를 쉽게 처리하는 관원이면 "저 놈은 우리의 앞길이 편안하겠구나."라고 웃었다.

吏之求乞은 民則病之하니 禁之束之하여 ?無縱惡이니라.
이지구걸은 민즉병지하니 금지속지하여 무비종악이니라.

아전들이 구걸하면 백성들은 고통스러워 한다. 금지하고 단속하여 함부로 악한 행동을 하지 못하도록 해야 한다.

후한 사람 오우가 인정仁政과 명확하고 간결한 판단으로 백성들을 다스렸다. 그러자 백성들은 그를 속일 수가 없었다. 손씨 성을 가진 어떤 아전이 사적으로 백성에게 돈을 뜯어 자신의 아버지에게 옷을 사서 주었다. 이에 그의 아버지는 "훌륭한 사또가 계시는데, 어떻게 속이겠느냐? 속히 돌아가 사또에게 너의 죄를 자백하라!"며 화를 냈다. 아전은 부끄럽고 두려운 나머지 오우에게 죄를 자백함과 동시에 아버지의 말까지 전했다. 이 말은 들은 오우는 그의 아버지에게 사죄하게 하고, 옷까지 보냈다.

員額少의 則閒居者寡면 而虐斂未甚矣이리라.
원액소의 즉한거자과면 이학렴미심의이리라.

아전의 인원수가 적으면 한가하게 지내는 자가 적어서
백성을 침학하고 가렴하는 일이 심하지 않을 것이다.

조선 숙종 때 정승 남구만이 병조에 근무하면서 이속 1백 명을 감원했
다. 이에 감탄한 송시열은 "이속들은 나라를 좀먹는 벌레들이기 때문에
반드시 감원해야만 합니다. 얼마 전 병조에서 감원한 이속의 수가 무려
1백 명인데, 이로 인해 무고하고 비방하는 자가 많습니다. 하오나 그 이
익은 매우 큰 것으로 나타났습니다. 따라서 주상께서는 하루속히 다른
부서에도 명을 내려 감원하게 하소서."라며 상소했다.

今之鄕吏는 締交宰相하고 關通察使하여 上貌官長하고 下剝生民
금지향리는 체교재상하고 관통찰사하여 상모관장하고 하박생민
하니 能不爲是所屈者는 賢牧也니라.
하니 능불위시소굴자는 현모야니라.

요즈음 향리들은 재상과 결탁하고 감사와 내통하여, 위
로는 관장을 가볍게 보고, 아래로는 백성들을 들볶는다.
이들에게 굴하지 않는 자라야 현명한 수령이다.

조선 선조 이전엔 아전들의 횡포가 심하지 않았지만, 임진왜란 후부터 사대부에게 지급되던 녹봉이 줄어들어 가난한 집안이 많았다. 녹봉이 줄어든 이유는 나라의 재정은 모두 오군문의 양병에 써졌기 때문이다. 이때부터 탐욕의 풍조가 생겨나면서 오늘엔 극도에 달했다.

首吏權重이니 不可偏任하고 不可數召하며 有罪必罰하여 使民無
수리권중이니 불가편임하고 불가삭소하며 유죄필벌하여 사민무
惑이니라.
혹이니라.

수리는 권한이 무거우니 치우치게 일을 맡겨도 안 되고 자주 불러도 안 되며, 죄가 있으면 반드시 처벌하여 백성들의 의혹을 사지 않도록 해야 한다.

생각이 짧은 수령은 이방을 자신의 심복으로 착각하고 몰래 불러서 긴요한 일들을 의논한다. 이때 이방은 달콤한 대답으로 수령을 기쁘게 해준다. 이것은 세금이나 창고의 곡식을 마음대로 하면서 남는 것을 착복하고, 또 소송을 흥정해 뇌물을 받아 챙긴다. 한마디로 수령이 1을 먹으면 이방은 100을 먹는 것이다. 이것이 탄로가 나면 수령만 다칠 뿐이다.

吏屬參謁에 宜禁白布衣帶니라.
이속참알에 의금백포의대니라.

아전이 참알할 때에는 흰 옷에 베로 만든 띠를 착용하지
못하게 해야 한다.

보편적으로 수령은 참알을 받을 때 반드시 조관을 착용한다. 그런데
어째서 아전들은 흰 옷에 베로 만든 띠를 두르고 관아를 출입하는지 모
르겠다. 중앙관서에서 참알하는 서리들은 모두 홍단령을 착용한다. 오
직 상중에 벼슬한 사람은 묵립과 묵대를 착토록 허락하고 있다.

吏屬游宴은 民所傷也니 嚴禁屢戒하여 毋敢戱豫니라.
이속유연은 민소상야니 엄금누계하여 무감희예니라.

아전들의 잔치놀이는 백성들이 마음 상해하는 바이니,
엄히 금지하고 자주 경계하여 감히 함부로 놀이하지 못
하게 해야 한다.

관리가 기생집에 가지 못하게 하는 형벌이 있다. 지금 수령들은 아전
의 잔치놀이를 수수방관해 백성들의 원망을 듣고 있다. 한마디로 재주
는 곰이 넘고 돈은 주인이 챙기는 것과 같은 것이다. 그렇기 때문에 엄
중하게 금하고 이를 어기면 반드시 형벌을 가해야 한다.

吏廳用笞罰者는 亦宜嚴禁이니라.
이청용태벌자는 역의엄금이니라.

이청에서 매질하는 것 역시 엄금해야 한다.

아전들과 노복사이에 일어나는 일들에 대해 경계하거나 꾸짖는 것을 모두 금할 필요가 없다. 하지만 10대 이상 매를 때릴 경우에는 분명한 이유를 아뢴 다음에 행하도록 해야 한다. 관에 예속되지 않으면 읍민이나 아래 백성을 막론하고 한대의 매도 때리는 것을 허락하지 말아야 한다.

上官旣數月에 作下吏履歷表하여 置之案上이니라.
상관기수월에 작하이이력표하여 치지안상이니라.

부임한 지 두어 달이 지나면 하리들의 이력표를 책상 위에 비치한다.

이력표는 10명을 대상으로 10년 이력만으로 작성해야 되는데, 만약 더 정확한 이력을 작성하기 위해서는 20년 표를 작성하면 된다. 이 표는 책임을 직책을 주거나 맡길 때 반드시 필요한 것이다.

吏之作奸은 史爲謀主니 欲防吏奸이면 怵其史하며 欲發吏奸이면
이지작간은 사위모주니 욕방이간이면 출기사하며 욕발이간이면
鉤其史니라.
구기사니라.

아전이 간사한 짓을 하는 데는 사가 주모자가 되니, 아전
의 간사한 짓을 막으려면 그 사를 혼내야 하고, 아전의
간사한 짓을 들추려면 그 사를 캐물어야 한다.

사史란 서객書客을 말하는 것이다. 창고 곡식이 아전의 농간으로 뒤죽
박죽되어 있을 때, 이것을 아는 자가 사이고, 전세田稅가 도둑질을 당해
곳곳에 숨겨도 그 숫자를 아는 자 역시 사이다. 아전은 업무에서 보편
적인 것만 알고, 사는 정밀해서 미세한 부분까지 구분해서 안다. 그래
서 수령은 강직한 위엄으로 사를 휘어잡고, 이와 다르게 간악한 정상을
캐물은 다음에 그의 죄를 용서해준다. 그러면 예측하지 않았던 간계까
지 드러난다.

제2조 어중 馭衆
대중을 통솔함

馭衆之道는 威信而已라. 威生於廉하고 信由於忠이니 忠而能廉하
어중지도는 위신이이라. 위생어렴하고 신유어충이니 충이능렴하
면 斯可以服衆矣니라.
면 사가이복중의니라.

부하를 통솔하는 방법은 위엄과 신의뿐이다. 위엄은 청렴
에서 생기고 신의는 충성에서 나오는 것이니, 충성스러우
면서 청렴할 수 있다면 이에 부하를 복종시킬 수 있다.

송나라 사양좌가 응성지현으로 재직할 때, 호안국이 그곳을 통과하다
가 그를 보기 위해 문으로 들어갔다. 뜰아래는 아전들이 서 있었는데,
이들은 모두 흙이나 나무로 만들어진 사람 같았다. 이것은 사양좌의 위
엄과 신의가 그들의 마음을 사로잡았기 때문이었다.

軍校者는 武人麤豪之類니 其揖橫宜嚴이니라.
군교자는 무인추호지류니 기즙횡의엄이니라.

군교는 무인으로 사나운 무리들이니 그들의 횡포를 막
는 데는 마땅히 엄하게 해야 한다.

수령들 가운데 일을 모르거나 일처리가 매끄럽지 못한 사람은 세곡을
징수할 때 명령을 내리면서 먼저 심부름꾼을 보낸다. 소위 이들을 검독
이라고 부른다. 그들은 수단과 방법을 가리지 않고 세곡을 징수하기 때
문에 마을 전체가 살벌해진다. 이것은 수령 스스로가 악을 쌓는 것이기
때문에 삼가야 한다.

文卒者는 古之所謂早隸也니 於官屬之中은 最不率敎이니라.
문졸자는 고지소위조례야니 어관속지중은 최불솔교이니라.

문졸은 옛날의 조례라는 것이니, 관속들 중에서 가장 가
르치기 힘든 자들이다.

『다산필담』에 '문졸들은 설날에는 떡국 값을, 추석에는 제수를, 망종
에는 보리를, 상강에는 무명 등을 구걸한다. 또한 수령이 먼 출장에서
돌아오면 노자를 추징하고, 수령이 죄벌을 행하면 장위를 토색질한다.
그래서 울부짖는 백성들의 원통한 소리를 들을 수가 없다. 그렇기 때문

에 수령은 부임하면서 이방에게 캐물어, 전통일지언정 사리에 맞지 않는다면 폐지해야 한다. 그래도 고쳐지지 않을 땐 이방에게 징계를 내리는 것이 현명한 방법이다.

官奴作奸은 惟在倉庫며 有吏存焉이니 其害未甚이라. 撫之以恩하
관노작간은 유재창오며 유리존언이니 기해미심이라. 무지이은하
여 時防其濫이니라.
여 시방기람이니라.

관노의 농간질은 오직 창고에 있다. 그러나 아전이 있으니, 폐해가 심하지 않으면 은혜로써 어루만지고 때로 지나친 것만 막으면 된다.

여러 아전들 가운데 관노들이 가장 많은 고생을 한다. 하지만 관노의 간계가 지나치다면 엄하게 다스려야 된다. 제사나 잔치가 있으면 남은 음식을 관노들에게 골고루 나눠주고, 추위와 굶주림이 심하면 옷과 음식을 주면서 내 집 종처럼 보살펴야 된다. 이것이 어진 수령이 하는 일이다. 또 관비는 두 가지 종류가 있는데, 하나는 기생으로 소위 주탕으로 부르고 다른 하나는 비자로 소위 수급으로 부른다. 따라서 음탕한 기생을 멀리하면 된다. 가장 불쌍한 것은 얼굴이 추하게 생긴 급비이다. 이들은 겨울엔 삼베옷을, 여름엔 무명옷을 입고, 머리는 헝클어져 있다.

밤에는 물을 긷고, 새벽에는 밥을 짓느라 쉴 새 없이 바쁘다. 수령이

이런 자를 가엾게 생각해 의복과 곡식을 주고, 지아비의 사정을 물어 보살펴주는 것도 좋은 일이다.

侍童幼弱이면 牧宜撫育하며 有罪宜從末減이나 其骨骼己壯者는
시동유약이면 목의무육하며 유죄의종말감이나 기골격이장자는
束之如吏니라.
속지여리니라.

시동이 어리거든 잘 어루만져 기르고 죄가 있더라도 가볍게 다스려야 하나, 이미 장성한 자는 아전처럼 단속해야 한다.

시동은 통인을 말하는데, 다른 말로 지인이라고도 한다. 이들은 관인을 훔쳐 위조문서에 날인하고, 과강에서 공첩을 훔치고, 시장에서 방권을 바꾸는 농간을 부린다. 이들은 수령의 동정을 살펴 유언비어를 교묘하게 퍼트려 참소한다. 어리다고 가볍게 다루다간 큰 코를 다친다. 그렇지만 이들의 죄를 다스릴 때는 때리는 정도에서 마무리 하는 것이 좋다. 그런데 지금 사람들은 곤장치기를 좋아하는데, 이것은 옳지 못한 행동이다.

제3조 용인 用人
사람을 잘 골라 씀

爲邦은 於用人하니 郡縣雖小나 其用人은 無以異也니라.
위방은 어용인하니 군현수소나 기용인은 무이이야니라.

나라를 다스리는 것은 사람을 잘 임용하는 데 달렸으니,
고을의 규모가 비록 작다 하더라도 사람을 쓰는 일은 나
라와 다르지 않다.

공자의 제자 복자천이 선보라는 고을에 재직할 때, 스승으로 섬기거
나, 벗으로 사귀거나, 부리는 사람들이 있었기 때문에 거문고나 타면서
당에서 내려오지 않아도 고을이 잘 다스려졌다.

鄕丞者는 縣令之輔佐也니 必擇一鄕之善者하여 俾居是職이니라.
향승자는 현령지보좌야니 필택일향지선자하여 비거시직이니라.

향승은 현령의 보좌관이다. 반드시 한 고을에서 가장 착한 사람을 골라서 그 직책에 있게 해야 한다.

보편적으로 수령에게는 백성의 목숨을 좌지우지할 수 있는 힘이 있는데, 만약 한사람이 횡포를 부리면 고을백성들의 목숨이 위태롭다. 그렇기 때문에 감사가 살피고, 도사가 감독하고, 명사를 향소에 앉히는 것이다. 그런 다음 대신 명해 경소에 머물게 하여 서로 연결 및 견제한다. 이렇게 해서 수령이 나쁜 짓을 행할 수 없게 감시했던 것이다.

座首者는 賓席之首也니 苟不得人이면 庶事不理니라.
좌수자는 빈석지수야니 구부득인이면 서사불리니라.

좌수는 빈석의 우두머리여서 진실로 옳은 인재를 얻지 못하면 모든 일이 다스려지지 않는다.

조선 인조 때 이원익이 안주목사로 재직할 때 정치행적이 최고였다. 이에 사람들이 정치의 요지를 묻자, 공은 "올바른 사람 하나를 얻어서 좌수로 삼고 모든 일을 그에게 물어서 처리했다. 난 한일이 없고, 다만 결정만 했을 뿐이다."라고 했다.

左右別監은 首席之亞也니 亦宜得人하여 評議庶政이니라.
좌우별감은 수석지아야니 역의득인하여 평의서정이니라.

좌별감, 우별감은 수석의 다음이니, 역시 올바른 인재를
얻어서 모든 정사를 의논해야 한다.

『임관정요』에 '좌수는 이방과 병방, 좌별감은 호방과 예방, 우별감은
형방과 공방의 직무를 관장한다.' 당나라 한황이 장기간 양절지방에 근
무하면서 장점을 살려 보좌관들을 임용했다. 그 결과 좋은 인재를 얻을
수가 있었다.

苟不得人이면 備位而己요 不可委之以庶政이니라.
구부득인이면 비위이이요 불가위지이서정이니라.

적격자를 얻지 못하면 그냥 자리나 채워 둘 뿐이지, 모든
정사를 맡겨서는 안 된다.

한나라의 황패가 영천에 근무할 때 장리를 우대하면서 편안하게 해줬
다. 늙은 장리 허승이 귀까지 먹자 독우가 그를 내쫓자고 고했다. 그러
자 황패는 "그는 청렴한 관리로 늙었지만 절하고 일어서며 사람을 보내
고 맞이함에 불편함이 없다. 그런데 귀가 어두운 것이 그와 무슨 상관
이냐?"라고 했다.

善諛者는 不忠이요 好諫者는 不偕니 察乎此則 鮮有失矣니라.
선유자는 불충이요 호간자는 불배니 찰호차즉 선유실의니라.

아첨을 잘 하는 자는 충성스럽지 못하고, 바른 말을 좋아
하는 자는 배반하지 않는다. 이 점을 살피면 실수하는 일
이 적을 것이다.

후한의 동회는 어릴 때 주군의 관리로 근무했는데, 사도 양사가 청렴
하고 법을 공평하게 집행한다는 말에 그를 스카우트했다. 몇 년 후 양
사가 탄핵을 받아 면직 당하자 부하 관리들은 모두 그를 떠났다. 하지
만 동회만은 혼자 대궐로 들어가 호소했다. 그 결과 일이 잘 처리되어
떠났던 관리들이 돌아왔지만, 동회는 지팡이를 짚고 떠났다. 이에 사람
들은 그를 아름답게 생각했다.

風憲約正은 皆鄕丞薦之니 薦非其人者는 還收差帖이니라.
풍헌약정은 개향승천지니 천비기인자는 환환차첩이니라.

풍헌, 약정은 모두 향승이 추천하는데, 올바르지 못한 사
람을 추천한 향승은 그 임명장을 회수해야 한다.

향청에서 임명하는 것은 거의 뇌물을 받고 처리하는 것이다. 뇌물로
차임이 된 사람은 반드시 간악한 백성이다. 즉 정치의 도는 옳은 인재

를 얻는 것이다. 동의 작은 말단이라도 현명한 사람을 뽑아야 어진 수
령인 것이다.

軍官將官之가 於武班者는 皆桓桓赳赳하여 有禦侮之色이면 斯可
군관장관지가 어무반자는 개환환규규하여 유어모지색이면 사가

矣니라.
의니라.

군관과 장관으로서 무반에 서게 되는 자는 모두가 씩씩하
고 용감하여 외적을 방어할 수 있는 기상이 있어야 옳다.

한지가 군현을 다스릴 때 군교들을 진심으로 사랑해주고 함부로 매질
하지 않으면서 "태평시대가 오래 계속되고 내 나이는 아직 젊다. 언제
명을 받아 국경을 지키게 될지 모른다. 평상에 성의와 은혜로 그들의
마음을 사로잡지 않으면 변란이 있을 때 그들의 힘을 얻기 어렵다. 그
래서 나는 정성껏 그들을 사랑해 그들로 하여금 나라가 위급할 때 지키
게 하려는 것이다."라고 했다.

其有幕裨者는 宜愼擇人材하되 忠信爲先이요 才諝次之니라.
기유막비자는 의신택인재하되 충신위선이요 재서차지니라.

막비를 두는 수령은 신중하게 인재를 고르되, 충성스럽고 진실성을 우선으로 하고 재주와 슬기로움은 다음으로 해야 한다.

조선 정조 때 채제공이 함경감사로 재직할 때, 정도길을 비장으로 임명했다. 과거부터 육진에서는 고운 베를 거뒀다. 베가 가늘기 때문에 한필을 밥주발 속에 담글 수 있는데, 다른 이름으로 발내포라고도 부른다. 정도길은 변방고을에 도착해 발내포를 가져오는 자를 모두 물리치면서 "사또께서 그 다음 등급의 베를 거두게 했다."라며 골라서 베를 거뒀다. 이렇게 고른 베를 실고 관아에 도착하자, 기생이나 아전이나 군교들은 모두 놀랐다. 그러면서 이들은 "이처럼 거친 베는 처음본다."며 관아가 시끄러웠다. 채제공은 잘한 일로 생각하면서도 짐짓 "거친 베를 받아서 웃음거리가 되었다. 사람들은 왜 세상물정에 어두운 것인가?"라고 했다. 그러자 정도길은 "제가 세상물정에 어둡지만, 어찌 발내포를 모르겠습니까? 사또께서 저를 보낸 이유는 그런 발내포를 받지 말라는 것이 아니었습니까? 저를 꾸짖는다면 직을 그만두겠습니다."라고 했다. 이 말에 채제공은 "내가 맹상군에겐 못 미치지만, 그대는 풍환보다 낫구나."라며 위로했다.

제4조 거현 擧賢
어진 사람을 천거함

擧賢者는 守令之職이니 雖古今殊制는 擧賢不可忘也니라.
거현자는 수령지직이니 수고금수제는 거현불가망야니라.

어진 사람을 천거하는 일은 수령의 직책이다. 그 제도는
예와 지금이 다르지만 어진 사람을 천거하는 일만은 잊
어서는 안 된다.

　조선 숙종 때 남구만의 상소문을 보면, 그가 감사로 부임했다가 돌아
오면 반드시 그곳의 인재를 천거하는 경우가 많았다. 대신이 인재를 천
거해서 임금을 섬기는 뜻이 이와 같기 때문에 뜻있는 선비가 수령이 된
다ss 것도 같은 이치인 것이다.

經行吏才之薦은 國有恒典이니 一鄕之善을 不可蔽也니라.
경행이재지천은 국유항전이니 일향지선을 불가폐야니라.

경서에 밝고 행실이 뛰어나며 행정 능력이 있는 사람을
천거하는 것은 나라에서 정한 법이 있으니, 한 고을에서
드러난 훌륭한 선비를 덮어두어서는 안 된다.

우리나라는 매년 식년 때 군현에서 어진사람을 천거하도록 했다. 그
러나 조정에서 붕당이 시작되면서 이 법은 유명무실화 되었다. 더구나
군현에서 올리는 추천장에는 사람 이름 대신 '없습니다.' 가 전부였다.
이것은 잘못 된 것이다.

科擧者는 科目之薦擧也라. 令法雖闕이니 弊極必變이니 擧人之薦
과거자는 과목지천거야라. 금법수궐이니 폐극필변이니 거인지천
은 牧之當務也니라.
은 목지당무야니라.

과거란 것은 과목을 천거하는 것이다. 지금 그 법이 비록
없어졌지만 폐단이 극도에 이르면 반드시 변하는 법이니
사람을 천거하는 일은 수령이 힘써야 할 일이다.

실적을 보고한 다음에 성적을 고찰하는 게 원칙이다. 예를 들면 인재

를 천거한 다음 과거에 응시하게 하는 것이다. 그러나 인재를 천거하지도 않고 응시하고 있는 것은 사리에 맞지 않는 것이다. 지금 과거의 폐단이 극도에 달해 공론이 점점 일어나고 있다. 군현에서 천거하는 법이 있다는 것을 수령은 반드시 알아야만 한다.

中國科學之法은 至詳至密하니 效而行之를 薦薦擧者는 牧之職也니라.

중국과거지법은 지상지밀하니 효이행지를 즉천거자는 목지직야니라.

중국 과거의 법이 지극히 자세하고 치밀하니, 그것을 본받아 시행해야 하니 천거하는 일은 수령의 직책이다.

명과 청시대 제도 가운데 학정을 감독하는 제학을 17성에 각 한명씩 배치했는데, 임기가 3년이었다. 지금 과거의 폐단을 바로잡는 방법은 오로지 천거하는 인원수를 고정하는 것이다. 이것은 수령이 공명하게 처리해야 한다.

科學鄉貢이 雖非國法이나 宜以文學之士로 錄之干擧狀이요 不可

과거향공이 수비국법이나 의이문학지사로 녹지우거장이요 불가

苟也니라.
구야니라.

파거와 향공이 비록 우리 나라의 제도는 아니라 하더라
도 문학하는 선비를 천거장에 적어서 올려야 하며 구차
스럽게 해서는 안 된다.

 우리 과거는 고려 때부터 시작되었다. 광종 때 중국사람 쌍기가 사신
으로 왔다가 병으로 귀국하지 못하면서 과거 법이 전해졌다. 그때 그는
무슨 이유로 향거 법을 상세하게 전해주지 않았는지에 대해서는 자세
하게 알 수가 없다. 중국의 법에는 옛날부터 지금까지 인재를 먼저 천
거해야만 과거에 응시할 수 있었다. 하지만 우리나라는 천거하는 사람
이 없어도 과거에 응시했다.

部內에 有經行篤修之士든 宜躬駕以訪之하고 時節在問하여 以修
부내에 유경행독지사어든 의궁가이방지하고 시절존문하여 이수
禮意니라.
예의니라.

판내에 경서를 잘 알고, 행실을 독실히 닦는 선비가 있으
면 마땅히 몸소 나아가 그를 방문하고 명절에는 문안을
드려 예의를 닦아야 한다.

국가를 다스릴 때 큰 원칙 네 가지가 있는데, 첫째 친족을 친애하는 것이고, 둘째 어른을 어른으로 대접하는 것이고, 셋째 귀한 사람을 귀하게 대하는 것이고, 넷째 어진 사람을 어진 사람으로 대우하는 것이다. 예를 들면 초라한 시골의 농군이라도 스스로 학행을 닦아 명성을 얻고 있다면 수령이 직접 찾아가 그 집에 영광이 비치게 해야 한다. 이 것이 백성들에게 선을 권하는 것이다.

제5조 찰물 察物
물정을 살핌

牧子然孤立하여 一榻之外는 皆欺我者也라. 明四目達四聰은 不唯
목혈연고립하여 일탑지외는 개기아자야라. 명사목달사총은 불유
帝王然也니라.
제왕연야니라.

수령은 외로이 있으니 자신이 앉은 자리 밖은 모두 속이는
자들뿐이다. 사방을 보는 눈을 밝게 하고, 사방을 듣는 귀
를 통하게 하는 일은 제왕만이 그래야 하는 것은 아니다.

   수령은 아전과 향임과 군교들이 수령의 동정을 살펴 그것을 빙자하는
것을 걱정해야 한다. 조례와 병들이 백성들에게 세금을 착취하거나 행
패 부림을 살펴야 한다. 불효하거나 거리에서 강도짓을 못하도록 막아
야 한다. 세력으로 믿고 약한 자를 괴롭히는 것을 단속해야 한다. 이밖
에 염탐해야 하는 일이 수없이 많다.

鉆蕫之法은 使民重足側目이니 決不可行이라. 鉤鉅之問도 歷近譎
항통지법은 사민중족측목이니 결불가행이라. 구거지문도 역근휼
詐니 君子所不爲也니라.
사니 군자소불위야니라.

투서함의 법은 백성들을 불안에 떨게 하는 것이니, 절대
로 시행해서는 안 된다. 구거로 탐문하는 방법도 속임수
에 가까우니 군자가 할 일이 아니다.

한나라 조광한이 영천태수로 부임하기 전부터 호족들 간에 혼인하고
아전들이 붕당을 조장했다. 이에 조광한은 부임하면서 곧바로 아전에
게 명해 향통을 설치하게 해 투서를 받았다. 그는 투서를 얻어 투서자
의 이름을 지우고 호족자제의 이름을 적었다. 이 후부터 호족들은 서로
원수사이가 되면서 붕당이 깨지고 풍속까지 개혁되다.

每孟月朔日에 下帖于鄉校하여 以問疾苦하고 使各指陳利害니라.
매맹월삭일에 하첩우향교하여 이문질고하고 사각지진이해니라.

사계절 첫달 초하룻날에는 향교에 체문을 내려서 백성의
고통을 묻고 그들로 하여금 각자 이해를 지적해서 진술
하게 한다.

송나라 장영이 익주에 근무하면서 민간의 일을 조사해 실정을 상세하게 알고 있었다. 그래서 그는 남에게 의존하지 않으면서 "그들에게 좋고 나쁨이 있어서 나의 총명이 산만해진다. 하지만 그들에게 반복해서 물어보면 아무리 숨겨진 일이라도 밝혀지지 않는 것이 없다."라고 했다.

子弟親賓이 有立心端潔하고 兼能食務者어든 宜令微察民間이니라.
자제친빈이 유입심단결하고 겸능식무자어든 의령미찰민간이니라.

자제와 친한 빈객 가운데 마음가짐이 단정하고 깨끗하며 겸하여 실무에 능한 자가 있으면 그를 시켜 민간의 일을 몰래 살피게 하는 것이 좋다.

아무리 세상이 혼탁해도 반드시 깨끗하고 정직한 사람이 있다. 부임하기 전 서울에서 마음가짐이 청명한 사람을 미리 물색해 "내가 부임한 후 두어 달이 지나면 나에게 내려와 몰래 민가에 다니면서 모든 정보를 정확하게 수집하고 조사하라."며 약속한다. 그래야만 부임지의 옳고 그름을 정확하게 파악할 수가 있는 것이다.

首吏權重하여 壅蔽弗達이니 別岐廉問을 不可已也니라.
수리권중하여 옹폐부달이니 별기염문을 불가이야니라.

수리의 권한이 중해서 수령의 총명을 가려 백성의 실정
이 상달되지 못하니, 별도로 염탐하는 일을 그만두어서
는 안 된다.

수령은 부임지에는 현임 이방과 사이가 좋지 않은 사람이 아전으로
근무하고 있을 것이다. 그래서 이방의 나쁜 일을 그로부터 모두 들을
수 있다. 그러나 슬기롭지 못한 수령은 이방에게 의존하기 때문에 그는
자신과 사이가 좋지 않은 사람들을 괴롭힐 것이다.

凡細過小疵는 宜含垢藏疾이니 察察非明也니라. 往往發奸하여 其
범세과소자는 의함구장질이니 찰찰비명아니라. 왕왕발간하여 기
機如神이면 民斯畏之矣라.
기여신이면 민사외의니라.

하찮은 잘못이나 작은 흠은 눈감아 주어야 한다. 지나치
게 밝히는 것은 참된 밝음이 아니다. 가끔 부정을 적발하
되 그 기민함이 귀신과 같아야 백성들이 두려워한다.

조선 인조 때 김류가 전주판관으로 부임하던 날이었다. 어떤 간사한
백성이 김류를 시험하기 위해 몰래 투서를 했다. 몇 달이 흐른 어느 날,
길에서 우연히 어떤 사람을 만났다. 김류가 갑자기 "내가 부임하던 날

저 사람이 투서했다."라고 하자, 그가 자복했다. 이에 아전과 백성들이
놀라서 탄복했다.

左右近習之言을 不可信聽이니 雖若閑話라도 皆有私意니라.
좌우근습지언을 불가신청이니 수약한화라도 개유사의니라.

좌우에 가까이 있는 사람들의 말을 그대로 믿고 들어서
는 안 된다. 실없이 지껄이는 말 같지만 모두 사사로운
뜻이 들어 있게 마련이다.

호대초는 "현령이 민첩하고 강직해 아전에게 일을 맡기지 않으면, 그
들은 온갖 달콤한 말로 추켜세운다. 그래도 수령이 움직이지 않으면 그
들은 떼를 지어 의견을 교환해 그의 귀에 들어가게 만든다. 그러면 현
령은 속아 넘어갈 수밖에 없는 것이다."라고 말했다.

微行은 不足以察物이며 徒以損其體貌하니 不可爲也니라.
미행은 부족이찰물이며 도이손기체모하니 불가위야니라.

미행은 물정을 자세히 살피지도 못하고 체모만 손상시킬
뿐이니, 해서는 안 된다.

수령은 일거수일투족에 무게를 둬야만 한다. 설령 과거의 어떤 일로 쫓기더라도 경거망동해서는 안 된다. 만약 밤중에 나갔다가 들어오면 그 사실이 아침이면 성안에 소문이 파다하게 퍼져있을 것이다. 최근엔 관장들이 미행을 많이 한다. 그것은 기생집을 살펴 나쁜 짓을 하는 패거리를 잡는데, 법을 위해서가 아니라 자신들의 과시용일 뿐이다.

監司廉問은 不可使營吏營胥니라.
감사염문은 불가사영서영서니라.

감사가 염탐할 경우에는 감영의 아전을 시켜서는 안 된다.

「다산필담」에 "감사가 탐문할 때는 친한 사람이나 헌신할 수 있는 사람을 채용해 몰래 마을을 돌게 해야만 한다. 그래야만 백성들의 숨겨진 고통이나 괴로움을 알 수가 있고 수령의 잘못도 알 수가 있다. 이렇게 하는 것은 감영의 이서들은 각 고을의 아전들과 내통 결탁하기 때문이다.

範行臺察物은 唯漢刺史六條之間이 最爲牧民之良法이니라.
범행대찰물은 유한자사육조지문이 최위목민지양범이니라.

무릇 감사가 물정을 살피는 데에는 오직 한 나라의 자사 육조가 백성을 다스리는 가장 좋은 법이 된다.

조선의 감사제도는 한나라 자사제도와 같은데, 일정하게 거주하지 않고 두루 다니면서 순찰했다. 한나라는 자사가 여섯 조목으로 살피는데 큰 강령만 있어서 아랫사람을 침해하지 않는다. 그래서 수령이 자신의 뜻대로 실현할 수가 있었다.

제6조 고공 考功
아전들의 공적을 평가함

吏事必考其功이니 不考其功은 則民不勸이니라.
이사필고기공이니 불고기공은 즉민불권이니라.

아전들의 하는 일도 반드시 그 공적을 고과해야 하니, 공적
을 고과하지 않으면 백성을 권면할 수 없다.

 백성을 통솔하기 위해서는 권면하고 징계하는데 달렸다. 권면하거나
징계하지 않으면 백성이 게을러져 일이 성사되지 못한다. 이와 함께 벼
슬아치와 여러 아전들도 마찬가지이다. 죄가 있으면 반드시 벌이 따르
지만, 공이 있어도 상이 따르지 않는다. 그렇기 때문에 아전들이 날로
간악하게 변질된다.

國法所無를 不可獨行이나 然이나 書其功過하여 歲終考功하여 以
국법소무를 불가독행이나 연이나 서기공과하여 세종고공하여 이
議施賞이 猶賢乎已也니라.
의시상이 유현호이야니라.

국법에 없는 것을 혼자 행해서는 안 되지만, 그 공과를
적어 두었다가 연말에 공적을 고과해서 상을 주면 그만
두는 것보다 나을 것이다.

상상에 들면 최고의 자리, 상중에 들면 그다음 자리, 상하에 들면 그
다음 자리, 중상에 들면 그다음 자리를 주면 된다. 중중에 들면 이방에
게 맡겨 박한 자리를 주게 하고, 중하에 들면 반 년 동안 정직시키면서
부역은 면제해 준다. 그리고 하의 3등에 들면 1년 동안 정직시키고 하
하에 들면 고된 역사에서 일하도록 한다.

六期爲斷하여 官先久任而後에야 可議考功이요 如其不然이면 唯
육기위단하여 관선구임이후에야 가의고공이요 여기불연이면 유
信賞必罰하여 使民信令而已니라.
신상필벌하여 사민신령이이니라.

6년으로 수령의 임기를 정해서 수령이 우선 임기가 길어
야만 고공을 의논할 수가 있다. 그렇지 못하면 오직 신상

필벌하여 백성들로 하여금 명령을 믿게 할 뿐이다.

20년 동안 수령들이 자주 교체되었는데, 길어야 2년이고, 짧으면 1년이나 그 미만이었다. 이 법이 고쳐지지 않는다면 관리와 백성들은 미래에 대한 잘기 플랜이나 계책이 없을 것이다. 따라서 지금이나 후대에 웃음거리 법으로 남을 것이다.

監司考功之法을 因可議也라. **疎略旣然**하여 **無以責實**하니 **奏改其**
감사고공지법을 인가의의라. 소략기연하여 무이책실하니 주개기
式이 **抑所宜也**니라.
식이 억소의야니라.

감사가 고공하는 법도 따라서 의논해야 한다. 이미 그 고공의 법이 소략하므로 책임지워 실효를 거두게 할 수 없으니, 아뢰어 그 방식을 고치게 하는 것이 마땅하다.

『고적의』에 "국가안위는 민심의 향배에 달렸고, 민심의 향배는 백성이 빈부에 달렸다. 다라서 백성의 빈부는 수령의 다스림에 달렸고, 수령의 잘못은 감사의 손아귀에 달렸다. 감사는 인심이 따르고 배반하는 기초이며, 나라의 안위를 판가름하는 지름길이다. 이처럼 관계가 중요한데, 법의 부실함이 오늘날과 같은 때가 없어 유감스럽다."라고 했다.

제1조 전정 田政
농지의 행정

牧之職五十四條에 田政最難하니 以吾東田法이 本自未善也니라.
목지직오십사조에 전정최난하니 이오동전법이 본자미선야니라.

수령의 직분 54조 중에 전정이 가장 어렵다. 그것은 우리 나라의 전법이 본래 좋지 못하기 때문이다.

중국에는 경묘로 전지를 헤아리고, 조선은 결부로 전지를 헤아린다. 길고 짧고 넓고 좁은 토지의 형태는 나타나지만, 비옥하고 척박하고 기름지고 메마른 토지의 질은 나타나지 않는다. 이런 형태는 고금을 통해 변하지 않고 있지만, 나타나는 토질은 세월에 따라 달라진다. 그렇기 때문에 결부로 전지를 헤아린다는 것은 좋지 못하다.

時行田算之法에 乃有方田直田句田梯田圭田梭田腰鼓田 諸名이나

시행전산지법에 내유방전직전구전제전규전사전요고전 제명이나

其推算打量之式은 仍是死法이라 不可通用於他田이니라.

기추산타량지식은 잉시사법이라 불가통용어타전이니라.

현행 전답을 계산하는 법에는 방전, 직전, 구전, 제전, 규전, 사전, 요고전 등의 명칭이 있는데, 그 추산하고 측량하는 법식은 곧 죽은 법이기 때문에 다른 모양의 전지에는 통용할 수 없다. 위에 열거한 일곱 가지 모양의 전지를 타량하는 법식이 모두 이미 사장된 법이란 것은 삼척동자도 아는 바이다.

알기 쉬운 것은 그림이나 설명으로 어리석은 백성들에게 보여 주지만, 알기 어려운 것은 말이 막혀서 어떻게 설명할 수가 없다. 그렇기 때문에 자신을 속이고 남을 속일 수가 없다.

改量者는 田政之大擧也니 査陳覈隱하고 以圖苟安하되 可不獲

개량자는 전정지대거야니 사진핵은하고 이도구안하되 여불획

已면민면개량이니라. 기무대해자는 실인기구하고 이기태심은

이면㴤勉改量이니라. 其無大害者는 悉因其舊하고 釐其太甚은

以充原額이라.

이충원액이라.

개량이란 전정의 큰 일이다. 묵은 전답이나 숨겨 둔 결을 조사해 내어 별일 없기만을 도모할 것이다. 만일 부득이할 경우에는 마지못해 개량하되 큰 폐해가 없는 것은 모두 예전대로 따르고, 아주 심한 것은 개량하여 원래의 액수를 채울 것이다.

조선의 전제는 옛날부터 이치에 어긋났다. 훌륭한 임금과 신하가 조정에서 의논해 전제를 바로잡아 결부를 경묘로 정해야 한다. 그럼에도 불구하고 여전히 중국 제도를 모방하고 정전법을 참작한다면, 수령이 지혜를 발휘해 합당한 결과를 이루도록 노력해야 한다.

改量條例는 每有朝廷所頒이니 其中要理는 須申明約束이니라.
개량조례는 매유조정소반이니 기중요리는 수신명약속이니라.

개량의 조례는 매양 조정에서 반포하는 것이 있으니, 그 중의 중요한 것은 반드시 약속을 거듭 밝혀야 한다.

재 측량을 위해서는 30일 전에 방문을 붙여 알린 다음 약속해야 한다. 춘추 제의 성자고가 병이 위독해지면서 "살아서 남에게 유익함이 없었다. 하물며 죽어서 남을 해치면 되겠는가? 내가 죽으면 갈아먹지 못할 땅에 나를 묻어라."고 유언했다. 지금의 사람들은 풍수설에 현혹되어 산에 빈 묘 자리가 없으면 평지에 묘 자리를 만들고 있다. 이것은 비옥한 묘지로 황폐되는 지름길이다.

量田之法은 **下不害民**하고 **上不損國**하여 **唯其均也**요. **唯先得人**이
양전지법은 하불해민하고 상불손국하여 유기균야요. 유선득인이

라야 乃可議也니라.
라야 내가의야니라.

양전하는 법은 아래로는 백성을 해치지 않고 위로는 국가
에 손해를 끼치지 않으면서 오직 공평하게 할 뿐이다. 그러
나 먼저 적임자를 얻은 뒤에야 이 일을 논의할 수가 있다.

현종 계묘년, 경기도 전지를 측량할 때의 일이었다. 상사가 궁가의 토
지지가를 억지로 높은 등급으로 매기라면서 "궁가의 토지는 세금이 없
기 때문에 1등급으로 놀려도 괜찮다."라고 했다. 그러자 양주 김 감관이
"궁가의 땅이 면세되는 것은 수십 년에 불과합니다. 이 전지는 얼마 후
엔 반드시 민간에게 돌아갈 것입니다. 그땐 틀림없이 무궁한 폐단이 될
것입니다."라며 반대했다. 그러나 상사가 듣지 않았는데, 지금의 백성
들은 옛 궁가의 토지를 버렸다.

畿田雖瘠이나 **本既從輕**이요 **南田雖沃**이나 **本既從重**이니 **凡其負**
기전수척이나 본기종경이요 남전수옥이나 본기종중이니 범기부

東은 **悉因其舊**니라.
속은 실인기구니라.

경기의 전지는 척박하지만 그 세가 본래 가볍게 되어 있고, 남쪽 지방의 전지는 비옥하지만 그 세가 본래 무겁게 되어 있으니, 그 부, 속은 모두 옛날의 것에 따라야 한다.

나의 박토가 경기도 양근군에 있다. 논이 70두락이고 밭이 20일 갈이인데, 모두 합쳐도 1결 밖에 되지 않는다. 내가 남쪽 변방으로 귀양 와서 보았는데, 논 가운데가 조금 비옥한 것은 거개 20두락이 1결로 되어 있었다. 즉 남쪽 대부분의 논은 1등급과 2등급이었고, 그런 가운데 척박한 논은 3등급과 4등급이었다. 경기의 전지 중 기름진 것은 5등급 짜리도 있지만, 대부분 6등이었다. 그러나 연분의 보고서를 보면 남방 토지에도 하중등과 하하등만 있다. 하지만 모르는 사람들은 연분으로 전품의 등급을 매기는데, 이것은 잘못된 것이다.

唯陳田之遂陳者는 明其稅額過重이니 不可不降等也니라.
유진전지수진자는 명기세액과중이니 불가불강등야니라.

묵은 전답이 끝내 묵게 되는 것은 분명 그 세액이 과중하기 때문이니, 등급을 낮추지 않을 수 없다.

전답이 풀밭으로 변하는 것은 촌락이 없어지거나 흉년이 때문이다. 그렇기 때문에 세금이 무거워 버려지는 것은 아니다. 하지만 만약 조세가 가볍다면, 때에 따라 경작하거나 때에 따라 버리기도 한다. 그래서 결부를 개정해 백성들에게 경작을 권하는 일을 게을리 해서는 안 된다.

陳田降等이면 字號遷變하여 民將多訟하니 凡其變者는 悉給牌面
진전강등이면 자호천변하여 민장다송하니 범기변자는 실급패면
이니라.
이니라.

묵힌 전답의 등급이 낮추어져 자호가 바뀌면 장차 백성들의 송사가 많아질 것이니, 자호가 바뀐 것은 모두 패면을 지급해 준다.

원래 진전은 3등70부인데, 이것을 5등급으로 낮추면 40부이고 6등급으로 낮추면 25부밖에 안 된다. 이렇게 되면 다음번 전지를 끌어 들여서 1결이 되기 때문에 차례로 당겨져 자호의 순서가 모두 바뀐다. 이럴 경우에는 전패 한 장을 지급해 전지를 매매할 때 차례로 전해주면 된다.

査陳者는 田政之大目也라. 陳稅多冤者는 不可不査陳也니라.
사진자는 전정지대목야라. 진세다원자는 불가불사진야니라.

묵힌 전지의 조사는 전정의 큰 항목이다. 진전의 징세에
는 억울함이 많으니 진전을 조사하지 않으면 안 된다.

『속대전』에 "매년 폐전된 전답이 개간되는 곳을 자세히 기록해 호조
에 보고한 다음 전세 절반을 감면해야 한다. 이미 개간했다가 다시 폐
전되었다면 전세를 매기지 말아야 한다."라고 했다.

陳田起墾은 不可恃民이요 牧宜至誠勸耕하고 又從而助其力이니라.
진전기간은 불가시민이요 목의지성권경하고 우종이조기력이니라.

진전의 개간은 백성들을 믿을 수 없으니 수령이 지성껏
경작을 권유하고 또 그 힘을 도와주어야 한다.

과거 어진 수령은 백성에게 소를 빌려주고 양식을 도와 개간을 권유
했다. 하지만 백성들은 법을 알지 못해 이런 권유에 무거운 세를 낼까
두려워한다. 그래서 백성들은 기꺼이 개간을 하지 않는다. 그렇기 때문
에 수령은 직접 마을을 순시하면서 3년간 면세해준다는 법의 뜻을 상세
하게 일러줘야 한다.

隱結餘結은 歲增月衍하고 宮結屯結은 歲增月衍이오.
은결여결은 세증월연하고 궁결둔결은 세증월연이오.
而原田之稅干公者는 歲減月縮하니 將若之何也리오.
이원전지세우공자는 세감월축하니 장약지하야리오.

은결과 여결은 해마다 불어나고 궁결과 둔결은 해마다
늘어나서 국가에 납부되는 원전의 세액이 해마다 줄어드
니, 장차 어떻게 하겠는가.

조선 영조 때 총기가 뛰어난 유정원이 자인현감으로 부임했다. 그는
고을 전결부를 받아 벼룻집 속에 넣어두었다가 살펴보지도 못하고 잃
어버렸다. 잃어버린 전결부를 아전들이 훔쳐 갔다는 것을 알고 각 면의
아전들을 불렀다. 그들에게 초본을 넣은 상자를 준 다음 계리 6~7명을
시켜 큰 소리로 계산하게 했다. 이때 그는 문을 닫고 앉아 산가지 둘을
이용해 책상에 가로세로 놓으면서 계산했다. 아전들이 계산을 끝내고
들어와 전결의 총수를 고하자, 그는 "총수는 정확히 얼마가 돼야하는
데, 80여 결이 줄어든 것은 무슨 이유인가?"라고 했다. 그러면서 다시
계산하게 했는데, 정말 그의 말과 같았다. 여러 아전들이 물러가자 그
는 "초본을 넣은 상자를 보면 지난번에 잃어버렸던 문서가 들어있을 것
이다."라고 했다. 과연 그의 말대로 일어버린 전결부가 있었다. 그 뒤로
부터 아전들은 그를 두려워하고 복종했으며, 두 번 다시 속이지 못했
다.

제2조 세법 稅法
조세의 부과 및 징수

田制旣然이라 稅法隨紊하여 失之於年分하고 失之於黃豆이니 而
전제기연이라 세법수문하여 실지어연분하고 실지어황두이니 이
國之歲入無幾矣라.
국지세입무기의라.

전제가 이미 엉망이어서 세법도 따라서 문란하다. 연분에
서 손실을 보고 콩에서 손실을 보니 나라의 세입은 얼마
되지 않게 된다.

   나주의 예를 들면, 하하전이 2만 결이고 하중전이 1만 결이었다. 이것
을 합쳐 6두씩을 거두자, 쌀이 모두 18만 두가 되었다. 실제로 아전은
이 숫자대로 징수하겠지만, 호조에 "하하전에서 4두를 거두고 하중전에
서 6두를 징수해 쌀은 모두 14만 두뿐입니다."라며 보고 했다. 그래서
쌀 4만 두가 중간에서 없어지는데, 이것은 무슨 조화인지 궁금하다? 이
처럼 한 고을에서 손실을 보는 것이 자그마치 6천여 곡인데, 삼남지방

을 모두 합친다면 몇 만 곡이나 된다. 하지만 조정은 거리가 멀어서 알수가 없고 감사는 자신의 이익만 생각해 살피지 않으며, 수령 역시 깨닫지 못한다. 이런 것이 관례가 되어 내려온 세월이 수백 년이나 된다. 그렇기 때문에 한 고을의 수령만으로는 개혁할 수가 없다. 참으로 안타까울 뿐이다.

執災俵災者는 田政之末務也라. 大本旣荒하고 條理皆亂하니 雖盡
집재표재자는 전정지말무야라. 대본기황하고 조리개란하니 수진
心力而爲之라도 無以快於心也니라.
심력이위지라도 무이쾌어심야니라.

집재와 표재는 전정의 말단에 속하는 일이다. 큰 근본이
이미 거칠고 조리가 모두 문란하여 비록 마음과 힘을 다
기울여서 한다 하더라도 만족하게 될 수 없다.

조선 현종 때 정언황이 인천부사로 재직할 때였다. 그는 연분을 할 땐
서원을 파견하지 않고 백성들 각자에게 개간한 전지를 자진신고하게
했으며, 직접 수시로 순시해 살피고 확인했다. 그러자 백성들은 음식
대접하는 비용이 없어지고 아전들의 농간이 중단되었으며, 전결은 과
거보다 줄어들지 않아 백성들이 편안해졌다.

書員出野之日에 召至面前하여 溫言以誘之하고 威言以怵之하여
서원출야지일에 소지면전하여 온언이유지하고 위언이출지하여
至誠惻怛하여 有足感動 則不無益矣리라.
지성측달하여 유족감동 즉불무익의리라.

서원이 간평하러 들에 나갈 때 면전에 불러놓고 부드러
운 말로 타이르기도 하고, 위엄있는 말로 겁을 주기도 하
여 지성스럽고 간절함이 그들을 감동시킬 만하면 도움
이 없지 않을 것이다.

온화한 말투로 "도의 아전 모두가 부정하는데, 한 고을 아전 한명이
충직하다고 국가에 도움이 될 수 없다. 이렇듯이 한 고을 아전 모두가
부정하는데, 아전 한명이 충직하다고 고을경비에 보탬이 되지 않는다.
하지만 내가 사실대로 행하는 것은 떳떳한 도리를 지키기 위해서인데,
이런 기질은 모든 사람이 똑같이 가지고 있는 것이다. 나라의 신하된
자로 도적질인줄 알면서 스스로 범한다면 천지신명의 화를 입을 것이
다."라며 온화하게 타일렀다. 며칠 후 이방이 들어와 보고할 때 삭감한
것이 내 뜻과 맞거나 진정성 있게 스스로 밝혔다면 믿어야 한다.

大旱之年에 其未移秧踏驗者는 宜擇人任之니라.
대한지년에 기미이앙답험자는 의택인임지니라.

가뭄이 심한 해에 미처 모를 심지 못한 곳을 가서 조사하는 경우에는 마땅히 적임자를 가려 임명해야 한다.

기사년과 갑술년에 가뭄이 몹시 심해 모를 내지 못한 곳이 무려 1/3이나 되었다. 가을 때 관에서 사람을 파견해 재결의 부정을 조사했다. 그때 나는 민간에 기거하면서 직접 보았다. 처음 전리와 전감이 1차 순행했고, 2차는 별리와 별감을 파견했다. 별리나 별감은 이방, 수향으로써 명망이 있는 아전들이다. 이들은 10결이나 20결 혹은 50-60결까지 훔쳤다. 이 당시 별리 두 사람만 한줌도 도둑질하지 않았는데, 이것은 우연의 일치이다.

其報上司는 宜一遵實數이니 如或見削이면 引咎再報니라.
기보상사는 의일준실수이니 여혹견삭이면 인구재보니라.

상사에 재결을 보고할 때에는 마땅히 실제의 숫자에 의해야 하고, 혹시 삭감을 당하게 되면 스스로 인책하고 다시 보고해야 한다.

정택경은 강진의 무인인데, 언양현감으로 재직했다. 그는 재결을 보고하다가 퇴짜를 맞으면서 스스로 삭감하라는 명을 받았다. 그러자 정택경은 두 번째로 처음의 보고서를 고치지 않고 그대로 올렸다. 이에 감사가 "옥당출신의 보임자도 감히 이처럼 하지는 못하는데, 무인 현감이 이렇게 할 수 있느냐?"라며 화를 냈다. 이에 정택경은 화가 나서 "문신과 무신은 하늘과 땅의 차이가 있지만, 두부류 모두 나라의 녹을 먹는 사람입니다. 그리고 소중한 것은 백성인데, 어찌 벼슬의 귀천을 따지십니까?"라고 보고했다. 이에 감사는 사과하고 재결한 액수대로 내려 보냈다. 연말에 감사는 그의 고과를 매길 때 "강직하고 흔들리지 않아서 시종들이 한결같았다."라고 적었다. 왕이 각 도의 고과를 보던 중 언양 것을 보자 "정택경은 누구인가?"라고 물었다. 승지가 "강진 태생의 무인입니다."라고 대답하자, 왕은 "고과를 보니 상사와 다투어 굽히지 않았구나. 변두리 고을 무인이 이런 고과를 받았다는 것은 반드시 쓸만 한 인물이겠구나."라며 발탁 등용하라고 명했다. 그는 수일 후 안동 토포사로 제수되었다.

俵災亦難矣이니 若其所得이 少於所執이면 平均比例各減幾何니라.
표재역난의이니 약기소득이 소어소집이면 평균비례각감기하니라.

재결을 나누는 것 또한 어려운 일이다. 만일 상사로부터 허용된 재결이 고을에서 조사한 재결보다 적을 경우에는 평균 비례하여 각기 얼마씩을 삭감해야 한다.

재결을 신청한 수대로 승낙을 받았을 때는 나누기가 어렵지 않다. 하지만 삭감을 당하면 조리있게 골고루 나눠줘야 한다.

俵災旣了면 乃令作夫하여 其移來移去者는 一切嚴禁하고 其徵米
표재기료면 내령작부하여 기이래이거자는 일체엄금하고 기징미
之簿는 許令從便이니라.
지부는 허령종편이니라.

재결 나누어 주는 것이 끝나면 곧 세금을 거둬들이되 이
리저리 옮기는 것을 일체 엄금하고, 쌀을 징수할 장부를
편의에 따라 작성토록 한다.

아전의 부정부패를 보면 집 가까이에서 쌀을 징수하면 집으로 가져가
고, 바닷가에서 쌀을 징수하면 판매를 한다. 이에 수령은 이런 부정부
패를 엄금하고 세금을 징수하는 날에는 토지대장에 따라 마을의 전지
는 마을장부에 일괄 기재해야 한다. 그렇지 않고 장부에서 이리저리 옮
긴다면 백성들은 많은 불편을 느낄 것이다.

奸吏猾吏가 潛取民結하여 移錄於除役之村者는 明査엄금이니라.
간리활리가 잠취민결하여 이록어제역지촌자는 명사엄금이니라.

간활한 아전이 백성들의 전결을 몰래 취하여 제역촌에
옮겨 기록한 것은 분명하게 조사하여 엄금해야 한다.

포구의 어떤 마을에서 세액 5결이 갑자기 징수되지 않았다. 세액이

어디로 사라졌는지 알 수가 없었다. 그러자 마을 백성들이 수령에게 호소하자, 수령은 "나라세금은 그대로 있고 너희 전지는 징세가 없는데, 무엇 때문에 호들갑이냐!"라고 했다. 한마디로 수령의 어리석음이 돋보이는 모습으로 고을의 웃음거리가 되었다. 남쪽지방 군현에서 그 고을 사람들이 "옛날 아무개가 수령직에 재직할 때, 업무처리가 귀신처럼 밝아 아전들이 감히 속이지 못했다. 하지만 임기가 끝나고 떠날 때 그 역시 채찍을 들어 서청을 가리키며, '다른 일은 다 알 수 있었는데 저 집은 알 수가 없었다'고 했다."라며 수군거렸다.

將欲作夫에 先取失戶하여 別爲一册하여 以充王稅之額이니라.
장욕작부에 선취실호하여 별위일책하여 이충왕세지액이니라.

장차 작부하려고 하거든 먼저 부유한 가호를 취하여 따로 한 책자를 만들어서 나라 세금의 정해진 숫자를 채워야 한다.

작부할 때는 이방에게 먼저 작성한 책자로 정본을 만들게 한 다음, 부잣집 기름진 전지를 조목별로 열기해 전세와 대동 4천 석의 액수를 채운다. 그런 다음에 책자를 항상 책상위에 비치해 두면 된다. 세미를 징수할 때 책자에 열기된 전지 중 납부기한을 어긴 사람이 있다면 허실을 조사한다. 이때 전지가 가난한 집 전지라면 잘 못 기재된 것임을 알 수 있다. 그러면 죄를 물어서 다스리면 된다.

作夫之簿에는 厥有虛額이 參錯其中하니 不可不查驗이니라.
작부지부에는 궐유허액이 참착기중하니 불가불사험이니라.

작부한 장부에는 거짓 수량이 그 속에 섞여 있을 것이니
조사하지 않아서는 안 된다.

『속대전』에 "감관, 서원 가운데 허위로 짐 수를 조작해서 민결에 나눠
징수하면 장 1백유 3천 리에 처하고, 수령이 적발하지 못하면 죄를 묻
는다."라고 했다. 거짓 수량의 명칭에는 걸복과 조복 그리고 첨복이 있
는데, 복이란 짐을 말한다.

作夫既畢이면 乃作計版이니 計版之實은 密察嚴覈이니라.
작부기필이면 내작계판이니 계판지실은 밀찰엄핵이니라.

작부가 이미 끝났으면 이에 계판을 작성하게 되는데, 계
판의 내용은 면밀하게 살피고 엄격하게 밝혀야 한다.

계판은 도리와 여러 아전들이 한해의 세액비율을 의논해서 산출하는
것을 말한다. 여기에는 나라에 바칠 것, 뱃삯, 고을에서 징수하는 것이
있다. 또 계판에는 삼세 및 소소한 비용에 대한 여러 가지 조목들을 열
거해야 하는데, 지금은 몇 조목으로 생략하고 있다. 이것은 잘못된 것
이다.

計版既成이면 條列成册하여 頒于諸鄕하여 俾資後考니라.
계판기성이면 조렬성책하여 반우제향하여 비자후고니라.

계판이 이미 이루어졌거든 조목별로 나열해서 책자를 작
성하여 각 면에 반포해 보여서 후일의 상고에 자료가 되
게 해야 한다.

수령이 허식이 있고 명예만 쫓으면서 눈앞의 책임만 면하려고 해서는
곤란하다. 수령의 임무는 백성에게 자손대대로 혜택줄 것을 생각해 항
상 굳건하게 법을 세워야만 한다.

計版之外에 凡田役尙多니라.
계판지외에 범전역상다니라.

계판에 실린 세액 이외에도 전역이 아직도 많다.

1결 전지에서 수확하는 곡식은 많다면 8백두, 적으면 6백두, 더 적으
면 4백두 정도다. 농부들에겐 자신의 전지가 없는 대신 남의 전지를 경
작한다. 일 년 동안 고생해도 여덟 식구가 먹고 이웃에 품삯을 치러야
한다. 그렇지만 추수 때가 되면 전답 주인이 수확의 반을 가져가는데, 6
백두를 수확했을 경우 농부의 몫은 겨우 3백두뿐이다. 여기서 종자를
제하고 빚을 갚고 세전의 양식을 제하면, 남는 것은 1백두가 밖에 되지

않는다. 이런 상황임에도 불구하고 부세로 긁어가고 아전들에게 빼앗기기 때문에 백성들은 가난할 수밖에 없는 것이다.

故羨結之數를 不可不定이니 結總旣羨이면 田賦程寬矣니라.
고연결지수를 불가불정이니 결총기연이면 전부초관의니라.

그러므로 연결의 수는 확정하지 않을 수 없다. 결총에 이미 여유가 있으면 부세가 약간 너그러워질 것이다.

연결은 새로 만든 것이고, 은결과 여결은 고정된 토지가 없다. 그렇지만 결총 중 나라의 세금을 채우고 남는 여결이 은결이다. 그러나 이 은결을 여결이라고 할 수는 없다. 내가 판단하기엔 이것은 결이고, 나라에 바치는 세금이 여결인 것이다. 즉 은결은 홍수가 하늘에 닿을 정도로 범람해도 잠기지 않고, 큰 가뭄이 돌을 태울 정도라도 마르지 않고, 벌레가 곡식을 침식하지 못하고, 서리가 작물을 죽이지 못하는 땅을 말한다.

正月開倉하여 其輸米之日에는 牧宜親受니라.
정월개창하여 기수미지일에는 목의친수니라.

정월에 창고를 열어 세미를 수납하는 날에는 수령이 마땅히 친히 받아야 한다.

세미를 징수할 때 옛 관례에 따라 말질을 정확하게 하지 말아야 한다. 이때 수령이 직접 나가야 난잡한 절제가 없고, 민심이 헤이해지지 않는다. 평미례는 말질하는 방망이를 말하는데, 백성들이 스스로 하게 한다면 말질이 함부로 되지 않을 것이다. 조극선이 군읍을 다스릴 때, 부세를 징수할 경우 말질을 반드시 백성들에게 맡겼다. 그랬더니 백성들은 공평함에 기뻐하면서 기한을 어기지 않았다.

將開倉에 榜諭倉村하여 嚴禁雜流니라.
장개창에 방유창촌하여 엄금잡류니라.

창고를 열려고 할 때에는 창고에 있는 마을에 유시하는 방문을 붙여서 잡류들을 엄금해야 한다.

창고가 있는 마을에서 지켜야할 금기사항은 첫째 사당패, 둘째 창기, 셋째 주파, 넷째 무당 또는 광대, 다섯째 악공, 여섯째 초라니, 일곱째 투전꾼, 여덟째 백정 등이다. 즉 이들은 노래와 여색과 술과 고기로 사람을 유혹한다. 만약 창리와 뱃사람이 유혹에 빠지면 낭비가 심하고 탐욕이 깊어지면서 도둑질을 하게 된다.

雖民輸愆期라도 縱吏催科면 是猶縱虎於羊欄이니 必不可爲也니라.
수민수건기라도 종리최과면 시유종호어양란이니 필불가위야니라.

백성들이 수납 기일을 어기더라도 아전을 풀어 납부를
독촉하는 것은 마치 호랑이를 양 우리에 풀어놓는 것과
같으니 결코 그렇게 해서는 안 된다.

세미를 기한 마지막에 징수할 때 아전과 군교를 동원해 민가를 수색
해 긁어내는데, 이것을 검독이라고 한다. 검독은 한마디로 가난한 백성
들에게 승냥이나 범과 같은 존재이다. 수령으로서 이런 짓을 한다면 반
드시 백성들에게 원망을 듣는다. 은결과 방납으로 넉넉한 가호를 빠뜨
리지만 않으면 세액은 저절로 충당된다. 만약 빠뜨릴 경우라도 수령이
온화하고 인자하게 백성을 타이른다면 충분히 해결될 수 있다.

其裝發漕轉은 並須詳檢法條하여 恪守毋犯이니라.
기장발조전은 병수상검법조하여 각수무범이니라.

조운선에 짐을 실어 보내는 일은 법조문을 상세히 검토
하여 각별히 준수하여 범하지 말아야 한다.

조운선에 다른 물건을 싣는 것을 금지하고 있다. 즉 조례가 매우 엄해
도 어기는 자가 있고 매년 이로 인해 파직되거나 구속되는 자가 있는데,
이것은 재물을 탐하기 때문이다. 조운선이 출발할 때는 대나무 장대, 나
무절구, 쇠솥, 왕골자리, 대자리 등을 새끼로 묶고 짚으로 포장해서 포

구로 운반한다. 이에 백성들은 탐욕으로 빼앗은 물건이라며 비웃고 손가락질한다. 더구나 뱃사람들은 화를 내고 물건을 던지면서 죄 덩어리라고 부른다. 그렇기 때문에 천금이라도 귀중하게 여겨서는 안 된다.

宮田屯田으로 其剝割太甚者는 察而寬之니라.
궁전둔전으로 기박할태심자는 찰이관지니라.

궁전과 둔전의 경우, 그 부세 침탈이 심한 것은 살펴서 너그럽게 해주어야 한다.

여러 궁방의 면세전과 경사의 둔전은 도장으로 내려온 사람이나 차인이 세를 거둬 궁방과 경사에 바친다. 또한 스스로 도장자리를 사서 세를 거둬서 먹기도 한다. 이로 인해 침탈하는 사람은 많고 은혜를 베푸는 사람은 적다. 이에 수령은 염탐해서 부정으로 백성을 침탈하는 도장을 색출해 타일러거나 죄로 다스려 횡포를 막아야 한다.

南北異俗하니 凡種稅는 或田主納誌하고 或佃夫納之하니 牧唯順
남북이속하니 범종세는 혹전주납지하고 혹전부납지하니 목유순
俗而治하여 俾民無怨이니라.
속이치하여 비민무원이니라.

남쪽 지방과 북쪽 지방은 풍속이 서로 달라서 종자와 부세를 혹은 전주가 버기도 하고 혹은 소작인이 버기도 한다. 수령은 다만 풍속을 따라 다스려서 백성들의 원망이 없게 할 뿐이다.

경기도와 충청도에서는 벼를 베는 날에 곧바로 타작하여 그 자리에서 나누기 때문에 전주가 별로 잃는 것이 없다. 하지만 남쪽지방에서는 벼를 베어서 논에 펴놓고 이틀 동안 바람에 말린다. 이것을 집으로 운반해 볏가리를 높이 쌓아두었다가 한겨울에 이삭을 훑어서 나눈다. 그렇기 때문에 전주는 농간질을 알아내지 못한다. 종자와 세미를 북쪽지방에서는 전주가, 남쪽지방에서는 소작인이 낸다. 그 이유는 타작하는 방법이 다르기 때문이다. 볏짚을 북쪽지방에서는 전주와 소작인이 똑같이 나누지만, 남쪽지방에서는 소작인이 모두 차지한다. 그 이유는 종자와 세미를 부담하기 때문이다.

西北及關東畿北은 本無田政하니 惟當按籍하여 以循例요 無所用
서북급관동기북은 본무전정하니 유당안적하어 이순례요 무소용
心也니라.
심야니라.

서북 지방 및 관동 지방과 경기 북쪽 지방은 본래 전정

이 없으니 다만 전적이나 살펴 관례에 따를 뿐, 마음쓸
것이 없다.

경기도와 황해도 북부지방은 원래부터 전세에 재감법이 없다. 면에
서원이 없기 때문에 가을에 답사하지 않고, 그 대신 촌민 가운데 숙달
된 사람이 세액총수에 따라 소작인들에게 분배해 세액을 충당한다. 만
약 흉년이 들면 관에 세액을 감해 달라고 청원하는데, 참으로 효율적인
법이다.

火粟之稅는 按例比總이요 唯大饑之年에는 量宜裁減하며 大敗之
화속지세는 안례비총이요 유대기지년에는 양의재감하며 대패지
村은 量宜裁減이니라.
촌은 양의재감이니라.

화속세는 관례를 상고하여 세액 총수에 비교할 것이며,
오직 크게 흉년 든 해에만 적당하게 견감하고, 크게 황폐
한 마을에만 적당하게 견감할 것이다.

법전에 '화전은 모두 6등전에 해당시킨다.' 또 '화전은 25일경을 1결
로 삼는다.' 라고 규정되어 있다. 1결이 높은 산에 길게 걸쳐있기도 한
데, 이것은 평전처럼 측량된 것이다. 하지만 지방습속에 따른 법이기

때문에 도나 읍마다 각각 다르다. 화속세를 영원히 견감해주는 혜택은 견감해주는 혜택보다 크다. 하지만 수령이 영원히 견감해주지 않는다. 이것은 후임자가 자신을 원망한다는 생각 때문이다. 남의 눈치를 본다는 것이 안타까울 뿐이다.

제3조 곡부 穀簿
환곡還穀의 관리管理

還上者는 社倉之一變이요 非糶非糴이로되 爲生民切骨之病이니
환상자는 사창지일변이요 비조비적이로되 위생민절골지병이니
民劉國亡이 呼吸之事也니라.
민류국망이 호흡지사야니라.

환상이란 사창이 한 번 변해서 된 것으로 곡식을 내어 파
는 것도 아니고 곡식을 사들이는 것도 아니면서 백성들에
게 뼈에 사무치는 병통만 안겨 주니, 백성이 죽고 나라가
망하는 것이 순

백제 때 조적이란 명칭이 있었다. 이것은 한나라와 위나라의 제도에
근거한 것이다. 고구려 고국천왕은 진대법을 제정했는데, 봄에 빌려주
었다가 겨울에 환수했다. 고려 초기에 이창을 두었다가 성종 때 의창이
라고 고쳤다. 이것은 조선조 초기까지 그대로 사용했다. 이 법은 사창에
서 모방한 것인데, 점점 관고로 변질되면서 지금은 환상으로 변했다. 처

음 이법을 재정한 목적은 백성의 식량을 위하고, 나라의 재정을 위한 것이었다.

還上之所以弊는 其法本亂也라. 本之旣亂이니 何以末治리오.
환상지소이폐는 기법본란야라. 본지기란이니 하이말치리오.

환상이 폐단이 되는 것은 그 법의 근본이 어지럽기 때문이다. 근본이 어지러운데 어떻게 말단이 다스려지겠는가?

명나라 조남성이 사창의에게 "여섯 개를 방출했다가 열 개를 받아들이는 것을 가사라고 한다. 순한 백성들에게 곡식을 나눠줄 때 이전이 문서에서 백성의 이름을 지우기 때문에 한 되나 한 홉의 곡식도 받아가지 못한다. 이밖에도 농간질하는 폐단이 너무 많아 열거할 수가 없다. 한마디로 지금의 사창은 아비지옥과 다를 바가 없다.

上司貿遷하여 大開商販之門하니 守臣犯法은 不足言也라.
상사무천하여 대개상판지문하니 수신범법은 부족언야라.

상사서 무역하는 일은 장사하는 문을 크게 열어 놓는 것이니, 수령이 범법하는 것쯤은 거론할 일이 못 된다.

감사의 녹봉은 박하지 않고 넉넉하다. 하지만 장사치의 일로 백성의 고혈을 짜냄으로써 국가의 동맥을 상하게 하고 있다. 그들은 이렇게 착취한 돈 수만 관으로 이자놀이를 한다. 이로써 백성들의 피해가 끝이 없다. 수령이 시중가격을 알릴 때 감사의 비위를 맞추는데, 이를 따르지 않는 이웃 고을 수령들은 감사에게 책망을 듣는다. 그러면 그 피해는 고스란히 백성들에게 돌아간다. 과거 내가 암행어사로 재직할 때, 인접해 있는 대여섯 고을에서 보고한 시중가격을 보면 제각기 달랐다. 이에 감사는 높은 가격을 승락했는데, 이로써 그 실태를 과히 짐작할 수가 있었다.

守臣飜弄하여 竊其贏羨之利하니 胥吏作奸은 不足言也라.
수신번롱하여 절기영연지리하니 서리작간은 부족언야라.

수령이 농간을 부려서 남은 이익을 도둑질하니 아전들이 농간부리는 것은 거론할 것이 못 된다.

정조가 무오년에 호남선비들에게 책문할 때, 환상의 폐단에 대해 "나라에 도움을 준다는 것이 오히려 나라를 병들게 하고, 사람을 살린다는 것이 도리어 사람을 해치고 있다. 연해고을의 노적가리는 발도 없는데, 벽지고을 창고로 들어갔다. 지난해 나눠준 쭉정이는 찧지도 못하는 것이었는데, 올해에 정미로 받치라고 요구하고 있다. 친족에게 추징을 금지하고 있는데, 친족이나 이웃에게 추징하고 있다. 강제 배당은 죄가 되는데, 강제로 배당하거나 추렴을 행하고 있다. 민역과 읍용은 먼저 창고장부에 손을 댄 다음 가을에 배로 징수하고 있다. 감영의 곡식은 불어나고 삼사의 곡식은 점점 줄어들고 있다. 진분의 폐단이 고질화되고, 관가의 수요가 축적되면서 환미의 수요가 점점 늘어나 계속 징수하는 해독이 절박하다. 앞으로 어떤 대책으로 이것을 보완할 것인가?"라고 물었다.

上流旣濁이니 下流難淸이라. 胥吏作奸은 無法不具하여 神姦鬼猾을 無以昭察이라.
상류기탁이니 하류난청이라. 서리작간은 무법불구하여 신간귀활을 무이소찰이라.

상류가 흐리니 하류가 맑기 어렵다. 아전들이 농간부리는 방법은 갖출 대로 갖추어져서 귀신 같은 간계를 살필 길이 없다.

내가 다산에 살고 있을 때 10년 동안 창고로 가는 길을 보았지만, 마을백성들 한사람도 곡식 섬을 지고 가는 것을 보지 못했다. 그런데도 겨울철이면 환상이라며 집집마다 곡식 5~7석을 관가창고에 바치고 있다. 이것은 정말 잘못 된 것이다. 환이란 의미는 갚는다는 뜻으로 빌리지도 않았는데, 갚는다는 것은 어떻게 설명하겠는가?

弊至如此하니 非牧之所能救也라. 惟其出未之數와 分留之實을 牧
폐지여차하니 비목지소능구야라. 유기출납지수와 분류지실을 목
能認明이 則吏橫未甚矣니라.
능인명이 즉이황미심의니라.

폐단이 이 지경에 이르렀으니, 수령으로서 구제할 수 있
는 일이 아니다. 오직 그 출납의 수량과 분류의 실제 숫
자만이라도 수령 자신이 잘 파악하고 있으면 아전들의
횡포가 그리 심하지는 않을 것이다.

곡식장부의 규칙은 각기 기록하는 방식이 달라 산만하고 복잡하다.
그래서 노련한 관리라도 쉽게 이해할 수가 없다. 그래서 단속하는 방법
을 준비해야 그것을 막을 수 있다. 곡식의 종류가 많지만 고을창고에
저장하는 것은 몇 가지에 불과하고, 아문 역시 많지만 관장하는 관청은
몇 개에 불과하다. 소모되는 것이 아무리 산만해도 구별이 분명하면 수
량을 파악할 수가 있다. 그렇기 때문에 수령은 정신을 가다듬어 연구하
면 저절로 알 수가 있다.

每四季磨勘之還이나 其回草成帖者는 詳認事理하여 不可委之於
매사계마감지환이나 기회초성첩자는 상인사리하여 불가위지어
吏手니라.
이수니라.

사계절마다 마감한 환곡에 대한 그 회초성첩은 사리를 자세히 알아야 하므로 아전의 손에 맡겨서는 안 된다.

영리의 농간은 다양한데, 보리나 벼 환곡을 방출하기 위해 창고를 여는 달에는 여러 읍의 아전들이 수백 냥을 가지고 감영으로 온다. 그들은 이 환곡을 싼값으로 구입해 돌아와 곡가 때를 기다려 4~5백 석까지 팔고 있다. 이것은 감사의 일로 수령의 죄가 아니다. 김동검은 여러 번 호방비장으로 재직했다. 그는 곡부의 부정을 잘 알고 있어서 영리와 현리들이 농간을 부리지 못했다. 이에 아전들은 "큰 흉년을 만날지언정 김동검은 피해라."라고 했다.

凶年停退之澤은 宜均布萬民하여 不可使逋吏專受也니라.
흉년정퇴지택은 의균포만민하여 불가사포리전수야니라.

흉년에 환자의 회수를 정지한 것이나 기일을 물린 혜택은 만백성에게 고루 펴야지, 포흠진 아전으로 하여금 단독으로 받게 해서는 안 된다.

흉년이 들고 본현이 하등에 들었으면 그해 겨울에는 반드시 정퇴의 영이 있다는 것을 알 수가 있다. 그래서 수령은 미리 백성에게 혜택이 돌아가도록 행동해야 한다. 송나라의 매지가 소주통판으로 첫 부임할 때 절동과 절서지방에 기근이 들었다. 그래서 백성들에게 종자와 식량을 대여했다. 그런데 얼마 후 어전들은 백성들에게 상환하라는 심한 독촉을 했다. 이에 매지는 "백성을 진휼하는 것은 혜택을 주기 위한 것인데, 왜 백성을 불편하게 합니까?"라고 상언했다. 이것이 받아들여지면서 여러 고을이 기한을 늦춰 상환할 수가 있었다.

若夫團束簡便之規는 惟有經緯表一法하니 眉列掌示하여 瞭然可察약부단속간편지규는 유유경위표일법하니 미열장시하여 요연가찰이니라.
이니라.

단속하기 간편한 규식으로 말하면 오직 경위표의 한 방법이 있어 마치 손가락을 들여다보듯 훤하게 살필 수가 있다.

조선 선조 때 유운룡이 인동현감으로 재직할 토전, 민호, 세공, 요역 등으로부터 조적의 출납까지 모두 종이에 선을 양식을 만들었다. 그리고 경선과 위선을 꼼꼼히 점검해 빠진 것이 없도록 해서 부담을 균일하게 했다. 이것을 반포 실행할 때 처음엔 불평불만이 많았지만, 몇 해 후에는 편리하다고 했다. 관찰사가 그것을 여러 고을에 시행하려고 했지만, 관찰사가 바뀌고 수령들 중에 시기하는 자가 많아서 무산되고 말았다.

경위표 : 숫자를 가로 세로로 배열해 보기 쉽게 만든 일람표.
미열장시 : 눈앞에 늘어놓고 손바닥에 놓고 보듯 분명함.
분류 : 나누어 남겨 둠. 회록: 중앙의 회계 장부에 기록하는 일.

頒糧之日에 **其應分應留**를 **査驗宜精**하고 **須作經緯表**하여 **瞭然可**
반량지일에 기응분응류를 사험의정하고 수작경위표하여 요연가
察이니라.
찰이니라.

양식을 나누어 주는 날에는 그 응당 나누어 주어야 할
액수와 응당 창고에 남겨 두어야 할 것을 마땅히 정밀하
게 조사해야 할 것이니, 모름지기 경위표를 만들어서 밝
게 살필 수 있도록 해야 한다.

수령이 똑똑하다면 나눠줄 숫자와 남겨둘 실수를 아전들이 속이지 못
한다. 읍에는 월보가 있고 감영에는 회초가 있으며, 분류성책에는 공식
적인 양식이 있기 때문에 감히 속일 수가 없다. 그렇기 때문에 수령이
양식을 나눠줄 때는 간편한 방법을 써야한다. 또 분류표를 작성해 1년
간의 총수를 조사해야 막힘없이 행할 수가 있다.

凡還上은 **善收而後**에 **方能善頒**이니 **其收未善者**는 **又亂一年**하여
범환상은 선수이후에 방능선반이니 기수미선자는 우란일년하여
無救術也니라.
무구술야니라.

무릇 환상은 잘 거두어들인 후에라야 비로소 잘 나누어

줄 수 있는 것이다. 잘 거두어들이지 못한다면 또 1년을 어지럽게 되니 구제할 방법이 없을 것이다.

창고를 열 때 외창의 창감과 창리들을 고을창고로 모이게 한 다음 표준을 보여준다. 이때 곡품, 곡량, 색략, 가마니, 영수증 등을 정한 것으로 사용하도록 한다. 쭉정이나 잡물이 섞였을 때는 바람에 날리면 된다.

其無外倉者는 牧宜五日一出하여 親受之하고 加有外倉이어든 唯
기무외창자는 목의오일일출하여 친수지하고 여유외창이어든 유
開倉之日에 親定厥式이니라.
개창지일에 친정궐식이니라.

외창이 없는 경우에는 수령은 마땅히 5일마다 한 번씩 나아가서 몸소 받아들여야 하고, 외창이 있는 경우에는 창고를 여는 날에만 친히 그 거두어들이는 법을 정해야 한다.

외창이 없다면 수령은 장날마다 한 번씩 창청으로 나가서 5일마다 직접 받아들여야 한다. 11월10일 후 봉고날짜가 급하면 3일에 한 번씩 나가서 수납을 독촉해야 한다. 외창이 있으면 내·외창을 직접 받지 말고

딴 길로 염탐꾼을 심어서 어느 창고에서는 곡품을 받을 때 농간질을 하는지는 알아내야 한다. 그런 다음에 처벌한다면 백성들에게 칭송을 받을 것이다.

凡還上者는 雖不親受라도 必當親頒이요 一升半龠을 不宜使鄕丞
범환상자는 수불친수라도 필당친반이요 일승반약을 불의사향승
代頒이요 巡分之法은 不必拘也니라.
대반이요 순분지법은 불필구야니라.

환상이란 받아들일 때에는 비록 수령이 몸소 받아들이지 않는다 하더라도 나누어 줄 때에는 반드시 몸소 나누어 주어야지 한 되 반 홉이라도 향승으로 하여금 대신 나누어 주게 하는 것은 좋지 않다. 순분의 법에 구애할 필요는 없다.

외창이 있으면 직접 받아들이려고 해도 쉽지가 않다. 10월 창고를 개방할 때 반드시 직접 나눠주겠다는 뜻을 창리에게 말한다. 그래서 섬을 나눠 겨를 섞는 짓을 막아야 한다. 또한 환상 법이 백성에게 혜택을 줄 것인지, 아니면 모곡을 취해 쓰기 위한 것인지를 잘 생각해야 한다. 배가 고프고 목이 마르면 무엇이든 사 먹을 것인데 백성에겐 돈이 없어서 식량을 아껴서 먹을 것이다. 그래서 백성들이 환곡을 받아 함부로 먹어 식량이 떨어지건 아껴 먹건 그대로 맡겨둘 뿐이다.

凡欲一擧而盡頒者는 宜以此意하여 先報上司니라.
범욕일거이진반자는 의이차의하여 선보상사니라.

대저 한꺼번에 다 나누어 주려고 할 때에는 마땅히 이런
뜻을 먼저 상사에 보고해야 한다.

송나라 왕흠약이 박주판관으로 재직할 때 회정창을 감독했다. 그때
비가 오랫동안 내렸는데, 창고의 쌀이 젖는다면서 수납하지 않았다. 이
에 먼 지방에서 벼를 싣고 온 백성들은 식량도 바닥났고 벼 역시 수납
하지 못했다. 그러자 왕흠약은 창고로 모두 들이게 한 다음 연차에 관
계없이 젖은 쌀부터 지출해 썩지 않게 하자고 주청했다. 주청문이 태종
에게 고하자 크게 기뻐하면서 허락했다.

收糧過半하여 忽有糶錢之令이면 宜論理防報하여 不可奉行이니라.
수량과반하여 홀유조전지령이면 의논리방보하여 불가봉행이니라.

환곡을 절반쯤 거둬들였을 때 갑자기 돈으로 받아들이라
는 영이 버리거든 마땅히 논리적으로 따져서 이유를 들
어 보고해야지 그대로 받들어 행해서는 안 된다.

가호에 남는 곡식이 돈으로 바꿀 수 있는 수량을 채우기에 부족하면
창고에 납입된 곡식을 되돌려주고 곡식을 팔아서 받는 돈을 도둑질할

것이다. 이렇게 되면 아전들이 농간을 부리기 때문에 백성들은 이중으로 고통을 받는다. 그래서 수령은 자신의 직을 걸고 반드시 논리적으로 따져 보고해야 한다.

災年之代收他穀者는 別修其簿하여 隨卽還本이요 不可久也니라.
재년지대수타곡자는 별수기부하여 수즉환본이요 불가구야니라.

흉년 든 해에 대신 다른 곡식을 거둘 경우는 따로 장부를 만들고 풍년이 듦에 따라 곧 본 곡식으로 환원해야 하며 오래 해서는 안 된다.

여러 곡식 중 부족한 부분을 바꿔서 거두는 법은 『대전』에 있다. 하지만 대신 거두는 것은 혼란을 빚을 수 있는데, 부득하지 않으면 쉽게 허락하지 말아야 한다. 이듬해 봄에 곡식을 나눠주려고 한다면 실수를 조사해야 한다. 이와 함께 장부를 만들어 곡식을 출고할 때 특별히 색대를 사용해야만 말로 속이는 일을 박을 수 있다.

其有山城之穀은 爲民痼瘼者니 蠲其他徭하여 以均民役이니라.
기유산성지곡은 위민고막자니 견기타요하여 이균민역이니라.

산성의 곡식이 있으면 백성의 병폐가 되니, 다른 요역을 덜어 줌으로써 백성들의 부담을 고르게 해야 한다.

　유정원이 자인현감으로 재직할 때, 고을백성들이 대구 남창과 칠곡 산성창 쌀을 받았는데, 길이 멀어 운반하기가 어려웠다. 이에 그는 사정을 보고하자, 순찰사는 오래된 관례는 변경하기 어렵다며 허락하지 않았다. 하지만 그는 자신의 벼슬을 걸고 굳세게 싸웠는데, 순찰사가 결국은 장계를 올려서 고통에서 벗어나게 했다.

其有一二士民이 私乞倉米를 謂之別還이니 不可許也니라.
기유일이사민이 사걸창미를 위지별환이니 불가허야니라.

한두 양반이 사사로이 창고 쌀을 구걸하는 것을 별환이라 하는데 그 일은 허락해서는 안 된다.

　조선 정조 때 절도사 이원은 제독 이여송의 손자로, 일찍 군수가 되었다. 당시 어떤 척리가 창고 곡식 4백석을 축내 여러 번 독촉 했지만 수납하지 않았다. 그래서 이원이 고지서를 발부했는데, 그걸 가지고 그 집으로 간 병졸을 때려서 반죽음을 만들었다. 이 말을 들은 이원이 거짓 놀란 척 하면서 "그래? 집주인이 누구더냐?"하고 묻자, 아전이 "아무개입니다."라고 했다. 그러자 이원은 "어이쿠! 내가 잘못했구나. 그 집인 줄 알았으면 감히 고지서를 발부했겠는가."라면서, 곧바로 예리와 향승을 보내 사죄했다. 그러자 척리는 크게 기뻐했다. 10일 후 추운 날씨에 눈까지 내리는데, 그는 장교들을 불러 사냥채비를 차리게 했다. 자신은 소매가 좁은 군복을 차려입고 그를 따르는 군관들은 군복차림에 활과 칼을 차게 했다. 그리고 주리에게 명해 주육을 마련하게 하고 척리가 사는 마을 앞에 도착해 말에서 내렸다. 부하들에게 막을 치게 하고 숯불을 피워 솥을 걸고는 좌우 부하들에게 "저쪽 산 밑에 있는 기와집은 누구의 집인가?"라고 물었다. 부하들은 "아무게 척리 집입니다."라고 했다. 이원은 즉시 수석장교를 보내 "오늘 사냥이 귀댁의 문밖에서 있습니다. 도리상 찾아봐야하겠지만 군복을 입었기 때문에 정성을 다하지 못합니다. 바라건대 잠시 모시겠으니, 얘기할 자리를 마련해 주시면 고맙겠습니다."라며 치하했다. 이 말을 들은 척리는 기뻐하면서 이원 앞에 앉았다. 몇 마디 말을 나눈 다음 이원이 갑자기 칼을 빼어 눈을 부라리며 큰 소리로 호통을 치면서 좌우를 부하에게 "여봐라! 이 놈을 빨리 결박하라. 오늘 사냥은 이 짐승을 잡기 위해서다."라며 명령했다. 그런 다음 결박된 그를 말 등에 싣고 군졸에게 승전곡을 연주케 했다. 그는 말을 타고 취중에 죄인을 끌고 부중에 들어서니 모두들 놀랐다. 척리에게 큰 칼을 씌워 가두었는데, 5~6일 동안 포흠진 곡식이 모두 완납되었다. 그런 후 그를 석방시킨 다음 의관을 주고 마루 위로 오르게 해서 술을 권하면서 사과했다. 이후로부터 척리는 이원을 두려워하면서 영을 어기지 않았다.

歲時頒糧은 唯年荒穀貴라야 乃可爲也니라.
세시반량은 유연황곡귀라야 내가위야니라.

명절에 곡식을 나누어 주는 것은 오직 흉년이 들어서 곡
식이 귀할 때에만 할 수 있는 일이다.

세궤는 섣달그믐 직전에 곡식을 나눠주는 것이고, 망궤는 정월보름
전에 곡식을 나눠주는 것이다. 이것 모두가 너무 번거로워 백성들을 괴
롭게 하기 때문에 올바른 것이 아니다. 그래서 곡식이 귀한 해만 세궤
를 지급해야 한다

其或民戶不多 而穀簿太溢者는 請而減之요 穀簿太少는 而接濟無
기혹민호부다 이곡부태일자는 청이감지요 곡부태소는 이접제무
策者는 請而增之니라.
책자는 청이증지니라.

혹시 백성들의 호구는 많지 않은데 곡식 장부에 적힌 수
량이 너무 많을 경우는 상부에 청해서 감하고, 곡식 장부
에 적힌 수량이 너무 적어서 구제할 방책이 없을 경우에
는 상부에 청해서 늘려야 한다.

수십 년 전 황주에는 환곡이 많아서 1호당 30~40석을 받기까지 했

다. 이곳은 보통 대로의 요충지고 병영이 있는 곳이다. 즉 조정에서 군량미가 많이 필요했기 때문이다. 이에 따라 전야는 황무지로 변하고 민호가 줄어들면서 환곡의 분배가 더욱 많아진 것이다. 하지만 병사와 목사는 현장에서 멀리 떨어져 이득을 생각하기 때문에 다른 장소로 옮기도록 요청하지 않았다. 몹시 안타까운데, 하루빨리 보고해 곡식장부를 감해서 다른 장소로 옮기게 해야 한다.

外倉儲穀은 宜計民戶하여 使與邑倉으로 其率相等하여 不可委之
외창저곡은 의계민호하여 사여읍창으로 기율상등하여 불가위지
下吏하여 任其流轉이니라.
하리하여 임기유전이니라.

외창에 곡식을 저장하는 것은 마땅히 백성들의 호구를 계산하여 고을 창고와 그 비율이 맞게 해야 하며, 하급 관리에게 위임하여 마음대로 이리저리 옮기게 해서는 안 된다.

각 집의 총수를 통계하고 곡식총수를 통산해 곡식을 각각의 집에 배분하면 개인당 징수해야할 것이 얼마인지를 알 수가 있다. 이것을 근거로 비율을 정해서 여러 창고로 골고루 분배하면 된다.

吏逋不可不發이나 徵逋不可太酷이요 執法宜嚴峻이나 慮囚宜哀
이포불가불발이나 징포불가태혹이요 집법의엄준이나 여수의애

矜이니라.
긍이니라.

아전들의 포흠은 적발하지 않으면 안 되나 포흠을 징수
하는 일은 너무 가혹해서는 안 되며, 법을 집행하는 데
는 엄준해야 마땅하나 죄수를 염려하며 불쌍히 여겨야
한다.

포흠을 징수할 때는 범인의 재산을 미리 조사해서 그의 전답, 가옥,
가축, 의복, 가구 등을 모두 몰수한다. 그런 후에 다른 일을 의논해야
한다. 가을과 겨울에 죄가 밝혀졌을 때는 곡식으로 받고, 봄과 여름에
죄가 밝혀졌을 때는 돈으로 받는다. 돈으로 받으면 범인의 친척들을 조
사해서 그들에게 가을 곡가로 인정해 골고루 나눠주고 가을에 곡식으
로 납부시키면 된다.

或捐官財하여 以償逋穀하거나 或議上司하여 以蕩逋簿는 乃前人
혹연관재하여 이상포곡하거나 혹의상사하여 이탕포부는 내전인

之德政이니 刻迫收入은 非仁人之所樂也니라.
지덕정이니 각박수입은 비인인지소락야니라.

판청의 재물을 덜어서 포흠진 곡식을 상환하거나 상사와 의논하여 포흠 장부를 탕감하는 것은 바로 옛날 사람들이 하던 덕정이니, 각박하게 거둬들이는 일은 어진 사람으로서 즐겨 할 바가 아니다.

윤형래가 회인현감으로 재직할 때, 가난해서 환곡과 신포를 수납할 수 없으면 편법으로 보충해주거나 감해주었다. 또 부모가 나이가 많고 가난해서 제대로 봉양하지 못하면 도와주었다. 그러자 고을사람들은 "이런 사또님이 있는데 어찌 포흠을 질 수가 있겠느냐."라면서 앞을 다투어 포흠진 곡식을 상환했다. 이렇게 되자 관아의 뜰이나 옥중에 죄인 한명 없었다.

제4조 호적 戶籍
호수戶數와 인구人口의 기록

戶籍者는 諸賦之源이며 衆瑤之本이니 戶籍均이 而後賦役均이라.
호적자는 제부지원이며 중요지본이니 호적균이 이후부역균이라.

호적이란 모든 부와 요의 근본이니, 호적이 균평한 뒤에
야 부세와 요역이 균평하게 될 것이다.

호적이 정확해야만 백성들의 세수부담이 정확하게 산출될 수 있다. 한
마디로 호적이 그만큼 중요한 것이다. 호적에는 핵법과 관법이라는 것
이 있는데, 핵법은 호구의 숫자를 정확하게 파악하는 것이고, 관법은 핵
법과 달리 마을 스스로 장부를 만들어 요역과 부세를 할당하게 하고 관
에서 대강의 총수를 파악한다. 그런 다음 균등하게 법을 펴면 된다.

戶籍貿亂하여 罔有綱紀이니 非大力量이면 無以均平이라.
호적무란하여 망유강기이니 비대역량이면 무이균평이라.

호적이 문란하여 전혀 기강이 없으니 큰 역량을 갖추지
않고서는 균평하게 할 수가 없다.

수십 년 동안 수령된 사람이 자신의 소임을 다하지 못해서 아전의 횡
포와 농간이 수없이 많았다. 그중에서도 호적과 관계된 것이 가장 많
다. 더구나 수령은 아전을 선발할 때 이미 뇌물을 받았기 때문에 그들
의 농간을 막을 수가 없다. 한마디로 아전들의 부정을 힐책하지 않기
때문에 호적의 문란이 심해졌다.

將整戶籍이면 先察家坐하여 周知虛實하고 乃行增減이니 家坐之
장정호적이면 선찰가좌하여 주지허실하고 내행증감이니 가좌지
簿를 不可忽也니라.
부를 불가홀야니라.

장차 호적을 정리하려거든 먼저 집의 위치를 살펴서 허
와 실을 두루 파악하여야 호수를 증감할 수 있으니 집
위치의 장부는 소홀히 다룰 것이 아니다.

토지의 자산을 기록하는 장부를 가좌책이라고 하는데, 하나도 빠짐없

이 기록하는 것이 원칙이다. 수령은 아전을 불러서 엄하게 명해 백성들의 실태를 한 치의 오차도 없이 조사토록 해야 한다. 조사 후 여러 면의 장부가 올라오면 장부를 요약해 경위표를 작성해야만 한다. 경위표는 각 호의 빈부나 동리의 허실 및 친족의 강약 등을 훤하게 알 수 있도록 정확해야 한다.

戶籍期至면 乃據此簿하여 增減推移하여 使諸里戶額으로 大均至
호적기지면 내거차부하여 증감추이하여 사제리호액으로 대균지
實하여 無有虛僞니라.
실하여 무유허위니라.

호적을 작성할 시기가 이르렀거든 이 가좌부에 의거해 증감하고 추이하여 모든 면, 모든 마을의 호수의 정해진 숫자로 하여금 아주 공평하여 허위가 없도록 해야 할 것이다.

수령은 지난 식년의 여러 호총수로 별도의 책자를 만들어 참고 하기에 편리하도록 한다. 또한 이전에 만든 가좌부와 비교해서 빠진 것, 잘못 된 것, 농간질한 것, 억울한 것 등을 파악해야 한다.

新簿既成이면 **直以官令**으로 **頒總于諸里**하여 **嚴肅立禁令**하여 **無**
신부기성이면 직이관령으로 반총우제리하여 엄숙입금령하여 무
敢煩訴하니라.
감번소하니라.

새 호적이 작성되었으면 곧 관청의 명령으로 호구의 총
수를 여러 고을에 반포하고, 엄숙히 금령을 세워서 번거
로운 이의가 생기지 않도록 해야 할 것이다.

관청에서 "현령이 알린다. 본 현의 호적이 오랫동안 정확하게 관리되
지 못했다. 그런 관계로 아전들의 농간이 심해서 백성들의 부담이 균등
하지 못했다. 부유한 마을은 매년 몇 호씩 줄어들고 쇠잔한 마을은 매
년 몇 호씩 늘어나고 있다. 이것을 부역 없는 마을에 적용해 허위의 호
수가 쌓이고 실역의 호수는 줄어드는데, 이것은 매우 불공평하다. 지금
부터 고을의 정확한 호구수를 조사해 보완하고 조절해서 4, 5, 6가를
종합해 1호를 만든다. 이 방을 본 사람은 응당 20호를 세우고, 이와 동
시에 남녀인구수를 뒤에다 적어서 보이는 것이다. 원하는 것은 이 방을
본 부로와 사인이 한자리에 모이는데, 풍헌과 약정 등은 참가시키지 말
고, 20호를 세워 7월15일까지 단자를 거둬서 관가에 바치면 도장을 눌
러 증명서를 만들어 줄 것이다. 그 대신 초단이나 정단을 따지지 않을
것이다. 혹 아전과 몰래 작당해 뇌물을 바쳐서 모면하려는 사람은 반드
시 실패할 것이며 법률이 용서하지 않을 것이다."라고 명령했다.

若烟戶衰敗하여 無以充額者는 論報上司하여 大饑之餘가 十室九
약연호쇠패하여 무이충액자는 논보상사하여 대기지여가십실구
空하여 無以充額者라도 論報上司하여 請減其額이라.
공하여 무이충액자라도 논보상사하여 청감기액이라.

만약 민가가 쇠잔하여 호액을 채울 수 없는 경우에는 상
사에게 보고하고, 큰 흉년이 들어 열 집 가운데 아홉 집
이 빌지경이 되어 호액을 채울 수가 없는 경우에도 상사
에게 보고하여 그 호액을 줄여 주도록 청할 것이다.

수령은 민가가 쇠퇴하거나 큰 흉년이 들어 호액을 채울 수 없을 때는
세밀하게 조사하여 감영에 보고해 호총을 줄여 받기를 요청해야 한다.
자신의 직을 걸고라도 끝까지 주장해서 성공해야 백성들이 편안해질
수가 있다.

若夫人口之米와 正書之租는 循其舊例하여 聽民輸納하고 其餘侵
약부인구지미와 정서지조는 순기구례하여 청민수납하고 기여침
虐은 並宜嚴禁이니라.
학은 병의엄금이니라.

인구미나 정서조와 같은 것은 구례에 따라 그대로 백성
들이 바치는 것은 허용해도 되지만, 그 밖의 침탈은 모두

엄금해야 한다.

호적이 작성되면 호적청에서 별도로 한통을 깨끗이 작성해 도장을 찍어야하는데, 이것을 정단이라고 부른다. 수령이 손수 작성된 호적단자를 받고 손수 내 준다면 아전이나 깡패들의 침탈이 자연적으로 사라질 것이다. 호적대장을 등서하는 일에 수령과 관계된 사람으로 충당시키지 말아야 한다.

增年者와 減年者와 冒稱幼學者와 僞戴官爵者와 假稱鰥夫者와 詐
증년자와 감년자와 모칭유학자와 위대관작자와가칭환부자와 사
爲科籍者는 竝行査禁이니라.
위과적자는 병행사금이니라.

나이를 올린 자, 나이를 줄인 자, 유학을 허위로 사칭한 자, 관작을 거짓 기재한 자, 거짓으로 홀아비라고 일컫는 자, 거짓으로 과적에 이름을 올린 자는 모두 조사하여 금할 것이다.

노직을 원하는 사람은 나이를 높이고 개첩을 우려하는 사람은 나이를 낮춘다. 과거에 향거법이 없었기 때문에 잡스러운 사람들 모두가 과장으로 들어간다. 이것으로 유학을 사칭하는데, 그래서 공천이나 사천이

라도 모두 사칭할 것이다. 이렇게 되면 명분이 훼손됨이 매우 심해질 것이다. 관자가 "귀한 사람이 많아지면 그 나라는 가난해진다."라고 한 것은 조선을 말하는 것이다. 군첨을 백성들이 매우 싫어하기 때문에 면역하기 위해 아비를 바꾸고 할아비를 변경하며 관작을 사칭하고 충효까지 이용할 것이다. 이런 이유가 있기 때문에 수십 년 후에는 반드시 묵은 호적이 된다. 거짓으로 호적을 꾸민 사람은 자식에게 실토하지 않고, 자손들이 거짓 호적으로 관작을 받았다는 것이 탄로 날 것을 두려워해 관가에 슬피 부르짖어 억울함을 말한다. 이렇게 된다면 그들의 의혹을 풀어주기가 어려워진다. 그래서 백성들이 애통해하는 것이다.

凡戶籍事目之는 自巡營例關者는 不可布告民間이니라.
범호적사목지는 자순영례관자는 불가포고민간이니라.

무릇 호적을 작성하는 사목에 관한 것으로 순영에서 관례적으로 버려오는 관문은 민간에 포고해서는 안 된다.

시행되지 않는 법을 맘대로 민간에 포고한다면 백성들에게 조정의 명령이 먹혀들지 않는다. 그렇게 되면 국법을 두려워하지 않게 하는 결과만 초래하기 때문에 백성에게 알리지 말아야 한다.

戶籍者는 國之大政이니 至嚴至精이라도 乃正民賦이니 今玆所論
호적자는 국지대정이니 지엄지정이라도 내정민부이니 금자소론
은 以順俗也니라.
은 이순속야니라.

호적이란 나라의 큰 정사인 것이니, 지극히 엄정하게 하
고 지극히 정밀하게 하여야만 백성들의 부세를 바로잡을
수 있을 것이나 지금 여기서 논하는 바는 시속을 따른
것이다.

섭춘이 혜안령으로 재직할 때, 『정서』를 짓고 늙은이를 예우했으며
정남을 거느리고 막도록 명했다. 그는 고을을 다스리려는 사람은 고을
의 민정과 물정을 모두 알아야만 한다. 이에 남정은 관인, 사인, 노인,
젊은이를 구별하지 않고 모두 호적에 올렸다. 그것은 일이 없을 때 교
화를 행할 수 있고 유사시엔 군사조직으로 활용하기 위해서다.

五家作統하고 十家作牌는 因其舊法하고 申以新約은 則奸究無所
오가작통하고 십가작패는 인기구법하고 신이신약은 즉간궤무소
容矣니라.
용의니라.

다섯 집으로 통을 조직하고, 열 집으로 패를 조직하는 것

은 옛법을 따르고 여기에다 새로운 규약을 보태서 시행
한다면 농간과 도적질은 용납할 곳이 없어질 것이다.

　　명나라 왕양명은 최초로 십가패식을 실시했다. 즉 10가를 1패로 편성
하고 각 호의 본과, 성명, 나이, 용모, 직업 등을 적는다. 그리고 집집마
다 다니면서 호구를 조사해 낯선 사람이 기거하면 관에 보고하게 한다.
만약 은닉할 경우 열 집이 공동으로 처벌받게 하는 것이다. 십가패식의
법은 매우 간략하지만 효과는 광범위한 것이다. 그래서 착실하게 시행
한다면 도적이나 송사가 줄어들고, 부역을 균평하게 할 수 있고, 외적
을 막을 수 있을 것이다.

제5조 평부 平賦
부역을 고르게 함

賦役均者는 **七事之要務也**니 **凡不均之賦**는 **不可徵**이니 **錙銖不均**
부역균자는 칠사지요무야니 범불균지부는 불가징이니 치수불균
이면 非政也라.
이면 비정야라.

부역을 공평히 하는 것은 수령이 해야 할 일곱가지 일 중
에서 주요한 일이다. 무릇 공평하지 못한 부는 징수해서
는 안되니, 조금이라도 공평치 않으면 옳은 정치가 아
니다.

부역행정에서 가장 중요한 것은 공평한 것이다. 또한 부역은 가볍게
부과할수록 좋지만, 공용의 허실을 파악하면 거둬들이는 것이 적게 된
다. 이에 따라 호적에 누락된 백성들의 호구를 조사한다면 고르게 될 것
이다.

田賦之外에 其最大者는 民庫也이니 或以田賦나 或以戶賦로 費用
전부지외에 기최대자는 민고야이니 혹이전부나 혹이호부로 비용
日廣이면 民不聊生이라.
일광이면 민불요생이라.

전부 외에 가장 큰 부담은 민고이다. 혹은 토지에 부과하기도 하고, 혹은 가호에 부과하기도 하여 비용이 날로 늘어나므로 백성들이 살 수가 없다.

민고 폐단에 대한 원인은 먼저 감사가 함부로 위엄을 부리는 것이고, 두 번째는 수령이 탐욕을 부리는 것이다. 이것이 없다면 민고나 아전들의 농간도 사라질 것이다. 수령의 월급을 많게 측정한 이유는 수령이 관부를 열고 있으면 요구하는 사람이 있다. 이것은 먹고 남음이 있기 때문이다. 이렇게 되면 근본 흐려져 있어 하류도 맑지 않다. 이전들의 탐욕은 수령보다 열 배나 더 많기 때문에 백성들의 부담이 매달 매년 늘어만 간다. 이것이 오래 지속되면 백성들은 반드시 피폐될 것이다.

民庫之例는 邑各不同하니 其無節制하고 隨用隨斂者는 其瘝民尤
민고지례는 읍각부동하니 기무절제하고 수용수렴자는 기여민우
烈이니라.
열이니라.

민고의 규례가 고을마다 각기 다른데, 용도가 있을 때마다 무절제하게 마구 거두어 들이는 것은 백성을 괴롭힘이 더욱 심한 것이다.

맹자가 선왕의 법을 논하면서 "백성들에게 거둬들이는 것에도 반드시 법도가 있다."라고 했다. 만약 거둬들임에 절제가 없다면 그 법은 오래가지 못한다. 절목은 한때 구차하게 행해지던 법이다. 한마디로 농간이 멈춰지지 않으면 덩굴처럼 얽혀서 백성들이 피폐된다.

修其法例하고 **明其條理**하여 **與民偕遵守之**이면 **如國法**이면 **乃有**
수기법례하고 명기조리하여 여민해준수지이면 여국법이면 내유
制也니라.
제야니라.

그 법례를 수정하고 그 조리를 밝혀서 백성들과 더불어 준수하기를 마치 국법처럼 해야 비로소 절제가 있을 것이다.

서북지방은 토지가 척박하기 때문에 민고를 호렴으로 하고, 남부지방은 토지가 비옥하기 때문에 민고를 결렴으로 한다. 하지만 남부지방은 열 배나 증가되었는데, 그렇다고 농가만 괴롭혀서는 안 된다. 그렇기

때문에 호렴으로 처리해야 한다. 결렴은 아전들의 이익이 많아 서로 유언비어를 퍼뜨려 호렴을 못하도록 방해할 것이다. 그래서 이런 것을 수령이 확실하게 알아야 한다. 하지만 호적이 불분명해 허실이 엇갈려 있다면 호렴으로 처리할 수가 없다. 또 계방을 고치지 않아 누락된 호수가 과거처럼 많으면 호렴으로도 처리할 수가 없다.

契房者는 衆弊之源이요 群奸之竇이니 契房不罷면 百事無可爲也
계방자는 중폐지원이요 군간지두이니 계방불파면 백사무가위야
니라.
니라.

계방이란 모든 폐단의 근원이요, 여러 농간의 구멍이니,
계방을 혁파하지 않고서는 아무 일도 제대로 될 수 없을
것이다.

계방된 고을은 환곡의 배당도 면제받고 군첨의 침해나 민고에 대한 요역까지 면제된다. 돈 수백 냥만 바치면 한해가 편안하기 때문에 백성들은 계방을 원하는 것이다. 계방에서 징수하는 돈은 원래 이청의 잡용을 지탱하는데 쓰인다. 즉 수리(이방), 도리, 창리, 군리, 등이 먹는 비용이 수천 냥이나 된다. 이것은 그들 스스로 추렴하면 비용을 충당할 수가 있다. 따라서 사치스럽고 지나친 관례들을 폐지하고, 백성들을 보전하기 위한 방편으로 계방은 반드시 혁신되어야 한다.

迺查宮田하고 迺查屯田하고 迺查校村하고 迺查院村하여

내사궁전하고 내사둔전하고 내사교촌하고 내사원촌하여

凡厥庇隱하고 踰其所佃이어던 悉發悉敷하여 以均公賦니라.

범궐은비하고 유기소전이어던 실발실부하여 이균공부니라.

이에 궁방전, 둔전, 교촌, 원촌을 조사하여 그 비호 아래
숨겨져 원래의 정액보다 초과된 전호를 모두 적발하여
공부를 공평하게 해야 한다.

각궁의 토지나 군인들이 자급자족을 위해 경작하는 둔전, 향교가 있
는 마을과 서원이 있는 마을을 정확하게 조사한다. 만약 부정이 있다면
반드시 죄를 물어서 바로잡아야 한다. 이것은 수령이 백성의 요역을 공
평히 하기 위한 것이다.

乃查驛村하고 乃查站村하고 乃查店村하고 乃查倉村하여 凡厥庇

내사역촌하고 내사참촌하고 내사점촌하고 내사창촌하여 범궐비

隱하고 匪中法理어든 悉發悉敷하여 以均公賦니라.

은하고 비중법리어든 실발실부하여 이균공부니라.

이에 역촌, 참촌, 점촌, 창촌을 조사하여 그 비호 아래 숨
겨져 법리에 맞지 않는 것들은 모두 적발해 버서 공부를
공평하게 해야 할 것이다.

점촌을 비호하는 것은 수령의 탐욕에서 나오는 것이다. 창촌을 비호하는 것은 아전들의 사욕에서 나온다.

結斂不如戶斂이니 結斂則本削이요 戶斂則工商苦焉이니 游食者
결렴불여호렴이니 결렴즉본삭이요 호렴즉공상고언이니 유식자
苦焉이 厚本之道也니라.
고언이 후본지도야니라.

결렴을 실시하는 것은 호렴을 실시하는 것만 못하다. 결렴을 실시하면 농민을 깎는 것이요, 호렴을 실시하면 공상과 놀고 먹는 자들이 피로움을 입으니 이것이 농민을 보호하는 방법이다.

사람 가운데 논밭이 없어도 집은 있기 때문에 집에다가 부과하는 것이 옳다. 호렴을 시행하기 위해서는 먼저 호적을 바로잡아야 한이다. 호렴을 시행한다면 아전들이 사욕을 챙길 수가 없다. 그렇기 때문에 아전들은 유언비어로 백성들을 선동해 호렴이 괴롭다고 유도한다. 그래서 수령이 사리에 밝지 않으면 속아 넘어간다.

米斂不如錢斂이니 其本米斂者는 宜改之爲錢斂이니라.
미렴불여전렴이니 기본미렴자는 의개지위전렴이니라.

쌀로 징수하는 것은 돈으로 징수하는 것만 못하다. 본래 쌀로 징수하던 것도 마땅히 고쳐서 돈으로 징수해야 할 것이다.

쌀로 징수할 때 풍년이면 손해가 없는데, 이런 이익을 보는 쪽은 아전들이다. 반대로 흉년에도 유리한데, 유리한 쪽은 역시 아전들이다. 그래서 돈으로 부과하는 것이 옳다고 생각한다. 돈으로 부과 한다면 수송도 없고, 액수를 속일 수가 없기 때문에 트집을 잡을 방도가 없다. 하지만 쌀은 품질의 등급이 있기 때문에 말질이나 품질로 트집을 잡기 때문이다.

其巧設名目하여 以歸官橐者는 悉行蠲減이요 乃就諸條하여 刪其
기교설명목하여 이귀관낭자는 실행견감이요 내취제조하여 산기
濫僞하여 以輕民賦니라.
남위하여 이경민부니라.

교묘하게 명목을 세워 수령의 주머니로 들어가는 것은 모두 없앨 것이며, 여러 조목 중에서 과도하거나 허위로 만들어진 것은 삭제해서 백성의 부담을 가볍게 해 주어야 할 것이다.

근거가 없는 세목이 늘어나는 것은 수령이 탐욕을 부리기 때문이다.

수령이 청렴하면 적게 받아도 부족하지 않고, 수령이 탐욕스러우면 항상 부족하다며 더더욱 증가 시킨다. 민고의 법은 모두 지출을 파악해 수입을 정하지만, 절목의 양식은 먼저 수입을 기록하고 그 다음 지출을 기록해야만 된다.

朝官之戶를 蠲其徭役은 不載於法典이라. 文明之地는 勿蠲地하고 조관지호를 견기요역은 부재어법전이라. 문명지지는 물견지하고 遐遠之地는 權蠲之니라.
하원지지는 권견지니라.

조정 관원의 호는 요역을 면제한다는 규정이 법전에 실려 있지 않으나, 서울 부근의 문명한 땅에서는 면제해 주지 말고 먼 시골에서는 적당히 면제해 주어야 할 것이다.

왕거정이 무주지주로 재직할 때, 대장 장준은 자신의 토지가 이곳에 있었기 때문에 요역면제를 요청했다. 그러자 왕거정은 "전쟁이 일어나면서 사대부도 일반 민호처럼 요역을 균등하게 지고 있다. 이것은 상하가 힘을 함께해 나라를 지키기 위한 것이다. 그런데 정상의 집이야말로 어찌 면제가 될 수 있는가."라면서 요역을 면제해주지 않았다.

大抵民庫之弊는 不可不革이니 宜於本邑에 思一長策하여 建一公
대저민고지폐는 불가불혁이니 의어본읍에 사일장책하여 건일공

田하여 以防斯役이니라.
전하여 이방사역이니라.

대저 민고의 폐단은 고치지 않을 수 없는 것이다. 마땅
히 그 고을을 위한 하나의 영구적인 계책을 생각하여 공
전을 설정해서 민고의 역을 충당해야 할 것이다.

최유해가 길주목사로 재직할 때, 길주는 기근과 염병으로 죽어나간
사람이 1천7백 여 명이나 되었다. 그때 그는 창고의 곡식을 풀고 약재
를 마련해 구호를 했다. 그러면서 둔전을 개간해 양곡 3백 섬을 얻었고,
병장기를 별도로 준비해 왕에게 말을 하사받는 은전이 있었다. 이보다
앞서 고을 백성들이 바치는 포가 호당 10필이 넘었다. 그래서 토산품으
로 교역을 실시해 대부분을 공제시켰다.

民庫下記之는 招鄕儒査檢은 非禮也니라.
민고하기지는 초향유사검은 비례야니라.

민고의 하기를 향유들을 불러 검사하도록 하는 것은 예
가 아니다.

민고의 하기는 수령이 서명한 것을 말한다. 이미 서명하고 도장을 날인한 것은 수령이 마감한 것이다. 이것을 백성에게 감사하라는 것은 천하에 있을 수 없는 일로 모양새만 구기는 것이다.

雇馬之法은 國典所無이며 其賦無名이니 無弊者는 因之나 有弊者
고마지법은 국전소무이며 기부무명이니 무폐자는 인지나 유폐자
는 罷之니라.
는 파지니라.

말을 고용해 타는 법은 국법에 없는 것이어서 그 부과는 명분이 없는 것이다. 폐단이 없는 것은 그대로 두고 폐단이 있는 것은 없애야 한다.

수령이 벼슬하지 않을 때는 말 한필에 종 한명을 데리고 강산을 두루 여행했다. 하지만 수령이 된 뒤에는 잠깐 이웃고을에 갈 때도 반드시 교마 외에 안장마를 세우고 의복, 금침, 대자리, 음식 등을 싣기 위해서 세 필의 말을 세운다. 이것은 한마디로 매우 사치스러운 것이다.

均役以來로 魚鹽船稅가 皆有定率이러니 法久而弊하여 吏緣爲奸
균역이래로 어염선세가 개유정률이러니 법구폐생하여 이연위간

이라.
이라.

균역법이 있은 이후로 어세, 염세, 선세가 모두 일정한 세율이 있었는데, 법이 오래되어 폐단이 생겨서 아전들이 그로 인해 농간을 부린다.

조선 영조 때 백성들의 부담을 덜어주기 위해 균역법을 실시했다. 즉 양포 2필을 1필로 감해주고 이에 부족한 재정은 어세, 염세, 선세 등을 비롯해 선무군관포와 결작의 징수로 충당했다. 당시 등급을 나눠 징수했는데, 세월이 흐르면서 변화가 많고 허위와 실상이 존재하면서 농간과 속임수가 날로 늘어났다.

船有多等하여 道各不同하니 點船은 唯循舊例하며 收稅는 但察疊
선유다등하여 도각부동하니 점선은 유순구례하며 수세는 단찰첩

徵이니라.
징이니라.

배에는 많은 등급이 있어 도마다 각기 다르니 배를 점검하는 데는 오직 예전의 관례를 따를 것이고, 세금을 거두

는 데는 단지 중복되게 징수하는 것만을 살필 것이다.

선세를 징수할 때는 당연하게 선박이 등록된 대장을 살펴야 한다. 그런 후 징수를 균역리로 해서 배 한척마다 각각 1패씩을 내게 한다. 그리고 선주를 조사해 중복으로 제출된 것이 아님을 확인한 다음에 날인하면 된다.

魚稅之地는 皆在海中하니 無以細察이오 唯期比總하고 時察橫徵
어세지지는 개재해중하니 무이세찰이오 유기비총하고 시찰횡징
이니라.
이니라.

어세의 대상지는 모두 바다 가운데 있으니 세밀히 살필 길이 없다. 오직 비총하기만 기할 것이며 함부로 징수하는 것을 수시로 살펴야 한다.

어세는 각 도의 조례에 따라 서로 다르지만 매년 비총해서 원액을 채우도록 했다. 그렇지만 남고 모자라는 것이 틀리거나 이해가 다르다고 수령이 따질 필요는 없다. 하지만 세력 있는 향갑장과 교활한 감리들이 공세를 빙자해 약탈하는 것은 수시로 확인해 엄중하게 다스령 한다. 그렇게 해서 어선들의 이익을 보호해야만 한다.

鹽稅本輕하여 不爲民病하니 唯期比總하여 時察橫斂이니라.

염세본경하여 불위민병하니 유기비총하여 시찰횡렴이니라.

염세는 본래 가벼우므로 백성에게 고통이 되지는 않으
니 오직 비총만 할 것이고 때때로 무리한 징수가 없는지
살피면 될 것이다.

소금은 양식이기 때문에 염세를 징수하는 이속과 소금제조를 감독하
는 자들이 사적으로 가져가면서 값을 치르지 않는다. 이것은 부정이기
때문에 별도로 파악하는 일을 게을리 해서는 안 된다.

土船官船을 魚商鹽商이나 苔藿之商이 厥有深冤하여도 無處告訴

토선관선을 어상염상이나 태곽지상이 궐유심원하여도 무처고소

는 邸稅是也라.

는 저세시야라.

토선과 관선을 이용하는 고기장수, 소금장수, 김장수, 미
역장수로서 깊은 원한이 있어도 호소할 곳조차 없는 것
이 바로 저세이다.

포구에는 호민이 점포를 차려놓고 상선이 정박하면 화물을 주관하면
서 이동을 막고 거간꾼이 되어 상인을 농락한다. 결국 배가 떠나는 날

장부를 계산해보면 상인의 이익 절반은 저점(배주인)에게 돌아가고 절반은 삼분오열이 된다. 더구나 아전, 군교, 관노들과 갯마을의 불량배들까지 횡포를 부리기 때문에 갯마을은 쇠퇴해진다. 그렇기 때문에 수령은 부임 초에 갯마을마다 방을 붙여 금자사항을 설정해야 한다. 만약 이것을 위반하거나 염탐해서 적발하면 엄하게 죄를 물어야 한다. 그래야만 상선이 몰려들고 갯마을이 발전한다.

場稅와 關稅와 津稅와 店稅와 僧鞋와 巫女布는 其有濫徵者를 察
장세와 관세와 진세와 점세와 승혜와 무녀포는 기우남징자를 찰
之니라.
지니라.

장세, 관세, 진세, 점세와 승혜, 무녀포에 대해서 지나치게 징수하고 있는가를 살펴야 할 것이다.

장세는 장터에 부과되는 세금이고, 관세는 통행료, 진세는 강과 바다의 나루터에 부과되는 세금이다. 여점에 부과하는 점세와 절에 부과하는 세금 등을 잘 파악해 부당한 징수를 막아야 한다. 그래야만 백성들의 원성을 듣지 않는다.

力役之政은 在所愼惜이요 非所以爲民興利者는 不可爲也니라.
역역지정은 재소신석이요 비소이위민흥리자는 불가위야니라.

역역의 부과는 신중하게 다루되 백성들의 이익이 될 수 있는 일이 아니라면 절대로 해서는 안 된다.

부역은 여러 궁방과 관아에서 법을 위반하면서 백성들을 동원하는 것을 말한다. 부역에서 수령은 반드시 백성들에게 이익이 있도록 해야 한다.

其無名之物이 出於一時之謬例者는 極宜革罷하여 不可因也니라.
기무명지물이 출어일시지유례자는 극의혁파하여 불가인야니라.

명목 없는 세금이 한때의 잘못된 관례에서 생긴 것은 마땅히 급히 없애야 하며 그대로 따라서는 안 된다.

송나라 이윤칙이 담주지주로 재직할 때다. 과거 마씨가 고을을 다스릴 때 지세라는 명목으로 수탈했는데, 고을 사람들에게 매년 비단을 바치게 했던 것이다. 또 농가에 소를 나눠주고 매년 쌀 4곡 섬을 징수했다. 이때 소가 죽어도 쌀을 징수했는데, 사람들은 이것을 고골세라고 했다. 이윤칙이 부임하면서 이런 폐단을 모두 제거했다.

或有助徭之穀과 補役之錢이 布在民間者에 每爲豪戶所呑이니
혹유조료지곡과 보역지전이 포재민간자에 매위호호소탄이니
其可查拔者徵之하고 其不可追者는 蠲而補之니라.
기가사발자징지하고 기불가추자는 견이보지니라.

조요곡과 보역전이 민간에 퍼져 있으면 호호에게 먹히기
일쑤이니 조사해서 찾아낼 수 있는 것은 징수하고 추징
할 수 없는 것은 탕감해 주고 별도로 보충해야 할 것이다.

조요곡과 보역전은 백성들의 요역을 위해 만들어진 기금이다. 과거
사람이 수령으로 재직할 때 보역전을 마련해 민간에 풀었다. 또 감사가
수만 전으로 소를 구입해 백성들에게 빌려주기도 했다. 처음엔 백성들
모두가 계로 돈을 늘렸지만, 세월이 흐르면서 간교한 무리들이 본전을
떼어 먹여 소용이 없게 되었다. 이런 폐단은 낱낱이 조사해서 뿌리를
뽑아야 한다. 그리고 큰 흉년으로 민호가 뿔뿔이 흩어져 없어져 결손이
생기면 당연히 탕감해 줄 것이다. 탕감하고 남은 돈은 보충해서 백성의
요역을 도와줘야 한다.

欲賦役之大均인댄 必講行戶布口錢之法이라야 民生乃安이리라.
욕부역지대균인댄 필강행호포구전지법이라야 민생내안이리라.

부역을 크게 공평하게 하려고 하면 반드시 호포법과 구
전법을 강구하여 시행해야 민생이 안정될 것이다.

『서경』에서 우공의 평부법은 등분이 9등급으로 되어 있는 것 외에 다
른 내용은 자세하게 알 수가 없다. 『주례』의 9부법은 9직에서 나온 것
으로 이름을 9공이라 하고, 구별하여 9부라 해서 9등급으로 나누었다.
법이 자세해 상고하여 시행할만하다. 한·위·당·송나라 등은 부역법
이 혼란했지만, 모두 백성들의 재산을 차등했다. 이 법은 한 고을의 수
령이 창설해서 시행할 바가 아니다. 그래서 여기서는 생략했다.

제6조 권농 勸農
농사를 권장함

農者는 民之利也니 民所自力이나 莫愚者民이니 先王勸焉이니라.
농자는 민지리야니 민소자력이나 막우자민이니 선왕권언이니라.

농사란 백성들에게 이익이 되어 백성들 스스로가 힘쓸
것이지만, 어리석은 것이 또한 백성이니 선왕은 그들에게
농사를 권장하였다.

　선왕은 농사를 권장하면서 상벌까지 시행했다. 즉 농사를 지을 때 부
지런하거나 게으름으로 공과 죄를 따졌다. 농사를 권장할 때 토양에 알
맞은 곡물로 재배케 하고·농기구의 사용을 가르쳐 부족한 점을 도와줘
야 한다. 그래야만 백성들이 지침을 따르고 농사에 대한 법도까지 생겨
날 것이다.

古之賢牧은 勤於勸農하여 以爲聲積하니, 勸農者는 民牧之首務也
고지현목은 근어권농하여 이위성적하니, 권농자는 민목지수무야
니라.
니라.

옛날 현명한 수령들은 농사를 권장하는 일에 근면하는 것으로써 명성과 공적을 삼았으니, 농사를 권장하는 일은 수령의 으뜸가는 임무인 것이다.

도간이 형주자사로 재직할 때였다. 어느 날 고을의 한 촌부가 익지 않은 벼 한줌을 가지고 있었다. 이를 본 도간이 "왜, 벼를 가지고 있는가?"라고 묻자, 촌부가 "길을 가던 중 보이기에 무심코 뽑은 것입니다."라고 했다. 이 말을 들은 도간이 "농사도 짓지 않으면서 왜 남의 벼를 뽑았느냐?"라면서 곤장으로 죄를 대신했다. 이후부터 백성들은 농사일에 정성을 다해 모두 넉넉해졌다.

勸農之要는 又在乎蠲稅薄征하여 以培其根라야 地於是墾闢矣라.
권농지요는 우재호견세박정하여 이배기근라야 지어시간벽의라.

농사를 권장하는 요체는 조세를 덜어 주거나 가볍게 함으로써 그 근본을 복돋우는 데 있다. 그렇게 함으로써 토지가 개간될 것이다.

동암 이영도가 연원 찰방으로 부임했는데, 이때 충주목사 자리가 공석이었기 때문에 그를 겸직케 했다. 그러자 충주 백성들이 기뻐하면서 그를 맞았다. 당시 전쟁이 끝나면서 기근이 동시에 겹쳤다. 그래서 그는 재력을 풀어서 백성들을 구제하고, 봄에 사람들을 모아 수천 경의 전답을 경작케 했다. 그 결과 풍년이 들어 곡식 1만 섬을 수확하게 되었다. 전란 이후 이 고을에서 곡식이 비축된 것은 이때부터 시작되었다.

勸農之政은 不唯稼穡이요 是勸樹藝畜牧蠶績之事를 靡不勸矣니라.
권농지정은 불불가색이요 시권수예축목잠적지사를 미불권의니라.

농사를 권장하는 정책은 곡식을 심는 일만 권장할 것이 아니라, 원예, 목축, 양잠, 길쌈 등의 일도 권장해야 할 것이다.

진유학이 확산지현으로 재직하면서 흉년에 대비했다. 그 내용은 먼저 곡식 1만2천석을 비축했다. 채소밭 8백여 경을 개간하면서 가난한 사람에게 소 8백여 마리를 주었다. 황하 물길이 바뀌면서 생긴 토지 1백30여 경도 나눠주었다. 마을 부녀자 가운데 베틀이 없는 사람에게 베틀 8백대를 주고 가옥 1천2백 채를 건설해 나눠주고, 관청 건물 80채를 건설해 6조의 이속들을 이주시켰다. 공금 6백 냥을 절약해 부세에 충당했고, 뽕나무와 느릅나무 등 3만8천여 주를 심었으며, 도랑 1백98군데를 축조했다.

農者는 食之本이요 桑者는 衣之本이라. 故로 課民種桑은 爲守令

농자는 식지본이요 상자는 의지본이라. 고로 과민종상은 위수령

之要務니라.

지요무니라.

농사는 식생활의 근본이며, 양잠은 의생활의 근본이다.
그러므로 백성들에게 뽕나무 심기를 권장하는 일은 수령
의 중요한 임무이다.

『경국대전』에 "잠실이 있는 곳에 뽕나무를 심고, 민호에게도 뽕나무
를 심도록 하라. 대호는 3백주, 중호는 2백주, 소호는 1백주를 심게 하
고, 수령은 뽕나무 기르는 일을 감독할 것이며, 주인이 없는 들판의 뽕
나무를 함부로 베지 말아야 한다."라고 했다.

作爲農器織器하여 以利民用하고 以厚民生도 亦民牧之攸務也

작위농기직기하여 이이민용하고 이후민생도 역민목지유무야

농사 짓는 기구와 베 짜는 기구를 만들어서 백성들이 편
리하게 사용토록 하고, 백성들의 생활을 풍족하게 해 주
는 일 또한 수령

명나라 서광계의 『농기도보』와 『직기도보』에는 농기구와 베틀에 대한

것이 상세하게 전해지고 있다. 즉 만들기도 쉽고 용도가 중요하기 때문에 수령은 마땅히 그것을 잘 살펴 기구를 만들어 백성들에게 사용하도록 해야 한다.

農은 以牛作이니 或自官給牛하고 或勸民借牛도 亦勸農之恒務也라. 農은 이우작이니 혹자관급우하고 혹권민차우도 역권농지항무야라. 誠欲勸農이면 宜戒屠殺而勸畜牧이니라.
라. 성욕권농이면 의계도살이권축목이니라.

농사는 소를 부려서 짓는 것이니 관에서 소를 나누어 준다든지 혹은 백성들에게 서로 소를 빌려 주도록 권장하는 것 역시 항상 힘써야 할 일이다. 또한 진실로 농사를 권장하려 한다면 마땅히 도살을 경계하고 목축을 장려해야 할 것이다.

조선에는 다른 축산이 없어서 소의 도살을 금지시키면 고기가 없다고 하는데, 이것은 틀린 것이다. 그 이유는 소의 도살을 금지하면 백성들은 다른 축산으로 눈을 돌려 돼지와 양이 번식할 것이다. 만약 고을 내에서 양치기에 적합한 장소가 있다면 관에서는 당연하게 목장을 설치해 백성들에게 양을 치게 하는 것도 좋은 정책이다.

總之컨대 勸農之政은 宜先授職이니 不分其職하고 雜勸諸業은 非
총지컨대 권농지정은 의선수직이니 불분기직하고 잡권제업은 비

先王之法也니라.
선왕지법야니라.

총체적으로 살펴보면, 권농의 정사는 마땅히 먼저 각기
직책을 정해 주어야 한다.
직책을 분담시키지 않고 여러 가지 일을 잡다하게 시키
는 것은 선왕의 법이 아니다.

농사짓고 채소를 기르며, 목축을 하고 양잠을 하는 일은 각각 다른 일
이다. 그래서 수령은 적재적소에 일을 분담시켜 일의 능률을 올림과 동
시에 체계 있게 정사를 돌봐야 한다.

每春分之日에 下帖于諸鄕하여 約以農事早晚을 考校賞罰이니라.
매춘분지일에 하첩우제향하여 약이농사조만을 고교상벌이니라.

해마다 춘분이 되면 여러 면에 공문을 내려 농사의 빠르
고 늦음을 가지고 상벌을 심사할 것을 약속할 것이다.

농사는 일찍 시작하는 것보다 더 좋은 방법이 없다. 게으른 농부는 농
사에 뜻이 없어 때를 놓칠까 걱정하고, 가난한 집은 소가 없어서 농사

시기를 놓치기 쉽다. 이런 해결해 농사를 짓는다면 반드시 승리의 기쁨을 거둘 것이다

凡勸農之政은 宜分六科하여 各授其職하고 各考其功하여 登其上
범권농지정은 의분육과하여 각수기직하고 각고기공하여 등기상
第하여 以勸民業이니라.
제하여 이권인업이니라.

무릇 권농의 정사는 마땅히 여섯 과목으로 나누어 그 직무를 맡겨 주고 그 성적을 고과하여 성적이 우수한 자를 등용함으로써 백성들의 생업을 권장해야 할 것이다.

지금의 수령들이 당장 나서서 시행하라는 말은 아니다. 모든 것이 법도로써 정확하게 진행되고 직분에 따른 공납이 제대로 이뤄져야만 시작할 수가 있는 것이다. 권농의 성적이 우수하면 현에서 진귀한 물건으로 시상하고 본토의 직임을 줘야 한다. 감사 역시 여러 고을의 성적표를 받아서 우수자 3명을 선발해 나라에 보고한다.

| 제 7 장 |

예전육조

禮典六條

제3조 제사 祭祀
수령이 주관해야 할 제례의식祭禮儀式

郡縣之祀는 三壇一廟니 知其所祭면 心乃有嚮하며 心有所嚮은 乃
군현지사는 삼단일묘니 지기소제면 심내유향하며 심유소향은 내
齊乃敬이니라.
재내경이니라.

군현에서는 삼단 일묘에 제사지내는데, 누구를 제사지내
는지 알아야 마음에 향함이 있고, 마음에 향하는 바가 있
어야 재계하고 공경할 수 있다.

사직은 토지신과 곡신을 의미한다. 옛날부터 중국 천자나 제후가 나라
를 세우면 사직단을 짓고 백성을 위해 복을 빌었다. 우리나라는 신라 선
덕여왕 4년에 처음으로 사직단을 세웠으며, 고려는 성종 10년, 조선은
태조 3년 사직단을 세웠다.

文廟之祭는 牧宜躬行이니 虔誠齋沐하여 爲多士倡이니라.
문묘지제는 목의궁행이니 건성재목하여 위다사창이니라.

문묘의 제사는 목민관이 몸소 행하되 경건하고 정성을 다
해 목욕재계하여 많은 선비들의 본보기가 되어야 한다.

『경국대전』에 "제사에서 수령이 직접 행하고, 찌꺼기로 제물을 쓰지
않고, 향교를 보수해야 한다. 이것을 어기는 사람은 죄를 받는다."라고
했다.

廟宇有頹하고 壇墠有毁하며 祭服不美하고 祭器不潔이어든
묘우유퇴하고 단선유훼하며 제복불미하고 제기물결이어든
並宜修葺하여 無爲神羞니라.
병의수즙하여 무위신수니라.

사당이 퇴락했거나 제단이 허물어졌거나 제복이 아름답
지 못하고 제기가 정결하지 못하면 모두 보수하고 신의
부끄러움이 되지 않게 할 것이다.

송나라 적율이 곡성영으로 근부하면서 공자사당을 중수하고 예기를
만들었다. 이것을 고을사람들에게 전해서 춘추로 석전제를 지내고 학
문을 부흥시켰다. 이에 정사와 교화가 크게 이뤄졌다.

境内有書院하여 公賜其祭者는 亦須虔潔하여 無失士望이니라.
경내유서원하여 공사기제자는 역수건결하여 무실사망이니라.

경내에 서원이 있어 나라에는 제사를 내려준 곳에도 역
시 정성스럽고 정결히 하여 선비들의 기대를 잃지 말 것
이다.

관에서 사액서원에 지급하는 제물은 반드시 관곡으로 마감한다. 그러
나 주리는 좋은 과일보다 나쁜 과일을, 반찬대신 야채를 사용하고 있
다. 이것을 적발해서 단속한 다음 본래의 격식을 따르고, 제수를 풍부
하게 해야 한다.

其有祠廟在境內者는 其修葺庀治를 宜亦如之니라.
기유사묘재경내자는 기수즙비치를 의역여지니라.

경내에 있는 사묘의 수리와 수선도 역시 위의 예와 같이
할 것이다.

평양의 기자묘, 경주의 숭덕묘, 순천의 충민사, 강진의 탄보묘 등의
사묘는 가는 곳마다 있다. 이와 같은 사당이나 제기의 수선은 전부 수
령의 책임이다. 그렇기 때문에 신의 상심을 없게 만드는 수령은 반드시
어진 사람이다. 공규가 광주자사로 근무할 때 매년 직접 찾아가 신묘의

뜰과 제단을 수리하고 동서, 서서, 재실, 주방 등을 새로 짓고 온갖 용구들을 깨끗하게 수선했다.

牲不瘠蠡하고 粢盛有儲하면 斯可曰賢牧也니라.

생불척려하고 자성유저하면 사가왈현목야니라.

희생을 마르거나 병들게 하지 않고 제수를 저축함이 있으면, 이도 어진 목민관이라 할 수 있다.

수로와 제방을 건설해 저수지를 만들면 공전을 설치해 민역을 도울 수가 있다. 또 이곳에서 얼마를 떼어 목전을 만들면 양을 치거나 돼지 기르는 것을 책임 짓게 할 수 있다. 다시 말해 제물들이 살이 쪄 제사를 받는 신의 기분을 좋게하는 것도 목민관의 책임이다.

其或邑有淫祀하여 謬例相傳者는 宜曉諭士民하여 以圖撤毁니라.

기혹읍유음사하여 유례상전자는 의효유사민하여 이도철훼니라.

혹시 고을에 잘못된 관례로서 음사가 있으면 백성이나 선비들을 깨우쳐서 없애버리도록 해야 한다.

조선 현종 때 이정악이 연안부사로 부임했는데, 이곳엔 과거부터 지금가지 내려오는 폐단이 많았다. 그는 부임하는 순간 이런 폐단을 모두를 제거하자, 며칠 뒤부터 깨끗하게 없어졌다. 이곳 연안에는 옛날부터 음사에서 기도하는 백성들이 모여, 매일 재물을 허비했다. 이정악은 부임하는 첫날부터 이 음사를 헐어버리면서 "만약 저 음사에 신이 있다면 나에게 복수할 것이다."라고 했다. 이에 백성들은 크게 깨닫고 "전에는 우리가 미혹해서 잘 알지 못했었다."람 수군거렸다.

祈雨之祭는 祈于天也로되 今之祈雨는 戲漫褻瀆하니 大非禮也니라.
기우지제는 기우천야로되 금지기우는 희만설독하니 대비례야니라.

기우제는 하늘에 비는 것인데, 지금의 기우제는 희롱하는 짓으로 하늘을 모독하니 크게 예가 아니다.

지금의 수령들은 가뭄이 오면 풀로 용을 만들어 붉은 흙을 바른다. 이렇게 완성된 용을 아이들에게 끌고 다니게 하면서 매질과 욕을 하게 한다. 이런 행동은 참으로 어처구니가 없다. 이런 미신대신 수령은 경건한 마음으로 목욕재계하고 신에게 빌어야 한다.

祈雨祭文은 宜自新製이니 或用舊錄은 大非禮也니라.
기우제문은 의자신제이니 혹용구록은 대비례야니라.

기우제의 축문은 마땅히 손수 새로 지어야 한다. 혹 전에 쓰던 것을 쓰는 것은 예가 아니다.

제문은 사언으로 지어야만 읽는 소리가 낭랑해 조화가 이뤄진다. 예컨대 자수와 문구가 들쭉날쭉 한다면 글은 읽어도 조화된 소리가 나지 않는다. 만약 사언이 아니어도 운을 반드시 알아야 한다.

日食月食에 其救食之禮는 亦宜莊嚴이니 無敢戲慢이니라.
일식월식에 기구식지례는 역의장엄이니 무감희만이니라.

일식이나 월식 때의 구식 예절은 또한 마땅히 장중하고 엄숙하게 해야 하며, 희롱삼아 아무렇게나 하는 일이 없어야 한다.

일식과 월식은 재앙이나 재변의 징조가 아니다. 오늘날 군현에서 구식하는 법을 중에게 징이나 판을 치면서 일광보살과 월광보살을 부르며 뛰게 하는 것은 하늘을 업신여기는 처사이다. 경사의 예에 의해 수령은 엷은 빛깔의 옷에 검은 각대를 띠고 뜰 가운데에 앉아서 소경을 시켜 27번 북을 울리게 한다. 이때 수령은 단정히 앉아 조용히 하게 하면서 해와 달이 다시 원위치 되기를 기다리면 된다. 구식을 사단에서 한다면 더더욱 운치가 있을 것이다.

제2조 빈객 賓客
공적公的인 손님에 대한 접대

賓者는 五禮之一이니 其饌牢諸品이 已厚則傷財하고 已薄則失歡
빈자는 오례지일이니 기희뢰제품이 이후즉상재하고 이박즉실환
하나니 先王爲之는 節中制禮하여 使厚者不得踰하고 薄者不得減
하나니 선왕위지는 절중제례하여 사후자부득유하고 박자부득감
하나니 其制禮之本은 不可以不溯也니라.
하나니 기제례지본은 불가이불소야니라.

빈은 오례의 하나이므로 그 접대하는 물품이 너무 후하
면 재물을 낭비하는 것이 되고, 너무 박하면 환대의 뜻을
잃게 된다. 그러므로 선왕이 그것을 조절하고 알맞은 제
도를 만들어 후한 경우라도 제도를 넘지 않고 박한 경우
라도 정한 제도 이하로 줄이지 못하게 하였으니, 그 예를
제정한 근본 뜻을 소급해서 따지지 않아서는 안 된다.

손님은 계급의 높낮이에 따라 각기 다른 격식이 따른다. 주인과 빈은

격식을 반드시 지켜서 실수하는 일이 없도록 하는 것이 예의다.

古者는 燕饗之饌이 原有五等하니 上自天子로 下至三士에 其吉凶
고자는 연향지찬이 원유오등하니 상자천자로 하지삼사에 기길흉
所用이 無以外是也니라.
소용이 무이외시야니라.

옛날의 예에 천자의 사신이 제후 나라에 가면 그 접대하는 음식물은 태뢰를 사용하였다. 우리 나라의 예법은 천자의 나라보다 1등급을 낮추는 것이니 그렇다면 감사가 관할 지역을 순행할 때 법으로 보아 소뢰를 사용해야 되고 그 이상 더해서는 안 된다.

소뢰에 사용되는 다양한 물품은 절용조에 설명되어 있다. 수령이 예에 따라 법을 지키면서 소뢰의 음식으로 감사에게 대접하는 것이 가장 좋다. 이렇게 할 수 없어서 고을 중 가장 박한 사례가 다음이고, 또 그렇게 할 수도 없어서 중간의 사례를 사용하는 것이 그 다음은 된다. 이하는 음식으로 사람을 섬기는 사람은 아첨하고 간사한 사람이다.

今監司巡歷은 天下之巨弊也니 此弊不革은 則賦役煩重하고 民盡
금감사순력은 천하지거폐야니 차폐불혁은 즉부역번중하고 민진
劉矣리라.
류의리라.

오늘날 감사의 순행이 천하의 큰 폐단이다. 이 폐단을 없
애지 않는다면 부역이 가중되어 백성이 모두 살 수 없게
될 것이다.

전부가 날로 가중되는 이유를 물었는데, 감사의 순행 때문이라고 했
다. 또 아전의 수효가 줄지 않는 이유를 물었는데, 역시 감사의 순행 때
문이라고 했다. 결론적으로 백성들이 부역에 시달리는 이유가 모두 감
사의 순행에서 비롯된 것이다. 따라서 순행의 법이 고쳐져야만 백성을
구할 수가 있다.

內饌非所以禮賓이며 有其實而無其名하니 抑所宜也니라.
내찬비소이예빈이며 유기실이무기명하니 억소의야니라.

내찬은 손님을 예우하는 것이 아니니 그 실상은 그대로
두되 그 명칭은 없애는 것이 마땅할 듯하다.

조선 성종 때 어떤 사람이 감사에서 내직으로 들어와 승지가 되었다.

임금이 그에게 "감사는 접대받는 음식으로 성적을 매긴다고 하는데, 그것이 사실인가?"라고 물었다. 그는 "그런 일도 종종 있습니다."라고 답했다. 이에 임금이 불쾌해 하면서 "음식으로 관인을 책벌하는 것은 옳지 못한 것이 아닌가?"라고 하자, 그가 "음식 역시 입에 맞출 수 없는데, 어찌 다른 일이 있겠습니까."라고 했다.

監司廚傳之式은 厥有祖訓하고 載在國乘하니 義當恪遵하여 不可
감사주전지식은 궐유조훈하고 재재국승하니 의당각준하여 불가
毀也니라.
훼야니라.

감사를 접대하는 법식은 조훈이 나라 역사에 실려있으니, 삼가 준수하여 무너뜨리지 말아야 한다.

내가 고금의 기민구호정책에 대한 다양한 서적을 열람했는데, 주자가 절동 황사가 되었을 때의 일을 문인이 기록한 내용을 보았다. 내용은 '공은 백성들의 실정을 파악하기 위해 밤낮을 가리지 않고 침식까지 사양하면서 산골짜기라도 찾아갔다. 길을 나설 때는 혼자 간편한 수레를 타고 필요한 물품은 챙겨서 고을에 털끝만큼의 피해도 끼치지 않았다. 그래서 지방에서는 황사의 순행을 알지 못했다. 이에 관리들은 밤낮으로 경계하고 조심했는데, 불안을 이기지 못해 스스로 벼슬을 버리고 떠난 사람도 있었다. 그로 인해 구제된 백성이 몇 만 명이나 되었다.'라고 했다.

一應賓客之饗은 宜遵古禮하여 嚴定厥式이요 法雖不立이나 禮宜
일응빈객지향은 의준고례하여 엄정궐식이요 법수불립이나 예의
常講이니라.
상강이니라.

빈객의 접대는 한결같이 옛 예를 따라 그 격식을 정하고,
비록 법은 세우지 않는다 하더라도 예는 항상 강구해야
할 것이다.

지금 법제로 반포되지는 않았지만, 수령들은 마음속으로 선왕이 예를
만든 것을 알고 있다. 그렇기 때문에 음식의 수를 헤아려 주공이나 공
자의 예를 따르면 된다.

古之賢牧은 其接待上官에 不敢踰禮나 咸有芳徽는 布在方冊이니라.
고지현목은 기접대상관에 불감유례나 함유방휘는 포재방책이니라.

옛날의 어진 수령은 상관을 접대하는 데 감히 예를 넘지
않았으므로 모두 아름다운 행적이 기록으로 남아 있다.

당나라 하역우가 익창령이 제수되었을 때, 자사 최박이 봄놀이를 위
해 배를 띄우려고 익창으로 나왔다. 이때 그는 백성들을 동원해 배를
끌게 명하자, 하역우 혼자 나서서 배를 끌었다. 이에 놀란 최박이 이유

를 물었다. 그러자 하역우가 "봄이기 때문에 백성들은 농사일로 몹시 바쁩니다. 하지만 나는 아무 일이 없어서 백성들을 대신해 나왔습니다."라고 했다. 이 말을 들은 자사는 부끄러워하면서 돌아갔다.

雖非上官이라도 凡使星之時過者는 法當致敬이요 其橫者勿受하
수비상관이라도 범사성지시과자는 법당치경이요 기횡자물수하
고 餘宜恪恭이니라.
고 여의각공이니라.

비록 상관이 아니더라도 때때로 지나는 사신에게는 법으로 보아 극진히 공경해야 하나, 횡포한 자는 받아들이지 말고, 그 이외의 사신에게는 마땅히 공손해야 한다.

박문부가 영해부사로 재직할 때, 역마를 타고 온 사람의 지위고하를 막론하고 그가 머무는 곳을 찾아가 접대했다. 그러자 어떤 사람이 "공께서는 지위가 더 높은데, 어찌 그렇게까지 접대하십니까?"라고 했다. 그러자 박문부가 "그는 손님이고 나는 주인이다. 손님과 주인 사이에 계급이 존재하면 되겠는가. 만약 그가 공사를 빙자해 아전들을 괴롭힌다면 내가 그것을 어떻게 보겠는가. 내가 후하게 접대하면 그는 노하지 않을 것이다."라고 했다.

古人은 於內侍所過라도 猶或抗義하며 甚者는 車駕所經에도 猶不
고인은 어재시소과라도 유혹항의하며 심자는 거가소경에도 유불
敢虐民하여 以求媚하니라.
감학민하여 이구미하니라.

옛사람은 내시가 지나는 데에도 어히려 의를 굽히지 않
았으며, 심한 자는 임금이 지나는 데에도 백성을 피롭혀
가면서 잘 보이려 하지 않았다.

양진이 단도지현으로 부임했다. 당시 중사가 절강으로 가면서 수령들
을 추포해 배 안에 가뒀는데, 그는 뇌물을 받고서야 풀어주었다. 이 소
식을 들은 양진은 중사가 도착할 무렵 헤엄 잘 치는 두 사람을 골랐다.
그리고 늙은이의 의관을 차려입게 해서 중사를 맞게 했다. 그를 본 중
사가 갑자기 "수령은 어디가고 너희들이 알현하느냐?"라고 화를 내면
서 두 사람을 체포하라고 명했다. 그 순간 두 사람은 강으로 뛰어들어
헤엄으로 도망쳤다. 그런 다음 양진이 천천히 중사를 찾아와 "공께서
두 사람을 강물에 빠져죽게 했습니다. 법령이 삼엄한데, 어찌 인명을
가볍게 여기십니까?"라고 했다. 그러자 중사는 겁을 먹고 사과하면서
떠났다.

勅使接待를 謂之支勅이니 支勅者는 西路之大政也라.
칙사접대를 위지지칙이니 지칙자는 서로지대정야라.

칙사를 접대하는 것을 지칙이라 하는데, 지칙은 서쪽 지
방의 큰 정사이다.

여러 고을은 칙사가 행차한다는 기별이 받기만 하면 야단법석을 떤
다. 그리고 접대에 필요한 것들을 백성들에게 분담시킨다. 이때 준비하
는 것들이 많기 때문에 아전들에겐 농간을 부리는 기회의 장이 되고 백
성들에겐 고통이 따른다. 그래서 수령은 아전들과 장교들을 엄히 타일
러 칙사를 빙자해 백성의 재물을 수탈하지 못하게 해야 한다.

제3조 교민 教民
백성을 가르침

民牧之職은 教民而已라. 均其田産도 將以教也며 平其賦役도 將以
민목지직은 교민이기라. 균기전산도 장이교야며 평기부역도 장이
教也며 設官置牧도 將以教也며 明罰飭法도 將以教也니 諸政不修
교야며 설관치목도 장이교야며 명벌칙법도 장이교야니 제정불수
하고 未遑興教면 此百世之所以無善治也니라.
하고 미황흥교면 차백세지소이무선치야니라.

수령의 직분은 백성을 가르치는 것일 뿐이다. 토지의 생
산을 균등하게 하는 것도 가르치게 위함이요, 부역을 공
평히 하는 것도 가르치기 위함이며, 관직을 만들어 수령
을 두는 것도 가르치기 위함이요, 형벌을 밝히고 법을 신
칙하는 것도 가르치기 위함이니, 모든 정치가 닦여지지
않으면 교육을 일으킬 겨를이 없으므로 이것이 바로 백
세 동안 훌륭한 다스림이 없었던 이유이다.

지금 수령들의 임기는 길어야 3년이고 짧으면 1년마다 교체되는데, 정말 잘못 된 것이다. 수령된 자로서 백성들이 오랑캐나 금수로 변해도 그저 구경만 하고 구제에 노력하지 않는다. 이것은 수령으로서의 책무를 행하지 않는 것이다.

束民爲伍하여 以行鄕約도 亦古鄕黨州族之遺意니 威惠旣洽이면
속민위오하여 이행향약도 역고향당주족지유의니 위혜기흡이면
勉而行之可也니라.
면이행지가야니라.

백성을 묶어 오로 만들어 향약을 행하는 것도 옛날의 향, 당, 주, 족의 뜻을 살린 것이니 위엄과 은혜가 흡족하다면 힘써 행하는 것이 좋을 것이다.

여헌 장현광이 보은현감으로 부임한 다음, 부로들과 초하루와 보름날에 정기회의를 약속했다. 그는 첫 회의에서 부로들에게 백성들의 민폐를 낱낱이 들었다. 그런 다음 폐지할 것은 폐지하고 보충하거나 보충하고 시정할 것은 시정했다. 이에 백성들이 그를 칭송했다.

前言往行을 勸諭下民하여 使之習慣於耳目도 亦或有助於化導니라.
전언왕행을 권유하민하여 사지습관어이목도 역혹유조어화도니라.

옛 선인들의 좋은 말과 훌륭한 행동을 백성들에게 권유하여 눈과 귀에 익숙해지게 하는 것 또한 교화하여 백성을 인도하는데 도움이 될 것이다.

조선 인조 때 김세렴이 현풍현감으로 재직할 때였다. 현에 부임함과 동시에 학규를 세우고 향약을 수행했다. 더구나 조목의 제정이 상세하고 정확했는데, 1년이 지나면서 고을이 안정되었다. 그가 영남관찰사로 재직할 때는 향약의 조항을 손질해 군현에서 시행했다. 이와 동시에 선비들에게 학예를 권장하고, 학문이 깊은 사람을 발탁해 군현의 선비들을 교육시켰다.

不教而刑을 謂之罔民이니 雖大憝不孝者라도 姑唯教之이요 不悛
불교이형을 위지망민이니 수대대불효자라도 고유교지이요 부전
乃殺이니라.
내살이니라.

가르치지 않고 형벌을 주는 것을 백성을 속이는 것이라 하니, 아무리 큰 악과 불효라 하더라도 먼저 가르치고 그래도 고치지 않는다면 죽여야 한다.

호정계가 연산주부로 부임했을 때, 밀주에 대한 금령이 엄했다. 어느

날, 시어머니가 밀주를 제조했다며 며느리가 고발했다. 호정계가 며느리를 불러 "너는 시어머니에게 효도하느냐?"라고 물었다. 이에 며느리가 효도한다고 대답했다. 이에 호정계가 "이미 효도한다고 대답했다. 그러니, 네가 시어머니를 대신하여 벌을 받아야 한다."라고 하면서 회초리를 쳤다. 그러자 크게 교화 되었다.

兄弟不友하고 訟無恥者도 亦姑敎之하여 勿庸殺之니라.
형제불우하고 송무치자도 역고교지하여 물용살지니라.

형제끼리 우애하지 않고 부끄러움이 없이 송사를 하는 자도 우선은 먼저 가르칠 것이며 함부로 죽이지 말아야 한다.

송나라 진한경이 위남현을 다스릴 때, 형제간에 전답을 다투고 있었다. 관리들은 형을 옳다고 했지만, 아우는 송사를 계속했다. 그래서 진한경이 문제의 문권을 보고 아우의 주장이 옳지만, 형에게 양보하는 것이 옳다며 형에게 전지를 주었다. 그러자 형은 "제가 잘못을 뉘우쳐 여러 번 전지를 동생에게 돌려주려고 했습니다. 하지만 태형이 두려워 돌려주지 못했습니다."라고 했다. 이에 동생이 "저에게는 전답이 많습니다. 그러나 잘못된 것이 부끄러워 형과 송사를 한 것입니다. 지금 제가 옳다고 하시니 형님에게 드리겠습니다."라면서 형을 잡고 울면서 돌아갔다. 그 뒤로부터 이런 다툼이 있으면 진한경에게 의뢰해 시시비비를 가렸다.

退추絕遙이면 遠於王化니 勸行禮俗도 亦民牧之先務也니라.
하추절요이면 원어왕화니 권행예속도 역민목지선무야니라.

먼 시골은 임금의 교화와 거리가 머니, 예속을 권하여 행하게 하는 것도 수령이 먼저 힘써야 할 일이다.

조선 세조 때 기건이 제주목사로 부임했다. 제주의 옛 풍속은 부모가 죽으면 장사지내지 않고 골짜기에 버렸다. 공은 부임하기 직전 주리에게 명해 관을 갖춰 염장하는 것을 가르치게 했다. 이때부터 염을 하게 되었던 것이다. 어느 날 공이 꿈을 꿨는데, 3백여 명의 사람이 뜰아래서 머리를 조아리면서 "공의 은혜로 해골이 드러나는 것을 면했습니다. 그 은혜를 백골난망입니다. 공께서 금년에 손자를 보게 될 것입니다."라고 했다. 과연 그 꿈이 그대로 맞았다.

孝子烈女와 忠臣節士는 闡發幽光하여 以圖旌表도 亦民牧之職也니라.
효자열녀와 충신절사는 천발유광하여 이도정표도 역민목지직야니라.

효자, 열녀, 충신, 절사 들의 숨은 생적을 들추어 정표하는 것도 수령의 직분이다.

조선 숙종 때 조세환이 동래부사로 부임했다. 이때 왕은 그가 가난하다는 소식을 듣고 금 30냥을 하사했다. 그가 부임한 직후 충신 송상현의 사당을 보수하면서 노비까지 사서 사당을 지키게 했다. 또한 순절한 관노석매의 자손이 노비로 있다는 말에 그들을 면천해 양민으로 만들어 주었다. 이때 비용으로 금을 모두 사용해 남은 것이 없었다.

若夫矯激之行과 偏狹之義는 不宜崇奬하여 以啓流弊니 其義精也
약부교격지행과 편협지의는 불의숭장하여 약계유폐니 기의정야
니라.
니라.

파격한 행동이나 편협한 의리를 숭상하거나 권장하여 폐단이 전해지는 길을 열어 주지 않는 것이 정밀한 의리이다.

손가락을 잘라 죽어가는 부모에게 피를 먹이고 허벅지 살을 베어 부모를 봉양했다는 것은 효성이 대단한 것이다. 효자와 열녀가 있는 고을 수령은 예조의 칙례에 따라 잘 행해야 할 것이다. 열녀를 표창할 때는 모든 것은 상세하게 조사하고 판단해야만 한다. 또한 사람들을 놀라게 할 만큼 절의가 없다고 해도 수령은 그의 숨은 행적을 찾아내어 표창해야 한다.

제4조 흥학 興學
학문과 교육의 부흥

古之所謂學校者는 習禮焉하며 習樂焉이나 今禮壞樂崩하여 學校
고지소위학교자는 습례언하며 습악언이나 금예괴악붕하여 학교
之敎는 讀書而已라.
지교는 독서이이라.

옛날의 학교에서는 예악을 익혔는데, 지금은 예악이 붕
괴되어 학교에서 가르치는 것은 독서뿐이다.

옛날 태학에서는 양로례로써 효를 일으키고, 치학례로 제를 일으키고,
향고례로 백성들이 배반하지 않게 했다. 이것은 효·제·자를 태학의 종
지로 삼은 까닭이다. 수령들은 이런 뜻을 마음에 담아 학궁에서 양로례
와 향음주례로써 효제를 일으키고, 외적의 난리로 국가를 위해 죽었다
면 그 자식들을 대접해 휼고의 뜻을 갖게 해야 한다.

文學者는 小學之敎也이니 然則後世之所謂興學者는 其猶爲小學
문학자는 소학지교야이니 연즉후세지소위흥학자는 기유위소학
乎아.
호아.

문학이란 소학에서 가르치는 것이다. 그렇다면 후세에
학문을 일으킨다는 것은 소학을 일으키는 것과 같지 않
겠는가.

송나라의 정명도가 진성령이 되었을 때, 여가가 있으면 직접 향교로
찾아갓다. 여기서 그는 부로들과 이야기하고, 선생이 좋지 못하면 교체
했다. 과거에는 이곳 풍속이 매우 야해 학문과는 거리가 멀었는데, 그
가 자제 가운데 우수한 자들을 선발해 가르치면서 바뀌게 되었다. 더구
나 그를 부모처럼 여겼다. 그가 고을을 떠난 지 10여 년 뿐인데 유복자
가 수백 명이나 되었다.

學者는 學於師也니 有師而後에 有學이라. 招延宿德하여 使爲師
학자는 학어사야니 유사이후에 유학이라. 초연숙덕하여 사위사
長然後에 學規乃可議也니라.
장연후에 학규내가의야니라.

학문은 스승에게 배우는 것이니 스승이 있은 뒤에야 배

움이 있는 것이다. 덕망이 있는 사람을 초빙하여 스승을
삼은 다음에야 배움의 규칙을 논할 수 있다.

조선 인조 때 이상급이 단천군수가 부임했다. 단천은 북쪽변방이기
때문에 문학을 숭상하지 않았다. 그래서 그는 우수한 사람을 초빙해 사
람들을 가르치게 했다. 또 매달 초하루에는 직접 공자사당으로 가서 배
알하고 학생들과 함께 학문을 강론했다. 그렇게 노력한 결과 얼마 후
문예로 손꼽을 만한 인재가 나타나게 되었다.

修葺堂蕪하고 照管米廩하며 廣置書籍도 亦賢牧之所致意也니라.
수즙당무하고 조관미름하며 광치서적도 역현목지소치의야니라.

강당과 행랑을 수리하고 재정을 관리하며 서적을 많이
비치하는 것도 어진 수령이 마음을 쓸 일이다.

수령이 학교를 수리하기 위해서는 재정을 튼튼히 하여 예산을 확보하
고, 그런 다음엔 어진 사람을 초빙해 선비를 모아야 할 것이다. 또한 책
을 구입해 비치하고 서고관리를 엄중히 하면서 한편으론 책을 빌려주
고 열람하는 것을 조례를 만들어 지키도록 해야 한다.

簡選端方하고 **使爲齊長**하여 **以作表率**하고 **待之以禮**하여 **養其廉**
간선단방하고 사위재장하여 이작표솔하고 대지이례하여 양기염
恥니라.
치니라.

단정한 사람을 골라 재장을 삼아 모든 사람의 사표가 되게 하고, 예로써 대우하여 염치를 알게 해야 한다.

향교에는 교장 1인, 장의 1인, 색장 1인 등이 재직한다. 외딴 곳에는 토족이 많은데, 사족들은 그들과의 만남을 수치로 생각하기 때문에 향교에 가지 않는다. 그래서 토족들은 학궁을 자신들의 소굴로 만든다. 이들 대부분이 불학무식하기 때문에 유유상종으로 만나 당파를 조성해 타인을 모함한다. 이들은 항상 아전들과 가까운 친구로 지내면서 항상 교장될 자를 상의하고 술집에서 약속해 밤낮으로 싸움질만 일삼는다. 수령은 이러한 풍속을 잘 파악해 단정한 선비를 골라 교장을 맡겨야 된다.

季秋에 **行養老之禮**하여 **教以老老**하며 **孟冬**에 **行鄕飮之禮**하여 **教**
계추에 행양로지례하여 교이노노하며 맹동에 행향음지례하여 교
以長長하며 **仲春**에 **行饗孤之禮**하여 **教以恤孤**니라.
이장장하며 중춘에 행향고지례하여 교이휼고니라.

계추 양로의 예를 행하여 노인 봉양하는 것을 가르치고, 맹동에는 향음의 예를 행하여 어른 공경하는 것을 가르치고, 중춘에는 향고의 예를 행하여 외로운 사람 구제하는 것을 가르친다.

당나라 이서균이 상주를 다스릴 때, 그는 학교를 크게 부흥시키면서 향음주례를 행했다. 그러자 사람들은 효제를 독실하게 실행했다.

以時行鄕射之禮하고 以時行投壺之禮니라.

이시행향사지례하고 이시행투호지례니라.

때때로 향사례를 행하고, 때때로 투호례를 행할 것이다.

향음주례와 향사례의 일은 거창해서 일일이 실행할 수가 없지만, 투호례는 의식이 간단해 실행하기가 쉽다. 수령은 봄가을로 화창한 날에 직접 학궁으로 나가서 여러 학생들과 함께 예를 행한다. 그것을 보고 감동해 분발할 것이다.

제5조 변등 辯等
등급을 구별함

辯等者는 **安民定志之要義也**니 **等威不明**하여 **位級以亂**은 **則民散**
변등자는 안민정지지요의야니 등위불명하여 위급이란은 즉민산
而無紀矣니라.
이무기의니라.

등급을 구별함은 백성의 뜻을 안정시키는 중요한 일이다.
등급이나 위엄이 밝지 않아 지위나 계급이 어지러우면
민심이 흩어져 기강이 없어지게 된다.

　조선의 풍속은 등급의 구별이 매우 엄격하기 때문에 상하의 질서가 잘
유지되었다. 하지만 최근 들어 귀족들이 쇠퇴하면서 아전과 백성들의
사치스러움이 법도를 넘고 있다. 그래서 무엇으로 질서를 유지하며 혈
맥을 잇겠는가. 이에 따라 등급을 엄격하게 구별해주는 것이 시급한 문
제이다.

族有貴賤하니 宜辨其等이요 勢有强弱하니 宜察其情이라. 二者는
不可以偏廢也니라.

族有貴賤하니 宜辨其等이요 勢有强弱하니 宜察其情이라. 二者는
不可以偏廢也니라.

족에도 귀천이 있으니 그 등급을 가려야 마땅하고, 세력
에도 강약이 있으니, 그 실정을 살핌이 마땅하다. 이 두
가지는 어느 한쪽도 없애서는 안 된다.

백성을 사랑한다는 수령들은 강한 자를 누르고 약한 자를 보호한다.
이에 귀족은 멀리하고 백성만을 보호하기 때문에 원망과 비난이 많다.
이것은 풍속을 피폐하게 만드는 행위로 옳지 않다.

凡辨等之政은 不唯小民是懲이라. 中之犯上도 亦可惡也니라.

범변등지정은 불유소민시징이라. 중지범상도 역가악야니라.

등급을 구별하는 일은 아래 백성만 징계할 것이 아니라,
중인이 상위를 범하는 것도 엄히 다스려야 한다.

백 년이 지나면서 벼슬의 힘이 먼 곳까지 미치지 않고 있다. 그래서 옛
사대부의 가문이 몰락해 형편이 말이 아니다. 이에 권세를 잡은 토족들
이 온갖 계책으로 여러 대 억눌림 당한 원한을 갚으려고 한다. 그런데도

수령은 헛소문을 믿고 몰락한 사대부를 비난한다. 특히 간사한 향리들의 참소만 듣고 몰락한 사대부 집안만 억압하는데 힘을 쓰는 수령들이 많다. 이것은 옛 법도로서 잘못된 것이다. 따라서 귀족을 침해하는 토족을 엄하게 다스리기 위해서는 등급을 구별하는 것도 방법이다.

宮室車乘과 衣服器用이 其僭侈踰制者는 悉宜嚴禁이니라.
궁실거승과 의복기용이 기참치유제자는 실의엄금이니라.

주택과 수레와 말, 의복과 기물이 참람하고 사치스러워 법이 정한 제도를 넘은 것은 모두 엄금해야 한다.

내가 전에 서쪽고을에 근무할 때, 서쪽지방 풍속은 아전 집 아녀자들이 신혼 때도 가마를 타지 않았다. 영남에도 풍속이 이와 같다. 하지만 오로지 호남 아전들은 아녀자들이 모두 옥교자를 탔다. 이것은 잘못된 풍습이고 등급의 구분이 없기 때문에 벌어진 모습이다.

盖自奴婢法變之後에 民俗大偸니 非國家之利也니라.
개자노비법변지후에 민속대투니 비국가지리야니라.

개자노비법변지후에 민속대투니 비국가지리야니라.

신해년 이후 출생한 모든 사노의 양처소생은 모두 어미를 따라 양민이 되게 했다. 이때부터 상이 약해지고 하가 강해져 기강이 문란해지면서 민심이 흩어져 제어할 수가 없게 되었다.

貴族旣殘하면 賤流交誣인데 官長按治에 多失其實하니 斯又今日
귀족기잔하면 천류교무인데 관장안치에 다실기실하니 사우금일
之俗弊也니라.
지속페야니라.

이미 몰락한 귀족을 천한 부류들이 서로 헐뜯어서 관장이 조사하여 다스리는데, 그 진실을 모르고 잘못 다스리는 경우가 많으니 이것이 오늘날 세속의 폐단이다.

가난한 선비가 시골에 살면 당연하게 작은 비방들이 오고간다. 따라서 수령은 천한 무리들의 방자한 횡포를 막고 선비들을 보호해야만 한다. 신분이 높은 호족은 백성의 전지를 빼앗고, 남의 부녀자를 강간한 자들을 징계해 다스려야 한다.

제6조 과예 課藝
학업을 권장함

科擧之學은 壞人心術이나 然이나 選擧之法이 未其면 不得不勸其
과거지학은 괴인심술이나 연이나 선거지법이 미개면 부득불권기
肄習이니 此之謂課藝니라.
이습이니 차지위과예니라.

파거의 학문은 사람의 마음을 파피하는 것이다. 그러나
사람을 뽑아쓰는 법을 고치지 않는 한, 과거 공부를 익히
는 것을 권장하지 않을 수 없으니, 이를 과예라 한다.

수령칠사의 셋째가 학교를 부흥시키는 것인데, 속리들은 학교의 흥이
무엇인지 몰라서 과예를 여기에 해당시킨다. 집에서 과시에 응하는 것
을 순제라 하고, 관청에서 재예를 겨루는 것을 백일장이라고 한다.

課藝도 宜亦有額하니 旣擧旣選이어든 乃試乃編이라야 於是乎課
과예도 의역유액하니 기거기선이어든 내시내편이라야 어시호과
之也니라.
지야니라.

과예에도 정원이 있어야 한다. 천거하여 선발이 끝나면
시험을 보여 명부를 작성한 다음 재예를 시험해야 한다.

과거는 한사람에게 여러 가지를 익히게 해서 시험을 치르고 그 점수를
계산해 등급을 매기는 것이다. 그런데 조선의 법은 한 가지 기예만 합격하
면 다른 것은 묻지도 않는다. 그래서 학문이 부족한 시골 선비들은 단 한
가지 기예만 익혀서 요행을 바란다. 이것이 과거가 어지러워진 원인이다.

近世以來로 文體卑下하고 句法橈悖하며 篇法短促하니 不可以不
근세이래로 문체비하하고 구법요패하며 편법단촉하니 불가이부
正也니라.
정야니라.

근세 이후로 문체가 낮아져서 구법이 어긋나고, 편법이
짧아졌으니 바로잡지 않아서는 안 된다.

시와 부는 원래 경술과 모유 밖에서 별도로 어구의 수식을 추구해 백가

를 널리 인용하고 만물을 아름답게 표현하는 것이다. 이것을 문장학이라고 한다. 이것은 경박한 문장에 속하기 때문에 폐지하는 것이 옳다. 하지만 과거에 그런 명목이 이미 있기 때문에 문체를 바로잡아야 한다.

童蒙之聰明强記者는 別行抄選하여 敎之誨之니라.
동몽지총명강기자는 별행초선하여 교지회지니라.

어린 학생 중에 총명하고 기억력이 좋은 자는 따로 뽑아서 가르쳐야 한다.

수령은 향교에 공문을 보내 총명한 어린이들을 선발하고, 이와 동시에 이름과 나이와 글공부 실력을 상세하게 기록해 보고해야 한다. 명부가 도착하면 수령은 직접 실력을 시험해 수재를 선발해 별도로 가르쳐야 한다. 이 가운데 뛰어나게 영특한 사람이 있다면, 수령은 임기를 마치고 돌아갈 때 그를 데려와 큰 인재로 키워 나라의 재목으로 만들어야 한다. 이것이 옛날 수령들이 반드시 지켜야할 임무였다.

課藝既勤하여 科甲相續이면 遂爲文明之鄕하리니 亦民牧之至榮
과예기근하여 과갑상속이면 수위문명지향하리니 역민목지지영
也니라.
야니라.

과예를 부지런히 하여 급제자가 계속 배출되어 문명의 고장이 되는 것 역시 수령의 지극한 영광이다.

이길배가 선산군수로 부임해 정사를 깨끗이 처리하면서 송사를 간결하게 했다. 더구나 백성들에게 열심히 학문을 권장했는데, 교생 중 과거에 급제한 사람도 탄생했다. 이에 조정은 그의 노고에 감사한다며 포상까지 내렸다.

科規不立이면 則士心不勸이니 科藝之政도 亦無以獨善也니라.
과규불립이면 즉사심불권이니 과예지정도 역무이독선야니라.

과거의 규칙이 확립되지 않으면 선비들의 마음이 쏠리지 않을 것이니, 과예의 정사 역시 혼자서만 잘한다 하여 되는 것이 아니다.

조선의 과거는 하루에 단 1편만 시험했기 때문에 학문이 깊은 사람은 두세 사람까지 차작해줬다. 이에 따라 서울 장안에 차작하는 무리가 수천 명이나 되었다. 만약 하루에 세 번이나 다섯 번 시험을 치른다면 아무리 학식이 깊은 사람도 자기 것을 짓는데 시간이 부족할 것이다. 이렇게 되면 차작의 폐단 역시 자연적으로 사라질 것이다.

제 8 장

병전육조
兵典六條

제조 첨정 簽丁
장정을 군적에 실음

簽丁收布之法은 始於梁淵하여 至干今日하니 流波浩漫하여 爲生
첨정수포지법은 시어양연하여 지우금일하니 유파호만하여 위생
民切骨之病하니 此法不改는 而民盡劉矣리라.
민절골지병하니 차법불개는 이민진류의리라.

군정을 정하고 그들에게 베를 거두는 법은 양연에게서
시작되어 오늘에 이르고 있다. 그 폐단이 점점 커져서 백
성들의 뼈에 사무치는 병통이 되어, 이 법을 고치지 않으
면 백성들이 모두 죽고 말 것이다.

　조선 초에 호포는 있었지만 군포는 없었다. 군포는 중종 때 시행되었
는데, 이것은 군적 있는 사람에게 베를 징수하는 법이다. 이 법으로 백
성들의 부담이 커지면서 폐단이 많았다. 그래서 영조 때 균역법을 실시
해 부담을 줄였다. 하지만 지금은 아전들의 농간과 수령의 착취로 균역
법 실시 때보다 4배정도 더 부담이 늘어났다. 이것을 고치지 않으면 백
성들은 모두 죽을 것이다.

隊伍名也요 米布實也니 實之旣收어늘 名又奚詰이리요.

배오명야요 미포실야니 실지기수어늘 명우해힐이리요.

名之將詰이면 民受其毒故이리라. 故로 善修軍者는 不修하고 善

명지장힐이면 민수기독고이리라. 고로 선수군자는 불수하고 선

簽丁者는 不簽하나니 査虛覈故하여 補闕責代者는 吏之利也니 良

첨정자는 불첨하나니 사허핵고하여 보궐책대자는 이지리야니 약

牧不爲也니라.

목불위야니라.

대오란 형식이요, 쌀과 베를 거두는 것은 실제의 목적이
다. 실제의 목적을 거두었으면 형식을 따질 필요가 없는
데도 그 형식을 따지려 드니 백성들이 피해를 입게 된다.
그러므로 군정을 잘 하는 자는 아예 군정을 다스리지 않
고, 첨정을 잘하는 자는 아예 첨정을 하지 않는다. 헛이
름을 조사하고 죽은 것을 밝혀내어 그 결원을 보충하며
대신할 것을 문책하는 것은 아전들의 이익만 될 뿐이므
로 어진 목민관은 이를 하지 않는다.

병사 조학신은 법대로 행했으며 정직하고 거짓이 없는 사람이었다.
봉산군수로 부임하면서 군정을 대폭 수정했다. 그것은 허위기록을 뿌
리 뽑기 위해 토호와 향족들을 등록시켜 봐주지 않았다. 그러자 고을
백성들의 탄핵으로 쫓겨났고, 후임이 부임해 전임자의 법을 폐지하자
백성들은 좋아했다.

이때 군리는 또다시 뇌물을 받는데, 등록된 자에겐 천만 냥, 삭제해

주면서 천만 냥이었다. 하지만 허위기록은 여전히 남아 있었다. 정말 안타까울 뿐이다.

其有一二不得不簽補者는 宜執饒戶하여 使補役田하여 以雇實軍
기유일이부득불첨보자는 의집요호하여 사보역전하여 이고실군
이니라.
이니라.

한두 명을 뽑아 보충하지 않을 수 없으면, 녁녁한 집을 찾아내어 역전을 보충하고 그것으로 실제의 군사를 고용토록 하여야 한다.

양역에는 별 볼일 없는 성인들이 뽑힌다. 부자인거나 세력이 있으면 면하고, 백 없고 가난한 백성만 뽑힌다. 뽑힌 사람은 한 몸에 여러 개의 역을 부담하는데, 이것은 백성들의 원성을 높이는 계기가 된다. 녁녁한 집에는 돈을 내고, 가난한 집은 몸소 나서면 서로가 균등할 것이다.

軍役一根에 簽至五六하며 咸收米布하여 以歸吏囊하니 斯不可不
군역일근에 첨지오륙하며 함수미포하여 이귀리낭하니 사불가불
察也니라.
찰야니라.

군역 한 자리에 5~6명을 뽑아 두고 모두 군미와 군포를 거두어 아전들의 주머니를 채우게 하니 살피지 않을 수 없다.

군역담당자는 오로지 부족한 군액을 채우기가 어렵다는 것만 알고, 군액이 중복되어 징발이 어렵다는 것은 모른다. 어찌 한탄할 일이 아닌가. 어떤 고을의 군수가 부임한 뒤, 보미를 징수하려고 하자, 아전이 "지금까지 빠진 군액이 수백이나 됩니다. 그래서 모두에게 통보했지만 거둘 곳이 없었습니다. 보미를 거두기 위해서는 먼저 부족한 군액을 보충해야만 합니다."라고 했다. 그러자 군수가 "빠진 군액은 추후라도 충당해야하지만, 본신이 있는 사람에게 먼저 패문을 내라!"라고 했다. 얼마 후 군수가 아전이 가져온 패문을 보았는데, 수가 훨씬 많았다. 군수는 군리를 체포해 문책하면서 상세한 사정을 밝혔는데, 빠진 군역을 충당하고도 4백여 명이나 남았다. 이것을 놓고 억울한 사람을 면제해주고 적임자만 선발해서 빠진 군액에 등록케 했다. 그러자 군적이 새로워졌다.

軍案軍簿는 竝置政堂하여 嚴其鎖鑰이요 無納吏手하라.
군안군부는 병치정당하여 엄기쇄약이요 무납리수하라.

군안과 군부는 모두 정무를 처리하는 방에 두고 자물쇠를 단단히 채워 아전들의 손에 들어가지 않게 해야 한다.

군사와 관련된 문서와 군적부의 관리는 철저하게 해야 한다. 왜냐하면 아전들이 뇌물을 받고 위조하거나 이름을 삭제하는 농간을 부리기 때문이다.

威惠旣洽이면 吏畏民懷하나니 尺籍乃可修也니라.
위혜기흡이면 이외민회하나니 척적내가수야니라.

수령의 위엄과 은혜가 흡족하여 아전이 두려워하고 백성들이 따르게 되면 척적을 수정할 수 있을 것이다.

조선 정조 때 판서 윤사국이 곡산 도호부사로 부임한 뒤 척적을 고쳐 고을의 모든 동리에 나눠줬다. 척적은 고을의 총호수와 군액 총수를 공평하게 배당하는 것이다. 이에 마을 백성들은 척적을 보관했다가 서로 소송이 있을 때 척적을 기준으로 해결했다. 하지만 간사한 백성들은 척적의 내용을 칼로 긁어 고치는 경우도 있다. 이럴 경우 소송을 맡은 관리가 다른 마을의 척적을 빌려와서 대조하여 흔적을 발견했다. 따라서 척적은 일반백성들에게는 유익하지만, 아전들에게 원수 덩어리로 불렸다.

欲修尺籍이면 先破契房이 而書院驛村과 豪戶大墓와 諸凡逃役之
욕수척적이면 선파계방이 이서원역촌과 호호대묘와 제범도역지
藪를 不可不查括也니라.
수를 불가불사괄야니라.

척적을 수정하려면 먼저 계방을 폐지하여야 하며, 서원, 역촌, 호호, 대묘 등 모든 역을 기피하여 숨는 곳을 조사하지 않을 수 없다.

군적을 정확하게 정리하기 위해서는 계방과 서원을 비롯해 역촌까지 조사해 도망자들을 찾아내야 한다. 특히 재산과 권력을 앞세운 토호가 아전들과 짜고 농간을 부릴 때는 엄중하게 처벌해야 영이 살아난다. 묘호에서 정해진 인원 외에 숨어있는 사람들을 찾아 역을 도피하지 않게 단단히 막아야 한다.

收布之日에 牧宜親受니 委之下吏면 民費以倍니라.
수포지일에 목의친수니 위지하리면 민비이배니라.

군포를 거두는 일은 목민관이 직접 받아야 한다. 하리들에게 맡기면 백성들의 부담이 갑절이나 늘게 된다.

돈은 정한 액수가 있기 때문에 쌀과 함께 부정이 적다. 하지만 베와 무명은 정확한 기준치를 정할 수가 없기 때문에 트집을 잡으려면 끝이 없다. 이런 폐단을 막기 위해 품질이 우수한 베나 무명을 받지 않고 돈으로 바치게 해 피해가 많다. 이에 목민관은 잘 살펴서 아전들의 농간으로부터 백성들을 보호해야만 한다.

偽造族譜하고 盜買職牒하여 圖免軍簽者는 不可以不懲也니라.
위조족보하고 도매직첩하여 도면군첩자는 불가이부징야니라.

족보를 위조하고 직첩을 몰래 사서 군적에 오르는 것을
면하려고 하는 자는 징계하지 않을 수 없다.

군역을 피하려고 족보나 직첩을 위조하는 경우가 무척 많다. 이를 철
저하게 조사해 군적에 편입시키는 것이 당연하다. 하지만 법이 잘못되
었다는 것을 알면 정말 비참함을 금할 수가 없다. 그래서 군액을 덜지
않고 약간의 태형으로 다스리는 것이 좋다.

上番軍裝送者는 一邑之巨弊也이니 十分嚴察이라야 乃無民害니라.
상번군장송자는 일읍지거폐야이니 십분엄찰이라야 내무민해니라.

상번군을 치장해 보내는 일은 한 고을의 큰 폐단이 되니,
십분 엄하게 살펴야 백성의 피해가 없을 것이다.

조정은 법으로 정한 군사수와는 관계없이 항상 신임군사를 선발하고
있다. 상부에서 군사를 선발하라는 공문이 내려오면 군리들은 자신들
의 욕심을 채우기 위해 사방으로 분주하게 뛴다. 군사 1명을 선발하는
데 따른 피해가 1백 집에 미친다. 또 10명을 선발하는데 1천집이 괴롭
다. 이렇게 되면서 사방이 난리를 만난 듯 시끄럽다. 따라서 목민관은
비리 아전들을 샅샅이 가려내 엄하게 다스려야 한다.

제2조 연졸 練卒
군사 훈련

練卒者는 武備之要務也니 操練之法과 敎旗之術也니라.
연졸자는 무비지요무야니 조연지법과 교기지술야니라.

군사 조련은 무비의 중요한 일이니, 곧 조연과 교기의 술
법이다.

조선 현종 때 조계원이 수원부사로 부임했다. 그런데 군사정원이 원래
3천 명이었지만, 병자년 난리 때 죽거나 도망자가 절반이 넘었고 무기
역시 태반이 부족했다. 그는 경내의 장정을 선발해 군사정원을 회복시
키고, 2천 명을 더 선발해 훈련시킨 다음 정예군사로 편입시켰다. 그리
고 갑옷과 무기까지 완벽하게 갖췄는데, 훈련도감에 뒤지지 않았다.

今之所謂練卒은 虛務也라. 一曰束伍요 二曰別隊요 三曰吏奴隊요
금지소위연졸은 허무야라. 일왈속오요 이왈별대요 삼왈이노대요
四曰水軍으로 法旣不具하니 鍊亦無益이라. 應文而已이니 不必擾
사왈수군으로 법기불구하니 연역무익이라. 응문이이이니 불필요
也니라.
야니라.

오늘날의 이른바 군사 훈련은 헛된 일이다. 첫째는 속오,
둘째는 별대, 셋째는 이노대, 넷째는 수군인데, 이에 대한
법이 갖추어지지 못했으니 훈련해도 소용이 없다. 단지
형식에 그칠 뿐이니 소란을 일으킬 필요가 없다.

　군사를 훈련시키는 것과 먹이는 일은 조정의 대사이다. 군사들이 나
라를 위해 목숨을 기꺼이 바치게 하려면 넉넉하게 살도록 해야 한다.
또한 백성들이 군부에 입대하는 것을 벼슬에 오르는 것처럼 중요하게
여겨 서로 들어가려고 다툴 정도가 되도록 해야 한다. 하지만 사노와
천민들로 숫자만 채운다면 군사훈련이 쓸모가 없어진다. 만약 상부에
서 군대를 점검한다는 공문이 내려오면 목민관은 아전들에게 조용히
실시하라고 명해야 한다. 왜냐하면 백성들에게 피해를 입히지 말아야
하기 때문이다.

惟其旗鼓號令으로 進止分合之法은 宜練習詳熟이로되 非欲教卒
유기기고호령으로 진지분합지법은 의연습상숙이로되 비욕교졸

하고 要使衙官列校로 習於規例니라.
하고 요사아관열교로 습어규례니라.

오직 기고호령과 진지분합의 법은 자세히 익혀야 하니,
이는 군사들만 가르치려는 것이 아니라 아전과 장교들로
하여금 규례에 익숙하도록 하려는 것이다.

목민관이 병법에 능통하면 직접 병법을 가르치고, 병법을 알지 못한
다면 각 고을의 장교를 우두머리로 삼아 훈련시키면 된다. 이런 준비를
미리해 두면 급한 변란이 생겼을 때 힘을 얻을 수 있다.

吏奴之練이 最爲要務니 前期三日에 宜預習之니라.
이노지련이 최위요무니 전기삼일에 의예습지니라.

이노의 훈련은 가장 중요한 일이니 기한 3일 전에 연습
해 두어야 한다.

조선의 군사제도를 보면 수령은 한사람의 군사도 둘 수가 없다. 그렇
기 때문에 수령은 유사시에 대비해 고을을 지킬 이노들을 미리 훈련시
켜둬야만 한다. 이때 군법을 적용해 엄하게 규율을 지키게 하면서 훈련

을 실시해야만 한다.

若年豊備弛라도 朝令無停하여 以行習操이 則其充伍飾裝을 不得
약연풍비이라도 조령무정하여 이행습조이 즉기충오식장을 부득
不致力이니라.
불치력이니라.

만약 풍년이 들어 방비가 완화되더라도, 군사 조련을 행하라는 명령이 멈추지 아니하면, 대오를 채우고 장비를 갖추는 데 힘쓰지 않을 수 없는 일이다.

조련은 연례행사중의 하나이다. 이것을 매년 행하지 않고 수십 년에 한번 꼴로 개최한다면, 병영의 군리와 장교들은 무척 좋아할 것이다. 또한 부족한 정원이나, 복장이 구비되지 않았거나, 무기를 갖추지 못했다면 군리와 장교들은 이것을 구실로 뇌물을 뜯어낼 것이다. 분명히 말하지만, 어진 목민관은 백성들을 착취해 칭찬받는 짓거리를 하지 않는다. 그래서 관의 공급으로 부족한 것을 보충한다면 백성들에게 칭찬을 받을 것이다.

軍中收斂은 軍律至嚴하니 私練公操에 宜察是弊니라.
군중수렴은 군율지엄하니 사련공조에 의찰시폐니라.

군중에서 금품을 거두는 일은 군율이 기극히 엄중하다.
공사간의 조련에서는 마땅히 이 폐단을 살펴야 할 것이
다.

군사훈련이 시작되면 대장 위치의 사람들은 전례를 핑계로 돈을 갹출
해 주연을 베푼다. 이런 상황이 적발되면 죽도록 곤장을 쳐야한다. 그
러나 주는 자와 받는 자가 모두에게 중벌이 처해질 것이라는 령에도 불
구하고 이들은 백성들에게 온갖 부정을 저지를 것이다.

水軍之置於山郡은 本是謬法이라.
수군지치어산군은 본시류법이라.

수군을 산골 고을에 두는 것은 본래 잘못된 법이다.

수군(백성)은 바닷가에 있어야 하지만, 산골로 정한 이유는 작은 사변
이라도 바닷가 수군(백성)들이 잘 도망치기 때문이다. 이런 가운데 산
간의 화전민들에게 돛대를 맡긴 것은 당연하게 부자연스럽기만 하다.
그러나 해안방어가 튼튼해 수군인 백성은 매년 돈 2냥을 수영에 바치면
무사하다.

水操有令이면 宜取水操程式하여 逐日肄習하여 婢無闕事니라.

수조유령이면 의취수조정식하여 축일이습하여 비무궐사니라.

수군 훈련의 명령이 있으면 마땅히 수군 훈련의 규칙에
따라 날마다 익히고 연습하여 빠뜨리는 일이 없어야
한다.

군사의 대오를 보충하는 것과 복장을 꾸미는 것 등을 비롯해 이와 연
계된 사사로운 일을 간섭하여 금하는 것 모두가 육군조련의 여러 법에
나오기 때문에 여기서는 논하지 않겠다.

제3조 수병 修兵
병기 관리

兵者는 兵器也라. 兵可百年不用이나 不可一日無備이니 修兵者는
병자는 병기야라. 병가백년불용이나 불가일일무비이니 수병자는
土臣之職也니라.
토신지직야니라.

병이란 병기를 가리킨다. 병기는 백 년 동안 쓰지 않더라
도 하루도 준비가 없어서는 안 되는데, 병기를 관리하는
것은 수령의 직무이다.

고을마다 군기고가 있는데, 그곳에 보관된 각종 병기를 관리하는 것은
수령의 직무다. 조선 인조 때 이상급이 연안부사로 부임하면서 "과거에
연안은 홀로 떨어진 외성이지만, 왜구를 막아냈다. 지금은 왜적의 침입
이 잦은 때라, 미리 위기를 대비해야 한다."라며 대대적으로 전구를 수
리해 기계가 정돈되었다.

箭竹之移頒者와 月課火藥之分送者는 宜思法意하여 謹其出納이
전죽지이반자와 월과화약지분송자는 의사법의하여 근기출납이
니라.
니라.

화살 만드는 대를 나누어 주는 일과 달마다 치르는 시험
에 쓸 화약을 나누어 보내는 일은 마땅히 그 법을 만든
취지를 생각하여 출납을 조심히 해야 한다.

화살대를 각 진영으로 나눠주고 만들어 놓은 화살의 수효와 군사들에
게 지급된 숫자를 기록해 상부에 보고해야 한다. 그리고 매달 있는 실
험할 화약을 받아오는 날엔 비용이 많이 지출된다. 그리고 화약이 창고
로 들어가면 관의 관리가 소홀하기 때문에 창고지기가 훔쳐서 자신이
주머니를 채우는 일도 많다. 수령은 이런 것들을 매달 점검해 물량의
숫자를 알고 있어야 한다.

若朝令申嚴이어든 以時修補를 未可已也니라.
약조령신엄이어든 이시수보를 미가이야니라.

만약 조정의 명령이 엄중하면 수시로 군기를 보수하는
일을 하지 않을 수 없다.

『속대전』에 "각 읍에 비치된 군기는 절도사가 시기를 정하지 않고 언제든지 한 고을을 표본으로 삼아 조사한다. 그래서 부정한 것을 적발되면 수령에게 죄를 묻는다. 이때 잘못의 양에 따라 수령에게 곤장형이 가해진다. 만약 조총과 화약의 관리가 허술해 온갖 폐단이 있을 경우에는 절도사와 수령을 처단한다. 더구나 낡은 무기를 고쳐서 아무런 하자가 없어야 새롭게 준비한 것을 좋고 시상한다."라고 했다.

제4조 권무 勸武
무예를 권장함

東俗柔謹하여 不喜武技하고 所習惟射라. 今亦不習하니 勸武者는
동속유근하여 불희무기하고 소습유사라. 금역불습하니 권무자는
今日之急務也니라.
금일지급무야니라.

우리 나라의 풍속은 온순하고 근신하여 무예를 즐기지
않고 오직 활쏘기만을 익혀 왔는데 지금은 이것도 익히
지 않으니 무예를 권장하는 것이 오늘날의 급선무이다.

조선은 무예를 중요시 하지 않으며, 무기 역시 정밀하지 못하다. 더구
나 지난 백여 년 동안 무과의 폐단이 극심해져 지금은 백성들 가운데 어
느 누구도 활을 잡고 나서려는 사람이 없다. 이에 따라 주예가 완전히
없어지게 되었다. 부과의 큰 폐단은 무과에 응시한 재주 있는 사람들을
내 쫓거나, 무과에 급제해도 백이 없으면 벼슬길에 오르지 못했다. 또
무과 출신의 자손들에게 포목을 징수하고, 무과에 급제 기준이 너무 쉬

워 도나 개나 모두 급제하며, 정해진 인원이 없다. 이런 폐단이 사라지지 않는다면 수령으로서는 성과를 거두지 못한다.

牧之久任者는 或至六朞하나니 惟能如是하여 者勸之이 而民勸矣라.
목지구임자는 혹지육기하나니 췌능여시하여 자권지이 이민근의라.

무예를 권장하는데도 문예와 마찬가지로 많은 예산이 있어야 한다. 문예는 학궁에 예산이 있으나 무예는 그 비용이 나올 곳이 없다. 그러니 목민관으로서 오래 재직하는 자는 혹 6년에 이르기도 한다. 실로 이와 같게 해야 권장할 수 있고, 백성들도 이를 따라 서로 부지런하게 될 것이다.

목민관이 백성들에게 무예를 권장한다면 반드시 따라올 것이다. 무예를 훈련 기간은 5~6년이 적당하고 온 나라로 퍼진다면 국가에 많은 도움이 된다.

强弩之張設發放을 不可不習이니라.
강노지장설발방을 불가불습이니라.

강한 쇠뇌를 설치하고 쏘는 일은 반드시 훈련으로 익혀 두어야 한다.

명나라 당순지의 『무편』에 "쇠뇌는 예리한 병기이다. 단단한 것을 뚫거나 사정거리가 멀거나, 험한 곳을 공격하거나 좁은 곳을 수비할 때는 반드시 쇠뇌가 필요하다. 전쟁에서 쇠뇌의 사용이 불편하다고 하는데, 이것은 장수가 쇠뇌를 다루지 못하기 때문에 나온 말이다.

若夫號令坐作之法과 馳突擊刺之勢는 須有隱憂가 乃可肄習하니라.
약부호령좌작지법과 치돌격자지세는 수유은우가 내가이습하니라.

호령하고 앉았다 서는 법과 돌진하고 찌르는 자세 같은 것은 모름지기 외적의 침략 징조가 있을 때에 익히고 연습할 것이다.

진릉 장공이 신주지사로 부임해, 주서북쪽 높은 곳에 새로운 진영을 만들어 군사를 주둔시켰다. 그런 다음 옛 진영을 허물고 무사들의 훈련장으로 만들어 찌르고 공격하는 법을 가르쳤다. 이것은 옛날에도 없던 경우였다.

제5조 응변 應變
변란에 대비함

守令은 乃佩符之官이라 機事多不虞之變하니 應變之法을 不可不
수령은 내패부지관이라 기사다불우지변하니 응변지법을 불가불
預講이니라.
예강이니라.

수령은 곧 병부를 가진 관원이어서 일에 예측하지 못할
변이 많으니, 임기응변의 방법을 미리 강구하지 않으면
안 된다.

　사람의 인품을 알려면 큰일을 한번정도 겪어봐야 한다. 예를 들면 보
통 사람은 작은 일에도 쉽게 놀란다. 하지만 큰 인물은 갑작스런 일에도
여유롭게 대처한다.

訛言之作은 或無根而自起하고 或有機而將發하나니 牧之應之也에
와언지작은 혹무근이자기하고 혹유기이장발하나니목지응지야에
或靜而鎭之하고 或默而察之니라.
혹정이진지하고 혹묵이찰지니라.

유언비어는 혹 근거 없이 일어나기도 하고, 혹 기미가 있
어 생기기도 한다. 목민관으로서는 이를 조용히 진압하
거나 묵묵히 관찰해야 한다.

번거로운 부역과 관리들의 부정으로 백성들이 도탄에 빠지면서 유언
비어까지 난무하고 있다. 그렇지만 농사일이 바빠지면 유언비어가 자
연스럽게 사라지게 된다. 송나라의 두굉이 운주지사로 부임했다. 그가
부임하기 전부터 성 모퉁이에 요언을 적은 깃발을 내걸고 변을 일으키
려는 사람이 있어 백성들의 걱정이 많았다. 그가 부임한 얼마 뒤, 초장
에서 대낮에 화재가 났는데, 이것은 기에 쓰여 있던 변의 한 가지였다.
그러자 겁에 질린 백성들 가운데 어떤 사람이 성을 수색해보라고 청했
다. 이 말을 들은 두굉은 "간사한 계략이 바로 이것이다. 내가 계략에
빠져 허둥대는 사이에 거사를 하여는 것을 알고 있다. 그래서 저들이
어떻게 하지 못한다."라며 웃었다. 얼마 후에 도적을 잡았는데, 그가 유
언비어를 퍼뜨린 범인이었다. 두굉은 그를 즉시 참했다.

凡掛書와 投書者는 或焚而滅之하고 或默而察之니라.
범괘서와 투서자는 혹분이멸지하고 혹묵이찰지니라.

패서나 투서는 태워서 없애 버리거나 조용히 살펴야 한
다.

투서가 나쁜 일에 관계되어 어떤 기밀이 염려가 된다면, 수령은 큰일
이라면 영문으로 가서 감사와 만나 의논하고, 작은 일이라면 수리와 수
향을 감사에게 보내 은밀히 보고하면 된다. 그래서 백성들끼리의 사사
로운 원망에서 비롯된 것은 조영히 조사해 근원을 밝혀야 한다.

凡有變亂이면 宜勿驚動하고 靜思歸趣하여 以應其變이니라.
범유변란이면 의물경동하고 정사귀취하여 이응기변이니라.

무릇 변란이 있을 때는 경거망동하지 말고 조용히 그 귀
추를 생각하여 변에 응하여야 한다.

송나라의 우윤칙이 군사들에게 연회를 베풀고 있던 중 무기고에서 갑
자기 불길이 솟았다. 하지만 그는 아랑곳하지 않고 연회를 계속했는데,
얼마 뒤 불이 꺼졌다. 어떤 사람이 우윤칙에게 화재에 대해 따졌다. 이
에 그는 "병기저장고는 화재를 엄격하게 단속하는 곳이다. 잔치 중에
불이 났다는 것은 틀림없이 사악한 무리들의 짓이 분명하다. 내가 잔치

를 멈추고 화재를 진압하려고 갔다면 반드시 변고가 생겼을 것이다."라
고 했다.

或土俗獷悍하여 謀殺官長이어든 或執而誅之하고 或靜以鎭之하
혹토속광한하여 모살관장이어든 혹집이주지하고 혹정이진지하
여 炳幾折奸이요 不可膠也니라.
여 병기절간이요 불가교야니라.

고장 풍속이 포학하여 관장을 죽이려고 음모를 꾸미면,
그들을 잡아 죽이거나 조용히 진압할 것이다. 그 기미를
살피고 간사함을 꺾어 없애야지 변통성없이 해서는 안
된다.

조선 현종 때 감사 정언황이 신계현령으로 부임했다. 그가 부임하기
전 고을 아전들이 난을 일으켜 현령을 여러 날 구금했다. 그러다가 현
령은 겨우 몸만 살아서 도망친 사건이 있었다. 그래서 조정은 정언황을
부임케 했는데, 부임 직후 우두머리를 추포해 참했다. 이와 동시에 가
담자들에게는 일체의 죄를 묻지 않고 불문에 붙였다. 그러자 변란을 주
동한 사람들의 명단을 적어서 바치는 사람들이 많았다. 그렇지만 그는
명부를 보지도 않고 관리들이 보는 앞에서 불에 태웠는데, 그 결과 인
심이 생각보다 빨리 안정되었다.

强盗流賊이 相聚爲亂이어든 或諭以降之하고 或計以擒之니라.
강도유적이 상취위란이어든 혹유이항지하고 혹계이금지니라.

강도와 도적들이 서로 모여 난을 일으키면, 혹 타일러서
항복을 받거나 혹 꾀를 내어 사로잡아야 한다.

고려 때 윤위가 남원부 염찰로 부임했다. 그때 고을외곽에는 도둑의
무리가 산에 주둔하면서 방위까지 하고 있었다. 이에 윤위가 단신으로
그들에게 찾아가 화복으로 달랬다. 그러자 둑들이 감격의 눈물을 흘리
며 그의 령에 따랐다. 그는 우두머리만 참살하고 나머지 사람들은 용서
해줬다. 그 후부터 경내가 잠잠해졌다.

土賊旣平이나 人心疑懼면 宜推誠示信하여 以安反側이니라.
토적기평이나 인심의구면 의추성시신하여 이안반측이니라.

토적이 이미 평정되었는데도 인심이 의심하고 두려워하
거든, 마땅히 성심을 다하고 신의를 보여 민심의 동요를
안정시켜야 한다.

조선 인조 때 이수일이 북도절도사로 부임했다. 그가 부임하기 전 반
란을 일으킨 국경인이 자신의 본거지에서 왕자를 잡아 적에게 넘기려
는 모의를 꾸미고 있었다. 그때 이수일이 그를 평정했는데, 여기에 가

담한 모든 백성들이 자신들을 죽일까봐 걱정했다. 그래서 백성들은 몰래 강을 건너가 북호에 의지했다. 그러자 이수일은 직접 나서서 백성들을 위로하고 회유했다. 그런 얼마 후부터 민심이 점차적으로 안정되었다.

제6조 어구 禦寇
적의 침략을 막음

值有寇難이면 守土之臣은 宜守疆域이니 其防禦之責은 與將臣同
치유구난이면 수토지신은 의수강역이니 기방어지책은 여장신동
이니라.
이니라.

도적의 난리를 만나게 되면 지방을 지키는 신하는 마땅히
그 지역을 지켜야 하는데 방어할 책임은 장신과 같다.

　조선 인조 5년 정월, 이희건이 용천부사로 재직할 때, 철기 10여만 명
이 한밤중에 압록강을 건너와 의주를 함락시켰다. 그들은 날이 밝기 전
돌격대를 2개 부대로 나눠 공격했다. 한 부대가 사포로 들어가 모문룡
을 습격하자 철산부사 안경심이 도망쳤다. 이때 이희건은 귀성에서 이
소식을 듣고 군사 수십 명을 동원해 적진으로 돌격한 다음 웅골산으로
돌아왔다. 그런 다음 군사를 모아 성을 굳게 지켰는데, 구들이 두려워하
면서 공격하지 못했다. 그러자 성안의 백성들이 안정을 되찾고 피난 갔
던 사람들까지 되돌아왔다.

兵法曰에 虛而示之實과 實而示之虛라하니 此又守禦者는 所宜知
병법왈에 허이시지실과 실이시지허라하니 차우수어자는 소의지
也니라.
야니라.

병법에 '허하면 실한 것처럼 보이게 하고, 실하면 허한
것처럼 보이게 한다.' 라고 했으니, 이 또한 방어하는 자
는 마땅히 알아야 한다.

당나라의 장수규가 과주자사로 재직할 때, 갑자기 오랑캐들이 쳐들어
왔다. 그러자 그는 성위에 술자리를 차려놓고 여러 장수들과 함께 풍악
을 연주했다. 이에 오랑캐들은 어떤 방어책을 의심하다가 퇴각했다. 그
때 강수규는 그들의 뒤를 쫓아 공격했다.

守而不攻하여 使賊過境이면 是以賊而遺君也니 追擊庸得已乎아.
수이불공하여 사적과경이면 시이적이유군야니 추격용득이호아.

지키기만 하고 공격하지 않아 적이 경내를 지나게 하면
이는 임금을 적에게 내주는 것이니 추격을 어찌 그만둘
수 있겠는가.

조선 선조 때 황진이 익산군수로 부임했을 때, 왜적이 서울을 점령하

고 있었다. 그는 대군을 따라 진격하면서 한강 남쪽 언덕에 도착했다. 그때 왜적이 역습했는데, 그는 퇴각하지 못해 적에게 포위당했다. 이틀 후 그는 말을 타고 뛰쳐나와 좌우로 칼을 휘둘렀는데, 적의 피가 얼굴에 낭자했다. 어마가 지나자 그는 적의 말까지 빼앗아 돌아왔다.

危忠凜節로 激勵士卒하여 以樹尺寸之功이 上也로되 勢窮力盡하
위충늠절로 격려사졸하여 이수척촌지공이 상야로되 세궁역진하
면 繼之以死하여 以扶三五之常도 亦分也니라.
면 계지이사하여 이부삼오지상도 역분야니라.

높은 충절로 사졸을 격려하여 작은 공이라도 세우면 이것이 으뜸이요, 형세가 궁하고 힘을 다하면 죽음으로써 삼강오륜의 도리를 세우는 것 역시 분수를 다하는 일이다.

조선 선조 때 송상현이 동래부사로 부임했다. 얼마 후인 선조 25년 임진년 4월, 왜적이 쳐들어와 부산을 함락시켰다. 그러자 좌병사 이각이 동래로 왔다가 부산이 함락되자 소산역으로 퇴각해 진을 쳤다. 이때 송상현이 함께 성을 지키자고 했지만, 그의 말을 듣지 않았다. 15일 왜병이 동래성으로 쳐들어왔고 이에 송상현이 성 남문으로 올라가 싸움을 독려했지만 한나절 만에 함락되었다. 하지만 그는 성위에서 버티고 있다가 적의 칼을 죽임을 당했다. 왜병은 그를 가상히 여겨 성 밖에 매장하고 표목까지 세워줬다.

乘輿播越이면 守土之臣은 進其土膳하여 表厥忠愛도 亦職分之常
승여파월이면 수토지신은 진기토선하여 표궐충애도 역직분지상
也니라.
야니라.

임금이 지방으로 피난하면 지방을 지키는 신하가 그 지방
산물을 올려 충성을 표하는 것 역시 당연한 직분이다.

고려 때 김은부가 공주절도사로 부임했는데, 이때 현종이 거란의 난을
피해 남쪽으로 파천했다. 이에 그는 예절을 갖춰 현종을 맞이하고 의대
와 토산물을 바쳤다. 왕이 파산역에 도착했지만, 아전들이 모두 도망쳐
서 먹을 것이 전혀 없었다. 그러자 그는 음찬을 갖춰 조석으로 수라를 올
렸다. 현종은 그에게 고마움을 느껴 그의 세 딸 모두 왕비로 맞았다.

兵所不及에 撫綏百姓이요 務財訓農하여 以贍軍賦도 亦守土之職
병소불급에 무수백성이요 무재훈농하여 이섬군부도 역수토지직
也니라.
야니라.

난리가 미치지 않는 지방에서는 백성을 위로하여 편안하
게 하며, 인재를 기르고 농사를 권장하여 군수물자를 녁
녁하게 하는 것 역시 지방을 지키는 수령의 직책이다.

고려의 김이가 장흥부사로 부임했을 때, 합단이 침입해 노략질을 했다. 이에 조정은 험한 곳을 방패삼아 지키라고 명령했다. 하지만 김이는 안렴사 강취에게 "우리 군사가 작은 오랑캐를 물리치는 것은 마치 도마 위의 고기 같은데, 어찌 그들이 변방 고을까지 오겠소. 양식은 곧 백성의 하늘입니다. 밭을 갈고 심는 것은 반드시 시기가 중요합니다. 어서 백성들에게 밭을 나가 갈게 하시오."라고 했다. 그러자 강취가 조정의 명을 어기면 문책 받는다면서 말렸지만, 김이는 백성들에게 밭을 갈게 했다. 합단은 연기까지 왔다가 멸망하고 말았다. 그의 지혜로 다른 고을과 달리 대풍년이 들었다.

제1조 청송 聽訟
송사를 다룸

聽訟之本은 在於誠意하고 誠意之本은 在於愼獨이니라.
청송지본은 재어성의하고 성의지본은 재어신독이니라.

송사를 처리하는 근본은 성의에 달려 있고, 성의의 근본
은 신독에 있다.

송사처리는 음성과 기색으로 백성을 교화시키는 것이다. 송사를 없게
함은 밝은 덕으로써, 음성과 기색으로 위엄을 떨치는 것이 아니다. 성인
이 신독과 성의로 자신을 닦는다면 백성들은 두려워서 감히 거짓을 고
하지 못한다. 천하엔 사람들이 많기 때문에 집집마다 찾아가 설득시키
거나 다툴 수 없다. 그래서 성인의 도가 성실하고 독실하면 천하가 태평
해진다. 이로써 송사가 사라지게 된다.

其次律身이니 戒之誨之하여 枉者伸之도 亦可以無訟矣니라.
기차율신이니 계지회지하여 왕자신지도 역가이무송의니라.

다음으로는 자신이 본보기가 되는 것이니, 경계하고 가
르쳐서 잘못을 저지르는 자를 바로잡아 주는 것 또한 송
사를 없애는 일이다.

송나라의 장영이 익주지사로 재직할 때, 소송이 있었다. 그때마다 그
가 사실여부를 상세하게 파악하여 즉석에서 판결했다. 판정한 다음 반
드시 그에 대한 판결문을 만들어 두었다. 촉나라 사람들이 그 판결문을
「계민집」이란 책으로 출간했다.

聽訟如流는 由天才也나 其道危니라. 聽訟必核은 盡人心也라야
청송여류는 유천재야나 기도위니라. 청송필핵은 진인심야라야
其法實이라.
기법실이라.
故로 欲詞訟簡者는 其斷必遲이니 爲一斷而不復起也니라.
고로 욕사송간자는 기단필지이니 위일단이불복기야니라.

송사 처리를 물흐르는 것과 같이 쉽게 하는 것은 타고난
재질이 있어야 하나 그 방법은 몹시 위험하다. 송사 처리
를 반드시 분명히 하는 것은 마음을 다하는 데 있으나

그 법이 사실에 꼭 맞아야 한다. 그러므로 송사를 간결하
게 하려는 사람은 그 판결을 반드시 더디게 하는데, 한
번 판결하면 다시 그런 일이 일어나지 않게 하기 위하여
서다.

성격이 차분하지 못한 관장의 공통점은 소장을 접할 때부터 대충 조
사해 규명하지 않고, 그냥 눈에 보이는 대로 판결문을 써서 판결한다.
이에 아전들은 소송하는 사람들에게 호통을 쳐서 눈앞이 깨끗한 것만
을 원한다. 그렇기 때문에 작은 송사라도 반드시 한차례의 밝은 판결을
거쳐 양쪽의 옳고 그름을 확실하게 판명해줘야 한다.

壅蔽不達이면 民情以鬱하니 使赴愬之不民으로 如入父母之家면
옹폐부달이면 민정이울하니 사부소지불민으로 여입부모지가면
斯良牧也니라.
사양목야니라.

막히고 가리워서 통하지 못하면 백성들의 마음이 답답하
게 되니, 하소하려 오는 백성으로 하여금 부모의 집에 들
어오는 것처럼 편하게 하면 이것이 어진 목민관이다.

송나라의 왕대거가 처주지사로 재직할 때, 정사를 처리함에 있어서
아랫사람을 위했다. 다툼으로 소송하면 당사자들을 앞에 앉혀서 면대

한 다음 시시비비를 정했는데, 절대로 아전들에게 맡기지 않았다. 이에 백성들은 '관청은 절간처럼 조용하고/아전들은 야인처럼 한가하네.' 라며 칭찬의 시를 읊었다.

凡有訴訟에 其急疾奔告者는 不可傾信하고 應之以緩徐하여 察其
범유소송에 기급질분고자는 불가경신하고 응지이완서하여 찰기
實이니라.
실이니라.

소송이 있을 경우 급히 달려와서 고하는 것을 그대로 믿어서는 안 되니, 이에 응하기를 여유 있게 하여 천천히 그 사실을 살펴야 한다.

명나라의 조예가 송강태수로 재직할 때였다. 소송하는 사람이 있으면 급한 일을 핑계로 내일로 미뤘는데, 이에 백성들이 비웃었다. 무식한 소송 자들은 태수의 행동에 격분했지만, 하룻밤이 지나면 분이 풀리고 주위사람들의 중재로 소송을 취하했다. 그제야 태수의 행동을 알아차렸다.

片言折獄하여 剖決如神者는 別有天才이니 非凡人之所宜倣也니라.
편언절옥하여 부결여신자는 별유천재이니 비범인지소의효야니라.

한 마디 말로 옥사를 결단하여 판결하기를 귀신같이 하는 것은 하늘이 준 재질이 있어야 할 일이요, 예사 사람이 본받을 일이 못 된다.

조선 선조 때 이창정이 은율현감으로 부임했는데, 당시 안찰사 최동립과는 과거부터 사이가 별로였다. 최동립이 은율현에 도착해 애매모호한 송사 수십 건을 판결케 했다. 이에 대한 송사의 처리에 있어서 소장에서 바람이 일어날 정도로 빨랐다. 또한 도전체의 공안을 맡기자, 아전을 불러 순식간에 일을 끝냈다. 이에 최동립이 탄복하면서 칭찬했다.

人倫之訟은 係關天常者니 辨之宜明이라.
인륜지송은 계관천상자니 변지의명이라.

인륜에 관한 송사는 윤리에 관계되는 것이니, 분명히 가려내야 한다.

송나라의 정호가 진성령으로 재작할 때였다. 고을부자 장씨 아들이 아버지가 사망한 지 얼마 되지 않아 어떤 늙은이가 찾아왔다. 그 늙은이는 다짜고짜 "내가 네 애비다!"라고 했다. 이 말에 장씨 아들이 깜짝 놀랐고, 아무리 생각해도 진짜인지 가짜인지 헷갈렸다. 그는 할 수없이 현관에게 판단을 의뢰했다. 현관 앞에서 늙은이는 "나는 의술이 직업인데, 과거 멀리 출장간 사이 아내가 아들을 낳았던 것입니다. 당시 너무 가난해 아들을 기를 수가 없어서 장씨에게 입양시켰습니다. 그때 아무개가 언제언제 아들을 안고 갔습니다."라고 했다. 이 말에 정호가 "그런 사실을 어떻게 자세하게 기억하고 있느냐?"라고 하자, 늙은이는 "일기장에 적어둔 것입니다."라고 대답했다. 정호는 곧바로 일기장을 바치라고 했다. 일기장에는 '아무개가 언제언제 아들을 안아서 장씨 늙은이에게 주었다.'라고 적혀 있었다. 정호는 장씨 아들에게 "올해로 네 나이가 몇이냐?"라고 묻자, 그 아들은 "서른여섯입니다."라고 했다. 또다시 정호가 "네 아버지는 몇 살이더냐?"라고 묻자, 그 아들은 "일흔 여섯입니다."라고 했다. 곰곰이 생각한 끝에 정호가 늙은이를 향해 "이 아이가 태어날 때 아비 나이가 40이었다. 그런데 늙은이라고 말했겠는가?"라고 하자, 그 늙은이는 놀라면서 죄를 자복했다.

骨肉之爭하여 忘義殉財者는 懲之宜嚴이니라.
골육상쟁하여 망의순재자는 징지의엄이니라.

골육간에 서로 다투어 의리를 잊고 재물을 탐내는 자는 엄히 징계해야 한다.

고려 때 손변은 성품이 직설적이면서 행정에 능통했는데, 그가 경상도 안찰사로 재직할 때였다. 몇 년 동안 남매가 서로 다툼의 송사가 있었는데, 결말이 나지 않았다. 먼저 누이가 "아버지가 유언으로 집안의 모든 재산을 나에게 주셨고, 동생에겐 의관 한 벌과 미투리 한 켤레, 종이 한 권을 주었습니다. 이에 대한 유언장도 있습니다."라는 첫 진술이었다. 다툼을 자세하게 조사한 손변은 두 사람을 불러 "너희 아버지가 죽을 때 너희들의 나이는 몇이었고, 지금 너희 어머니는 어디에 계시느냐?"라고 물었다. 그러자 두 사람은 "어머니는 앞서 돌아가셨고 누이는 출가했으며 동생은 어렸습니다."라고 했다. 이들의 말이 끝나자 손변은 "부모로서 마음이 어느 한쪽으로 치우치겠느냐. 어린동생이 의지할 곳은 맏누이뿐인데, 만약 재산을 나눈다면 양육이 제대로 지켜지겠느냐. 그래서 유언으로 받은 종이로 소장을 써서 의관을 갖추고 미투리를 신고 관청에 고소하면, 가려내줄 사람이 있을 것을 짐작하고 이 네 가지 물건만을 남긴 것이다."라면서 재산을 절반씩 나눠주자, 두 사람은 탄복하면서 물러갔다.

田地之訟은 民産所係니 一循公正이라야 民斯服矣니라.
전지지송은 민산소계니 일순공정이라야 민사복의니라.

농토에 대한 송사는 백성의 산업에 관계되는 것이니, 한결같이 공정하게 해야 백성들이 복종할 것이다.

조선 선조 때 신응시가 호남안찰사로 재직할 때였다. 남원에 어떤 부자가 사교에 빠져 재물과 전지와 문서 모두를 만복사에 바쳤다. 그 후 그 부자는 굶어 죽고, 고아가 된 아들은 거지가 되어 떠돌아다니면서 구걸했다. 그러다가 아들은 바친 전지와 문서를 돌려달라는 소장을 써서 관가에 여러 번 청원했지만, 번번이 패했다. 이에 그는 안찰사를 찾아가 호소하자, 신응시가 손수 '전지를 바친 것은 본래 복을 구하기 위함인데, 본인은 벌써 굶어죽었고 아들 또한 빌어먹고 있다. 이것으로 볼 때 부처의 영험이 없다는 것을 알 수가 있다. 전지를 주인에게 돌려주고 복은 부처에게 바치라.' 라는 판결문을 작성했다.

牛馬之訟은 聲名所出이니 古人遺懿를 其庶效之느니라.
우마저송은 성명소출이니 고인유의를 기서효지느니라.

마소에 관한 송사는 좋은 이름을 낼 수 있는 것이니, 옛 사람들이 남긴 아름다운 법을 본받아야 한다.

고려 때 이보림이 지금의 성주원으로 재직할 때였다. 어떤 백성이 찾아와 이웃사람이 자기 집 소의 혀를 잘랐다고 고소했지만, 이웃사람은 이를 인정하지 않았다. 그러자 이보림은 혀 잘린 소를 목마르게 했다. 그런 다음 마을 사람들을 불러 모은 가운데 물에 간장을 타서 "차례로 돌라가면서 소에게 물을 마시게 하는데, 소가 마시려는 순간 입에서 떼라!"며 명령했다. 사람들이 명령대로 했는데, 소송당한 사람의 차례가 되었다. 그가 가까이 다가가자 소가 깜짝 놀라며 달아났다. 이에 이보림은 그를 잡아 힐문하자, 그는 "소가 제 논의 벼를 먹었기 때문에 혀를 끊은 것입니다."라며 자백했다.

財帛之訟에 券契無憑은 察其情僞라야 物無遁矣니라.
재백지송에 권계무빙은 찰기정위라야 물무둔의니라.

재물이나 비단 종류에 관한 송사로서 문서의 증빙이 없
는 것은, 그 진정과 허위 여부를 잘 살피면 사실을 숨길
수 없게 된다.

어떤 사람이 비단을 들고 저자에 갔다가 비를 만나 덮어쓰고 있었다.
얼마 후 다른 사람이 찾아와 함께 쓰자고 청하자, 한쪽 끝을 주어 함께 덮
어썼다. 비가 그치자, 한쪽 끝을 덮고 있었던 사람이 비단을 자기 것이라
며 우겼다. 그래서 이들은 관을 찾아와 시시비비를 가려달라고 청했다.
그러자 설선은 비단 절반을 잘라 각각 나눠주고 말 타는 아전에게 명령해
뒤를 따라가면서 그들이 말을 듣게 했다. 그러자 그들 중 한사람이 "사또
의 은덕으로 비단이 생겼구나."라며 기뻐했지만, 정작 비단주인은 억울
한 표정을 지었다. 이에 설선이 그 중 한사람을 채포해 죄를 자백 받았다.

虛明照物이면 仁及微禽이라 異聞遂播하고 華聲以達이니라.
허명조물이면 인급미금이라 이문수파하고 화성이달이니라.

허명으로 물건을 비추면 어짊이 미물과 금수에까지 미치
게 된다. 그래서 기이한 소문이 퍼지고 빛나는 명성이 알
려지게 된다.

온창이 경조윤으로 재직할 때였다. 어느 날 담 너머에서 설렁줄 당겨지는 소리가 들려와 밖으로 나갔는데, 그것은 까마귀였다. 이에 그는 '흠~ 반드시 어떤 사람이 까마귀 새끼를 꺼낸다는 호소이구나.' 라고 생각했다. 재빨리 아전을 시켜 살피게 했는데, 과연 까마귀 새끼를 꺼내는 사람이 있었다.

墓地之訟은 今爲弊俗이라. 鬪毆之殺이 半由此起하고 發掘之變을
묘지지송은 금위폐속이라. 투구지살이 반유차기하고 발굴지변을
自以爲孝하나니 聽斷不可以不明也니라.
자이위효하나니 청단불가이불명야니라.

묘지에 관한 송사는 지금 폐속이 되고 말았다. 격투와 구타의 살상 사건이 절반은 여기서 일어나며, 남의 분묘를 발굴하여 옮기는 피변을 스스로 효도로 여기니, 판결함에 분명하게 하지 않을 수 없다.

송나라 사마광이 부모상을 당해 장례를 치렀는데, 이때 그는 조용히 지사를 불러 "군말 없이 내가 시키는 대로 한다면 돈 2만 냥을 줄 것이고, 내말을 듣지 않는다면 다른 지사를 뽑겠다." 라고 했다. 이에 지사는 그의 명에 따라 자리를 잡고 방향을 정하는 것 모두를 사마광을 따랐다.

國典所載도 亦無一截之法하여 可左可右를 惟官所欲하니 民志不
국전소재도 역무일절지법하여 가좌가우를 유관소욕하니 민지부
定하여 爭訟以繁이니라.
정하여 쟁송이번이니라.

나라 법전의 기록도 분명히 잘라 정한 법문이 없어서 관
에서 좌우하는 대로 하게 되니, 백성의 마음이 안정되지
못하고 분쟁과 송사가 많아지는 것이다.

조선 정조 때 판서 권엄이 한성판윤으로 재직할 때였다. 당시 어의 강
명길이 임금을 믿고 마음대로 행동해 대신들로부터 미움을 받고 있었
다. 그가 서쪽교외에 땅을 구입해 부모의 묘를 이장했다. 그리고 산 밑
민가 수십 호를 구입했는데, 그들은 10월 추수 후에 이사를 가겠다고
했다. 하지만 그해 흉년이 들면서 민가에서는 약속을 지킬 수가 없었
다. 이런 상황속에서 강명길은 종들을 시켜 쫓아내겠다고 고소했지만,
권엄은 허락하지 않았다.

貪惑旣心하여 壞奪相續하니 聽理之難이 倍於他訟이니라.
탐혹기심하여 양탈상속하니 청리지난이 배어타송이니라.

탐혹이 이미 깊고 약탈이 서로 잇따르니, 처리하기 어려
움이 다른 송사보다 배나 더하다.

조선 정조 때 김상묵이 안동부가로 재직할 때였다. 고을 백성가운데 어떤 사람이 묘지문제로 송사를 시작했는데, 법흥 이씨와 신출세력가의 다툼이었다. 내용은 신출세력가가 이씨 집안의 산소를 함부로 차지했다는 것이다. 이 송사는 고을의 세관장을 거치면서 내려오다가 김상묵이 부임하자, 또다시 송사한 것이었다. 그가 직접 현장을 찾아가 살펴보고 신출세력가에게 "네가 파내야 맞다."라고 하자, 신출세력가는 "세 번 판결을 받았지만, 법으로 처리해주지 않았습니다."라고 했다. 이에 "판결이 공평하지 않으면 세 번보다 더 많을 수도 있는 것이다. 네가 파내야 옳은 것이다."라고 했다. 기분이 상한 신출세력가는 "이씨가 누군지를 성주는 모를 것입니다."라고 하자, "그래, 나도 잘 모른다."라고 했다. 이 말이 끝나자 신출세력가는 "그는 무신년 죄인의 후손입니다. 그래서 묘지가 있을 수 없습니다."라며 우기자, 김상묵은 "너는 지금 죄를 벗었다. 하지만 네 조부와 증조부는 무신년 죄인의 후손이 아니더냐?"라며 곤장을 다스리고 기일을 정해서 묘를 옮기게 했다. 이에 백성들이 몹시 기뻐했다.

奴婢之訟法은 典所載繁가 繁瑣多文하여 不可據依하니 參酌人情
노비지송법은 법전소재가 번쇄다문하여 불가거의하니 참작인정
이요 不可拘也니라.
이요 불가구야니라.

노비에 관한 송사는 법전에 실린 것이 번잡하고 기록이 많아서 의거할 수가 없으니, 인정을 참작해야지 법조문에만 구애받아서는 아니 된다.

조선 선조 때 정복시가 호서군막의 보좌로 근무했다. 이 당시 윤원형이 최고의 세력을 부렸는데, 그는 남의 종 수십 명을 빼앗아 송사에 걸렸다. 하지만 장기간 송사가 결말나지 않도록 끌었다. 그에게 겁을 먹은 관찰사가 유리하도록 판결하려고 했지만, 정복사는 이에 굴하지 않고 주인에게 종을 돌려주게 판결했다.

債貸之訟은 宜有權衡이니 或尙猛以督債하고 或施慈以已債하여
채대지송은 의유권형이니 혹상맹이독채하고 혹시자이이채하여
不可膠也니라.
불가교야니라.

차대에 관한 소송은 마땅히 권형이 있어야 한다. 혹은 엄중히 하여 빚을 독촉하여 주기도 하고, 혹은 은혜를 베풀어 빚을 탕감하여 주게도 하여 고지식하게 법만 지킬 것이 아니다.

부자들은 돈을 늘이기 위해 빚을 놓는데, 빚을 얻은 가난한 백성들은 제때에 상환하지 못한다. 그러자 관에서는 "추수 때를 기다리라." "풍년을 기다려라."고 한다. 차라리 탕감해 주려면 관청에서 직접 문권을 회수해 불태워 뒷말이 없게 만들어야 한다. 백성들을 이용해 부를 늘이는 간사한 사람들을 적발해 엄하게 다스려야 한다

軍簽之訟에 兩里相爭이면 考其根脈하여 確然歸一이니라.
군첨지송에 양리상쟁이면 고기근맥하여 확연귀일이니라.

군첨의 소송으로 두 마을이 서로 다툴 때는, 그 근본 원인을 상고하여 확실하게 어느 한 쪽으로 결정해야 한다.

갑과 을 두 마을에서 군적 하나를 가지고 송사할 때, 서로가 자신의 것이라고 우긴다. 이렇게 되면 한번은 갑이 이기고 을이 지고, 한번은 갑이 지고 을이 이기는 것이 수년 동안 반복된다. 이처럼 시간이 흐를수록 송사와 관련된 서류는 산처럼 쌓이게 된다. 이에 따라 목민은 양쪽에게 명해 전후의 문서를 빠짐없이 제출하게 한 다음, 갑과 을을 한 자리에 불러서 옳고 그름을 판결해야 한다. 이날 목민관은 다른 사소한 일은 모두 뒤로 미루고 송사에 전념해야 한다.

快訟之本은 全在券契하니 發其幽奸하고 昭其隱慝은 唯明者能之니라.
결송지본은 전재권계하니 발기유간하고 소기은닉은 유명자능지니라.

송사를 판결하는 근본은 오로지 문서에 있으니 그 숨겨진 사실을 들추어 밝히는 것은 오직 밝은 사람이라야 할 수 있다.

조선 인조 때 이원익이 저술한 『청송정요』에 '첫 송사가 있을 때 다짐을 받고 그런 다음에 진술을 받으며, 문서를 열람한 후에 봉인하여 주인에게 되돌려준다. 문서는 선후를 상고할 때, 호적의 유무를 상고하고 출처는 격식에 어긋나지 않았나를 살핀다. 월일의 기한은 법률의 조문을 살피고 친속관계는 격식에 어긋나지 않는가를 파악한다. 문서를 대조하고 문서의 덧붙이고 긁어낸 것을 살핀다. 그리고 인장의 글자를 살피고 인장자리에 덧 글씨의 유무를 확인한다. 연월에서 생몰을 상고하고 연월에서 출입을 상고하며, 이어서 붙인 곳의 간인을 가려낸다. 판결문에서 수결과 서명을 상고하고 나라의 제삿날과 맞고 안 맞지를 확인한다.' 라고 했다.

제2조 단옥 斷獄
옥사를 판단함

斷獄之要는 明愼而已라 人之死生이 係我一察이니 可不明乎며 人
단옥지요는 명신이기라 인지사생이 계아일찰이니 가불명호며 인
之死生이 係我一念이니 可不愼乎아.
지사생이 계아일념이니 가불신호아.

옥사를 처리하는 요령은 밝고 삼가서 할 뿐이다. 사람의
생사가 내가 한 번 살피는 데 달렸으니 어찌 밝게 하지 않
을 수 있겠으며, 사람의 사생이 내 한 생각에 달렸으니
또 삼가지 않을 수 있겠는가.

『주역』 '밝고 금지하는 것으로 형벌을 사용하고 옥사를 머물러 두지 않
는다.' 라고 했다. 다시 말해 옥사를 처단하는 방법은 밝게 하고 금지하
는 것뿐이다. 따라서 수령이 밝게 살피고 금지하는 것은 바로 옥사를 잘
처리한다는 말이다.

大獄蔓延하면 冤者什九라. 己力所及에 陰爲救拔하여 種德요福이
대옥만연하면 원자십구라. 기력소급에 음위구발하여 종덕요복이
未有大於是者也니라.
미유대어시자야니라.

큰 옥사가 만연하면 원통한 자가 열에 아홉은 된다. 자기
힘이 미치는 데까지 남몰래 구해 버면 은덕을 베풀어서
복을 구하는 일이 이 일보다 더 클 수 없다.

후한 우후의 할아버지 경이 군의 옥리로 재직할 때, 옥사를 올릴 때마
다 눈물을 흘리면서 "옛날에 우공은 그 집 문을 놓이고 그 자손이 승상
에 이르렀다. 내 자손 역시 구경이 되지 못하겠는가."라고 했다.

誅其首魁하고 宥厥株連이면 斯可以無冤矣니라.
주기수괴하고 유궐주련이면 사가이무원의니라.

피수만 죽이고 연루된 자들은 용서하면 원한이 없게 된
다.

조선 이영휘가 삼등현령으로 부임했다. 당시 성천에서 옥사가 있었는
데, 옥에는 수십 명이 갇혀 있었다. 이때 부사 허질이 세력을 믿고 방자
했으며, 성격이 냉혹해 죄인 모두에게 참형을 가했다. 이것을 안찰사

역시 그의 보고대로 처리했다. 그러자 이영휘가 나서서 옥사가 지나치고 형장이 과중한 것은 불법이라고 했다. 그러자 허질은 "이곳 민심이 매우 사나운데, 작은 원한을 어떻게 생각할 것인가? 옥사를 지체하면 반드시 폐단이 따르기 때문에 속히 참해야 한다."라고 했다. 이 말을 들은 이영휘는 "무슨 당치도 않는 말을 하는가? 옥을 다스릴 때는 죽는 가운데서 살릴 길을 찾아야만 한다. 무조건 사는 방법이 없다고 사형을 내린다면 죽이는 자는 통쾌하겠지만 죽는 자는 몹시 원통해 할 것이다."라면서 장형을 가볍게 하고, 가장 억울한 자들은 석방시켰다.

疑獄難明이니 平反爲務가 天下之善事也요 德之基也니라.
의옥난명이니 평번위무가 천하지선사야요 덕지기야니라.

의심나는 옥사는 밝히기 어려우니 용서하기에 힘쓰는 것이 천하의 좋은 일이며 덕의 기본이다.

송나라의 임적이 순주판관으로 재직할 때, 큰 옥을 재심하면서 용서를 많이 한 탓에 사자에게 잘못 보였다. 처음엔 사자가 임적을 천거하려고 했는데, 이런 이유로 그만두었다. 그러자 임적은 "추천을 한 번 놓친 대신에 50여 명을 살렸다. 이제 뭘 바라겠는가."라며 웃었다.

久囚不釋하고 淹延歲月로는 除免其債하여 開門放送도 亦天下之
구수불석하고 엄연세월로는 제면시채하여 개문방송도 역천하지
快事也니라.
쾌사야니라.

오래 갇힌 죄수를 놓아 주지 않고 세월만 끄는 것보다는,
부채를 면제하고 옥문을 열어 버보내는 것 또한 세상의
상쾌한 일이다.

탁지에 갇힌 사람이 있었는데, 세 차례의 특사에도 불구하고 제외된
사실을 당나라의 백거이가 알았다. 이에 "아버지가 죽으면 자식을 가두
고 남편이 갇히면 아내는 시집을 가버린다. 그래서 빚은 갚을 기한이
없고 금령은 쉬는 날이 없다. 그래서 일체를 면해주시오."라며 10여 차
례 상소해 조정의 허락을 받아냈다.

明斷立決하여 無所濡滯고 則如陰曀震霆면 而淸風掃滌矣니라.
명단입결하여 무소유체고 죽여음에진정면 이청풍소척의니라.

명확한 판단으로 즉시 판결하여 막히고 걸리는 일이 없
으면, 마치 어두운 먹구름에 번개가 스치고 맑은 바람이
말끔히 쓸어버리는 것과 같다.

고려 때 최자가 상주사록으로 부임했다. 상주는 도에서 가장 큰 고을이기 때문에 소송이 매우 많았다. 그는 부임하는 첫날부터 판결을 귀신처럼 처리하자, 아전과 백성들이 두려워했다. 이때부터 고을의 기강이 바로잡혔고, 이에 옥이 텅 비었다.

法所不赦는 宜以義斷이니 見惡而不서 知惡이면 是又婦人之仁也니라.
법소불사는 의이의단이니 견악이부서 지악이면 시우부인지인야니라.
니라.

법으로 놓아 주지 못할 것은 의리로 처단해야 한다. 악을 보면서 악을 알지 못하는 것 또한 부인의 어짊이다.

주자가 요자희에게 "옥사는 인명이 관계되는 일이기 때문에 최선을 기울여야 한다. 지금의 풍속이 음덕론에 빠져 죄 있는 자를 석방하는 것을 예사롭게 행하고, 선량한 사람들이 고할 곳이 없다는 것을 왜 생각하지 않는가. 이것은 심한 폐단인지라 조심하지 않으면 실수가 된다. 그래서 죄수라도 가엽게 생각해야만 한다."라고 회신했다.

酷吏慘刻하여 專使文法으로 以정其威明者는 多不善終이니라.
혹리참각하여 전사문법으로 이령기위명자는 다불선종이니라.

> 혹독한 관리가 각박하게 오로지 법조문만 가지고 위엄
> 과 밝음을 펴는 자는 좋게 죽지 못한 자가 많다.

당나라의 이광원이 성격이 매우 급한 나머지 죄인을 날마다 처형했다. 그는 죄인에게 태형을 가하는 소리를 듣고 "오~ 사람 북이 우는구나."라고 표현했다. 그가 죽을 때는 "평생 동안 승도 수십 명을 참했는데, 이것으로 82년을 살았다."라고 했다. 장사가 끝나자 도둑이 그의 묘에서 시체를 끄집어낸 다음 사지를 잘라버렸다. 이것은 잔혹한 형벌의 대가였다.

> **士大夫**가 **不讀律**하여 **長於詞賦**하고 **闇於形名**도 **亦今日之俗弊也**
> 사대부가 부독율하여 장어사부하고 암어형명도 역금일지속폐야
> **니라.**
> 니라.
>
> 사대부들이 법률을 읽지 않으므로 사부는 잘 하나 형명에는 어두운 것 역시 오늘날의 폐단이다.

구양수가 "내가 과거에 이릉에서 벼슬했는데, 그곳은 사람이 살만한 곳이 아니었다. 젊을 때 학문을 좋아해 한사를 한번 구해보려고 했지만, 공사간에 아무것도 없어서 소일거리도 없었다. 그래서 서가의 묵은 공안을 가져와 살펴보았다. 공안에서 옳고 그름과 어긋난 것들이 셀 수

없이 많았다. 그래서 하늘에 맹세한 다음 일이 있을 때마다 정성을 쏟았다."라고 했다.

人命之獄은 古疎今密이니 專門之學을 所宜務也니라.
인명지옥은 고소금밀이니 전문지학을 소의무야니라.

인명에 관한 옥사를 옛날에는 가볍게 했고 지금은 엄밀하게 하니, 이에 대한 전문 학문은 마땅히 힘써야 할 일이다.

조선 현종 때 박환이 금구현령으로 부임했는데, 그곳에 여덟 살 된 전 남편의 자식을 데리고 있는 백성의 처가 있었다. 남편이 술에 취해 누워있을 때 옆에서 아이가 도끼를 가지고 장난치다가 의부의 다리를 찍었다. 그러자 의부는 아이가 친 자식이 아니기 때문에 고의로 자신을 찍었다며 관가에 소송했다. 이에 순찰사가 아이를 법대로 처리하려고 하자, 박환이 여러 번 아이가 고의가 아닌 실수였다고 다퉜다. 이에 순찰사가 책망하자, 박환이 "옛 사람들은 벼슬을 그만두고 돌아가는 한이 있어도 죄 없는 사람을 죽이지 못한다고 했다."라면서 다퉈 마침내 아이가 무죄가 되었다.

獄之所起에 吏校恣橫하여 打家劫舍하며 其村遂亡하나니 首宜慮
옥지소기에 이교자횡하여 타가겁사하며 기촌수망하나니 수의려
者는 此也라. 上官之初에 宜有約束이니라.
자는 차야라. 상관지초에 의유약속이니라.

옥사가 일어나면 아전과 군교들이 횡포를 부려 집을 부
수고 침탈해 그 마을이 마침내 망하게 되니 가장 먼저
염려할 일이 바로 이 일이다. 부임하여 처음 정사할 때는
의당 이런 일에 대하여 분명한 약속이 있어야 한다.

내가 오랫동안 민간에 살았기 때문에 옥사를 누구보다도 잘 안다. 살
인이 일어났을 때 고발하는 사람은 열 명 중 두 세 명이고, 나머지는 모
두 숨긴다. 그래서 원고의 원통함이 있지만 마을의 부로와 호걸들이 만
류하면 이를 듣게 된다. 여기서 범인을 쫓아버리고 원고의 입을 막기
위해 뇌물을 주고 급하게 매장한다. 이때 아전이나 장교들이 알고 협박
하면 마을에서 돈 2~3백 냥을 갹출해 뇌물로 주면서 고발하지 않는다.
이것이 여기서도 행해지고 있기 때문에 목민관은 깊이 조사해야 한다.

獄體至重하여 檢場取招는 本無用刑之法이어늘 今之官長은 不達
옥체지중하여 검장취조는 본무용형지법이어늘 금지관장은 부달
法例하여 雜施刑杖하니 大非也니라.
법례하여 잡시형장하니 대비야니라.

옥사의 체제가 지중하여 검시장의 취조에는 본래 형구를 사용하는 법이 없는데, 요즈음 관장들은 법례를 통달하지 못하고 함부로 사용하니 큰 잘못이다.

지금의 군현관장들은 노련하지 못하고 아전 또한 무식해 검시장 취조에서도 태장을 사용한다. 매를 견디지 못해 자백하는 것을 사실로 인정해 무옥을 성립시킨다. 이것이 옥사를 만들어내는 것이고, 나라 법까지 어기는 꼴이다. 그래서 목민관은 반드시 이것을 삼가야 하겠다.

誣告起獄을 是名圖賴라하니 嚴治勿赦하여 照律反坐니라.
무고기옥을 시명도뢰라하니 엄치물사하여 조율반좌니라.

무고로 옥사를 일으키는 것을 도뢰라 이름하는데, 이런 것은 엄중히 다스려 용서하지 말고 반좌율로 처결해야 한다.

자살을 두고 타살이라고 판결하는 경우가 많다. 그래서 법서를 따르면 죄목에 해당하는 형태와 증상이 각각 다르기 때문에 판단하기 쉽다. 그러나 모든 옥사가 끝나면 관장의 마음이 풀려서 악을 징계하지 않고 그냥 석방하기 때문에 백성이 두려워하지 않는다. 그렇기 때문에 무고한 자는 법대로 반좌되어야 하고, 죽을 죄로 무고한 자는 응당 죽여야만 한다.

檢招彌日에 錄之以同日하나니 此宜改之法也니라.
검초미일에 녹지이동일하나니 차의개지법야니라.

검사 취조가 하루가 지났는데도 같은 날에 한 것으로
기록하는데 이것은 마땅히 개정할 법이다.

검사취조는 5~6일이 되어야 마칠 수 있는데, 검안에는 모두 같은 날
이라고 한다. 재조사에서 처음 진술한 것을 문초하면 거짓으로 진술하
게 마련이다. 또한 처음엔 진실을 숨겼다가 나중에는 바른대로 진술하
기도 한다. 그래서 일자와 시각의 차이에서 사실을 조사하면 실정과 거
짓을 구별할 수가 있다. 하지만 무조건 같은 날에 했다고 하는 것은 크
게 잘못된 것이다.

大小決獄은 咸有日限이니 經年閱歲하여 任其老瘦는 非法也니라.
대소결옥은 함유일한이니 경년열세하여 임기노수는 비법야니라.

크고 작은 옥사 처결에는 모두 기한 날짜가 있다. 해가
지나고 세월이 흘러 죄인이 늙고 수척하게 버려 두는 것
은 법이 아니다.

『경국대전』에 '옥사판결에서 죽을 죄는 30일, 귀양은 20일, 매를 때
리거나 곤장을 치는 것은 10일이다. 그래서 증인이 다른 장소에 있을

때는 그곳의 거리에 따라 왕복하는 날수를 제한하면서 기한 내에 판결을 마치도록 한다.' 라고 되어 있다. 본 법이 이렇기 때문에 사죄는 월 3회를 조사해 옥사를 판결 하는데, 시간이 급박해서 열흘에 한 번씩 심문하는 것이다. 하지만 지금은 사람을 오래 가두는데, 10년도 넘는 경우도 있다. 그래서 한 달에 3회의 추문이나 3년 만에 한 번 추문도 보기 드물다.

保辜之限은 隨犯不同이라. 認之不淸이면 議或失平이니라.
보고지한은 수범부동이라. 인지불청이면 의혹실평이니라.

보고의 기한은 범죄에 따라 같지 않다. 그러므로 인증이 맑지 않으면 의논이 혹 공평을 잃게 된다.

『대명률』에 '손발이나 기타 물건으로 사람을 구타 상해한 사람은 기한을 20일, 칼이나 탕화로 남을 상해한 자는 기한을 30일로 정한다. 몸뚱이를 거꾸러뜨려 부러지게 한 사람이나 뼈를 상하게 하고 낙태하게 한 사람은 손발인 다른 기물로 상해를 입혔던 관계없이 모구 50일로 기한을 정한다.' 라고 되어 있다.

殺人匿埋者는 皆當掘檢이니 大典之註는 本是誤錄이니 不必拘也
살인익매자는 개당굴검이니 대전지주는 본시오록이니 불필구야
니라.
니라.

살인하여 몰래 매장한 것은 모두 파내서 검시해야 한다.
'대전'의 주는 본시 잘못된 기록이니 구애할 필요가
없다.

제3조 신형 愼刑
형벌을 삼감

牧之用刑은 **宜分三等**이니 **民事用上刑**하고 **公事用中刑**하며 **官事**
목지용형은 의분삼등이니 민사용상형하고 공사용중형하며 관사
用下刑하며 **私事無刑焉**이 **可也**니라.
용하형하며 사사무형언이 가야니라.

민사는 전정·부역·군정·곡부·소송 등 일체 백성들
에 관계되는 일과, 관리와 향리의 세력 있는 자들이 혹 간
계를 부린다거나 침해하여 백성을 해롭게 하는 것 등이
해당된다.
공사는 조운·세납·물선의 공물·경사·상사에 수납하
는 물품, 공문서 기안 등 일체의 공공사무·관리·향갑들
이 포흠을 지고 결손을 많이 버며 기일을 어기고 지체하
는 것 등이 해당된다.
관사는 제사·빈객·전수·책응·조알의 예절과, 공봉
하는 직책 등 일체 본현 사무로 관부를 유지하는 것과, 관

수령이 사용할 수 있는 형벌은 태 50이며, 신장과 군곤은 수령들이 사용할 수가 없다. 법례를 알지 못해 태장은 모두 없어지고 오로지 곤장만 사용하고 있다. 신장은 상사에 보고한 다음에 행하는 법이다. 하지만 지금은 아전이나 향승 뿐만이 아니라 유생과 묘지를 송사하는 선비까지 화가 나면 신장고문을 마음대로 행한다. 이것은 나라의 법을 어기는 것이기 때문에 삼가야 한다.

刑罰之於以正民은 末也라. 律己奉法하여 臨之以莊이면 則民不犯
형벌지어이정민은 말야라. 율기봉법하여 임지이장이면 즉민불범
하나니 刑罰雖廢之라도 可也니라.
하나니 형벌수폐지라도 가야니라.

형벌은 백성을 바로잡는 일에 있어서 가장 말단의 일이다. 목민관이 자신을 단속하고 법을 받들어서 엄정하게 임하면 백성이 죄를 범하지 않을 것이니, 그렇다면 형벌은 쓰지 않더라도 좋을 것이다.

한 나라를 통치하는 것은 한 가정을 다스리는 것과 같은 이치로 한 고을도 마찬가지이다. 그래서 가정을 잘 다스려야만 모든 것이 안정된다.

古之仁牧은 必緩刑罰하여 載之史策하여 芳徽馥然이니라.
고지인목은 필완형벌하여 재지사책하여 방휘복연이니라.

옛날의 어진 목민관은 반드시 형벌을 완화하여 그 사적
이 역사에 실려 아름다운 이름이 길이 빛나고 있다.

조선 효종 때 조극선이 군읍에 근무하면서 죄인을 다스릴 때마다 슬
퍼하면서 "아~ 때리는 사람도 괴로운데 맞는 사람이야 고통이 얼마나
심하겠는가. 괴롭지만 명령을 어겼으니 불쌍할 따름이구나."라고 했다.

一時之忿으로 濫施刑杖은 大罪也라. 列朝遺戒가 光于簡册이니라.
일시지분으로 남시형장은 대죄야라. 열조유계가 광우간책이니라.

한때의 분노 때문에 형장을 함부로 치는 것은 큰 죄이다.
열성조의 남긴 훈계가 책에 빛나고 있다.

임금은 사람의 생사여탈권을 가지고 있다. 하지만 사람을 벌하고 참
형할 때는 감정에 치우쳐서는 안 되고, 또한 생사를 결정할 때는 공론
에 따라야만 한다.

婦女는 非有大罪이어든 不宜快罰이니라. 訊杖猶可나 笞臀尤褻이
부녀는 비유대죄이어든 불의결벌이니라. 신장유가나 태둔우설이
니라.
니라.

부녀자에게는 큰 죄가 아니면 형벌을 시행하지 않는다.
신장은 오히려 가하나 볼기를 치는 것은 더욱 욕된 일이
다.

부녀자가 살인죄를 저질렀다면 먼저 태아가 있는지를 확인한 다음에
형벌을 행해야 한다. 그런데도 불구하고 부녀자에게 볼기를 칠 때 고쟁
이를 벗기고 속치마만 입힌 다음 물을 끼얹어 옷이 살에 달라붙게 한
다. 이런 모양새는 아무리 법정이라고 하지만, 보기에 민망하다. 그렇
기 때문에 목민관은 예법을 반드시 지켜야 된다.

老幼之不拷訊은 載於律文이니라.
노유지불고신은 재어율문이니라.

늙은이와 어린이를 고문하지 못하는 것은 율문에 실려
있다.

『대명률』에 '나이 70세 이상, 15세 이하와 불치병으로 폐인이 된 사람에게는 고문하지 않는다. 만약 이를 어긴다면 태형 50에 처한다.' 라고 되어 있다.

惡刑은 所以治盜니 不可輕施於平民也니라.
악형은 소이치도니 불가경시어평민야니라.

악형은 도적을 다스리는 것이니, 평민에게 경솔히 시행해서는 안 된다.

악형에는 발가락을 뽑는 난장과 양쪽 다리사이에 나무를 끼우는 주리가 있다. 난장은 없어졌기 때문에 도적을 다스릴 때도 사용하지 않는다. 하지만 주리는 아직도 있는데, 관장이 노하면 가끔 이속들에게 사용한다. 이것은 국법을 어기는 것으로 백성들에게 덕을 잃는 것과 같다.

제4조 휼수 恤囚
옥에 갇힌 죄수를 보살핌

獄者는 陽界之鬼府也니 獄囚之苦는 仁人之所宜察也니라.
옥자는 양계지귀부야니 옥수지고는 인인지소의찰야니라.

감옥은 사람이 살고 있는 이 세상의 지옥이다. 옥에 갇힌 죄수의 고통을 어진 사람으로서는 마땅히 살펴야 한다.

옥중에서는 첫째 형틀의 고통, 둘째 토색질당하는 고통, 셋째 병들어 아픈 고통, 넷째 추위와 굶주림의 고통, 다섯째 오래 갇혀있는 고통 등 다섯 가지다.

枷之施項은 出於後世요, 非先王之法也니라.
가지시항은 출어후세요, 비선왕지법야니라.

칼을 목에 씌우는 것은 후세에 생긴 일이지, 선왕의 법은 아니다.

과거 기록들을 보면, 죄인에게 수갑을 채우거나 발에 차꼬를 채웠지만, 목에 칼을 씌우지는 않았다. 칼은 옥졸을 위해서 만든 것인데, 칼을 씌우면 내려다보거나 쳐다볼 수가 없고 숨쉬기가 어려워 견디기 힘든 형벌이다.

獄中討索은 覆盆之冤也이니 能察此冤이면 可謂明矣니라.
옥중토색은 복분지원야이니 능찰차원이면 가위명의니라.

옥중에서 토색질을 당하는 것은 남모르는 원통한 일이니, 목민관이 원통함을 살피면 밝다고 할 수 있을 것이다.

관장은 옥졸들의 토색질을 막기 위해서는 백성이 죄를 지으면 가두지 말아야 한다. 만약 어쩔 수 없이 가두게 될 때는 특별히 형리와 옥졸들의 침해를 막아야 한다. 해주 죄수 이종봉이 살인죄로 옥에 갇혀 있을 때, 박해득이란 사람이 죄를 짓고 옥에 갇히게 되었다. 이때 옥졸 최악재가 이종봉을 시켜 박해득을 죽게 만들었는데, 토색하는 대가로 돈 50냥을 주었다.

疾痛之苦는 雖安居燕寢이라도 猶云不堪이거늘 況於犴狴之中乎아.
질통지고는 수안거연침이라도 유운불감이거늘 황어안폐지중호아.

병들어 아플 때의 고통은 편히 집안에 있고 잠잘 때에도
오히려 견딜 수 없는데 더구나 옥중에 있어서이겠는가?

『속대전』에는 '옥은 죄지은 사람을 징계하는 장소다. 이곳은 사람을
죽이게 하는 장소가 아니다. 그럼에도 불구하고 큰 추위와 심한 더위,
굶주림과 질병으로 죽어가는 사람이 있다. 관리에게 옥을 청소하게 하
고 질병을 치료하게 하며, 가족이 없을 때는 관에서 옷과 양식을 줘야
한다. 이것을 어길 때는 엄히 다스려라.' 고 기록되어 있다.

獄者는 無隣之家也요 囚者는 不行之人也라. 一有凍餒면 有死而
옥자는 무린지가야요 수자는 불행지인야라. 일유동뇌면 유사이
已라.
이라.

옥이라는 것은 이웃 없는 집이요, 죄수는 걷기 못하는 사
람과 같으니, 한번 추위와 굶주림이 닥쳐오면 죽음이 있
을 뿐이다.

손일겸이 남도사옥으로 부임하면서 중죄인에게 쌀을 하루 한 되씩 주

게 했다. 그런데 옥졸이 그것을 도둑질해 밥이 충분하지 못하다는 것을 들었다. 또한 죄수들의 힘에 따라 나눠준 밥을 얻어먹지 못하는 사람도 있고, 죄수가 처음 옥에 들어가면 옥졸이 더러운 곳에 몰아넣고 돈을 요구하다가 뜻대로 되지 않으면 그대로 두고 밥도 주지 않았다. 이에 손일겸은 이런 일들을 금지시키고 순수 저울을 만들어 정량에 따라 밥을 계산해 줌으로써 공평하게 되었다. 이후부터 죄수들이옥에서 죽지 않았으며 옥졸 역시 횡령하지 못했다.

獄囚之待出은 如長夜之待晨이니 五苦之中에 留滯는 最也니라.
옥수지대출은 여장야지대신이니 오고지중에 유체는 최야니라.

옥에 갇힌 죄수가 나가기를 기다리는 것은 긴 밤에 새벽을 기다리는 것과 같다. 옥중의 다섯 가지 고통 가운데서도 오래 지체하는 고통이 가장 심하다.

송나라의 손각이 복주지사로 부임했는데, 이때 백성들이 관의 돈을 횡령하면서 옥에 갇힌 자가 많았다. 이때 어떤 부자가 돈 5백 만 금을 들여 절간을 수리하겠다고 요청했다. 그러자 손각이 "네가 돈을 시주하는 것은 복을 받기 위함이다. 그런데 아직 절간이 심하게 무너지지 않았다. 만약 그 돈을 옥에 갇힌 죄수의 관전을 대신 갚아 수백 명을 고통에서 벗어나게 해준다면 부처도 웃을 것이다."라고 했다. 그러자 부자는 그 돈을 관으로 실어와 관전을 대신 갚자, 옥이 텅텅 비게 되었다.

牆壁疎豁하여 重囚以逸이면 上司督過하리니 亦奉公者之憂也라.
장벽소활하여 중수이일이면 상사독과하리니 역봉공자지우야라.

옥의 담장과 벽이 허술하여 중죄수가 탈출하면 상사에게
문책을 당하게 되니, 역시 봉공하는 수령으로서 걱정할
일이다.

큰 도둑이나 좀도둑이 담을 넘는 방법이 신출귀몰하다면 그에 대한
정찰을 배로 늘여야할 것이다. 담을 넘어가는 방법은 반드시 밖에서 누
군가 도와야 할 수 있는 것이다. 그렇기 때문에 포교나 포졸들은 모두
도둑과 한통속이다. 그래서 우두머리를 불러서 "도둑이 도망간다면 반
드시 너희와 짠 것이다. 관에서 철저하게 조사해 다스릴 것이다."라고
주의를 줘야 한다.

歲時佳節에 許其還家하여 恩信旣孚면 其無逃矣니라.
세시가절에 허기환가하여 은신기부면 기무도의니라.

세시 명절에는 죄수들에게 집에 돌아가는 것을 허락하여
은혜와 신의로 서로 믿는다면 도망하는 자가 없을 것이다.

양나라의 왕지가 동양태수로 재직할 때, 옥중에 중죄인 40여 명이 갇
혀 있었다. 그는 동짓날이 되자 모든 죄인을 집으로 돌려보냈는데, 명

절을 보내고 돌아왔다. 하지만 그들 중 한사람만 기일을 어겼는데. 이에 옥관이 그 사실을 고했다. 그러자 왕자가 "이것은 태수의 일이다. 언급하지 말라."라고 했다. 이튿날 아침 죄수가 옥으로 돌아와 "아내가 임신한 상태입니다."라며 사죄했다. 이에 이속과 백성들이 왕지를 칭찬했다.

久囚離家하여 生理遂絕者는 體其情願하여 以施慈惠니라.
구수이가하여 생리수절자는 체기정원하여 이시자혜니라.

장기 죄수가 집을 떠나 있어 자식의 생산이 끊기게 되는 자는 그 정상과 소원을 참작하여 자애와 은혜를 베풀어야 한다.

후한의 오우가 교동상으로 재직할 때였다. 안구땅의 관구장이 어머니와 함께 저자 길을 갔다. 이때 술 취한 사람이 그의 어머니를 욕보이자 관구장이 그를 죽인 다음 스스로 수갑을 차고 자수했다. 오우가 관구장에게 "처자식이 있느냐?"라고 물었다. 그러자 "처는 있지만 아직 아들은 없습니다."라고 대답했다. 이에 공문을 보내 관구장의 아내를 데려오게 해 차꼬와 수갑을 풀어주고 옥에서 자게 했다. 그러던 중 그의 아내가 드디어 임신을 했다. 겨울이 되면서 죄수들이 처형당하게 되었는데, 이때 관구장이 손가락을 깨물어 아내에게 "오우의 은혜를 반드시 갚으라."는 유서를 남기고 처형되었다.

老弱代囚도 尙在矜恤이거니와 婦女代囚는 尤宜難愼이니라.
노약대수도 상재긍휼이거니와 부녀대수는 우의난신이니라.

노약자를 대신 거두는 것도 측은히 여겨야 할 일인데, 부녀자를 대신 가두는 일은 더욱 어렵게 여기고 조심해야 한다.

영조는 37년에 "노인을 노인으로, 어른을 어른으로 대접하는 것은 정사를 잘하는 것이다. 그래서 범죄를 조사하고 다스릴 때는 아들이 아버지를 대신하고 아우가 형을 대신하는 것은 좋은 것이다. 그러나 아버지가 아들을 대신하고 형이 아우를 대신하고 어머니까지 미친다. 이것은 기강에 어긋나고 교화에 관계가 된다."라며 하교했다.

流配之人은 離家遠謫으로 其情悲惻하니 館穀安揷도 牧之責也
니라.
유배지인은 이가원적으로 기정비측하니 관곡안삽도 목지책야
니라.

귀양온 죄인은 집을 떠나 멀리 귀양살이하는 사람으로 그 정상이 슬프고 측은하니, 집과 양곡을 주어 편안히 거처하게 하는 것이 목민관의 책임이다.

궁할 때 받는 감동은 골수까지 미치고, 궁할 때 받는 원망 역시 골수까지 미친다. 덕을 품고 죽으면 반드시 보답이 있고, 원한을 품고 죽으면 반드시 재앙이 따른다. 천지가 항상 변화하듯 부귀도 항상 낙을 누리는 것이 아니고, 궁하고 고생해도 항상 그렇지 않다. 그래서 목민관은 마땅히 이런 것을 알아야 할 것이고, 무시하거나 학대를 삼가야 한다.

제5조 금포 禁暴
세력 있는 자들의 횡포를 막음

禁暴止亂은 所以安民이니 止亂豪強하여 毋憚貴近도 亦民牧之攸
금포지란은 소이안민이니 박격호강하여 무탄귀근도 역민목지유
勉也니라.
면야니라.

횡포와 난동을 금지하는 것은 백성을 편안히 하기 위함
이니, 재산이 많고 세도를 부리는 자를 쳐서 물리치고, 귀
족이니 임금 측근의 신하를 꺼리지 않는 것 역시 목민관
이 힘써야 할 일이다.

조선 인조 때 오윤겸이 경성판관으로 재직할 때였다. 당시 왕자 임해
군이 불법을 많이 저질렀는데, 포악함이 백성들에게까지 미쳤다. 궁궐
에 근무하는 종의 고향을 찾아가 어떤 과부를 때려 상처를 입혔다. 그러
자 오윤겸이 그를 결박해 곤장을 쳐서 죽게 했다.

權門勢家가 縱奴豪橫하여 以爲民害者는 禁之니라.
권문세가가 종노호횡하여 이위민해자는 금지니라.

권문세가에서 종을 놓아 횡행하게 하여 백성에게 해를
주는 일은 금해야 한다.

유정원이 춘천부사로 부임했을 때였다. 당시 정승집 종이 세력을 믿
고 남의 관재목 수십 벌을 빼앗고, 사람까지 때려 상처를 입혔다. 그러
자 이졸에게 명해 추포하여 다스리면서 값을 받아 주인에게 돌려주었
다. 정승이 이 소식을 듣고 "우리 집 종이 죄가 있었다. 그런데 유 아무
개가 아니면 벌할 수 없었을 것이다."라고 했다.

禁軍怙寵하고 內官橫恣하여 種種憑籍는 皆可禁也니라.
금군호총하고 내관횡자하여 종종빙자는 개가금야니라.

금군이 총애를 믿고 내관이 횡포를 부려 이따금 횡행 방
자하여 여러 가지 구실로 백성을 피롭히는 일들을 모두
금지해야 한다.

조선 현종 때 김시진이 수원부로 부임했을 때의 일이다. 내시 이일선
의 아우가 수원에 살면서 세력을 믿고 횡포를 부리고 몰래 국사를 누설
했다. 그러자 김시진이 그를 잡아들여 참수해 저자에 돌렸다. 그러자

아전들이 임금에게 먼저 고해야 한다고 했다. 이에 "만약 일이 생기면 내가 벌을 받을 것이다. 조정에 책임을 돌려서는 안 된다."라고 했다. 그의 말에 사람들은 두려워했으며, 이일선도 그를 문책하지 못했다.

土豪武斷은 小民之豺虎也니 去害存羊은 斯謂之牧이니라.
토호무단은 소민지시호야니 거해존양은 사위지목이니라.

토호의 횡포는 힘없는 백성들에게는 늑대나 호랑이와 같다. 그 해독을 제거하고 양 같은 백성들을 보호하는 것이야 말로 참된 목민관이라 하겠다.

조선 정조 때 정경순이 청주목사로 부임했을 때다. 어떤 호족이 창고 곡식을 축내고 갚지 않았다. 그래서 독촉하자, 호족은 "정 아무개는 역적이다."라고 했다. 이 말을 들은 정경순이 이교들에게 명해 그를 잡아 신문하기를 "네가 나를 역적이라고 했는데, 너야말로 진짜 역적이로다."라고 했다. 이에 호족이 그 이유를 묻자, 곧바로 다짐장에 "관의 명령을 거역하는 것을 역이라 하고, 나라의 양곡을 도둑질하는 것을 적이라고 한다. 그러니 네가 역적임이 틀림없구나. 형벌로 징계하겠다."라고 써서 일렀다. 그런 다음 형장 30대를 때렸는데. 이때부터 온 고을이 그에게 복종했다.

惡少任俠하며 剽奪爲虐者는 亟宜戢之니 不戢이면 將爲亂矣니라.
악소임협하며 표탈위학자는 극의즙지니 부즙이면 장위란의니라.

악한 소년들이 객기를 부리며 도둑질과 약탈로 포학을
자행할 때는 이를 조속히 금지해야 한다. 그렇지 않으면
장차 난리를 일으킬 것이다.

송나라의 진요좌가 개봉부에 근무할 때였다. 매년 정월 밤에 등불을
날리는 풍속이 있었다. 그러자 관에서는 그들을 악소배로 등록한 다음
체포해 옥에 가두었었다. 진요좌가 그들을 불러다 가르치기를 "고을의
원이 악인으로 너희를 대우했는데, 너희가 선한 일을 할 수 없다. 나는
이제부터 선인으로 너희를 대우하겠다. 이런데 너희가 악한 일을 할 수
있겠느냐?"라면서 모두 석방시켰다. 닷새 밤이 지났지만 한사람도 법
을 어기는 사람이 없었다.

狹邪奸淫하고 携妓宿娼者는 禁之니라.
협사간음하고 휴기숙창자는 금지니라.

간사하고 음탕하여 기생을 데리고 다니며 창녀집에서 자
는 자를 금해야 한다.

당나라의 최갈이 하남윤으로 부임했을 때인데, 읍에 상고 있는 대상

이 물건을 싣고 강호로 나갔다가 난리를 만났다. 이 난리로 물건을 모두 빼앗겼고 돌아오지 못했다. 그러자 그의 아내가 점쟁이에게 남편의 생사를 물었다. 이때 점쟁이는 그녀의 아름다움에 반했고 넉넉한 재산을 탐냈다. 그래서 점을 쳐보고는 일부러 놀라면서 "그대 남편은 돌아오지 못할 것이오."라고 했다. 그녀가 돌아가자, 점쟁이는 몰래 매파에게 백금을 주어 유인했다. 매파에게 넘어간 그녀는 시집을 갔고 점쟁이는 부자가 되었다. 세월이 흐르면서 서주지방이 평정되었고 전남편은 고향으로 돌아와 아내를 찾아갔다. 그러나 점쟁이가 노하면서 그를 쫓아냈다. 이에 아내가 법정으로 가서 그의 부인이라고 말했지만 점쟁이의 농간으로 전남편에게 죄를 씌웠다. 그가 또다시 호소했지만 도리어 무고죄가 더해졌다. 억울한 장사꾼은 탄식하다가 눈이 멀고 말았다. 최갈이 부임하자 장사꾼은 자신의 억울함을 다시 진정했다. 최갈이 조사해서 진실을 밝히고, 점쟁이를 잡아다가 옥리와 함께 옥에 가뒀다. 그런 후 부정을 적발해 참수시키고 부인을 장사꾼에게 되돌려주었다.

市場酗酒하여 掠取商貨하고 街巷酗酒하여 罵詈尊長者는 禁之니라.
시장후주하여 약취상화하고 가항후주하여 매리존장자는 금지니라.

시장에서 술주정하며 물건을 빼앗거나 거리에서 술주정하며 어른을 모욕하는 자는 엄금한다.

왕좌가 평강태수로 부임했는데, 송사처리에 매우 능통했다. 어떤 백성이 찾아와 정안국이 술을 빚었다며 고발했다. 태수가 정안국을 불러서 묻자, 그가 "술을 빚는 것이 국법을 어긴다는 것을 잘 알고 잇습니다. 하지만 늙은 어머니가 약을 먹는데, 반드시 찌꺼기가 없는 술이 있어야 했습니다."라고 했다. 태수가 그의 효성에 감동해 석방시키면서 다시 묻기를 "술을 평상 밑 채롱 속에 감추었다고 고발했는데, 어떻게 된 일이냐? 내 생각에 네 집 여종으로 일하는 사람이 있느냐?"라고 하자, 그는 "어린 여종이 있습니다."라고 했다. 왕좌가 곧바로 고발한 자를 잡아놓고 심문해 그의 농간질을 알아냈다. 또한 술이 있는 곳을 고발한 것도 여종이었다. 그는 이들에게 매로 등을 때린 다음에 석방시켰다.

賭博爲業하고 開場群聚者는 禁之니라.
도박위업하고 개장군취자는 금지니라.

도박을 업으로 삼고 판을 벌이고 무리를 지어 모이는 것을 금해야 한다.

여러 잡기 가운데 재산을 탕진하는 투전이 첫째고, 그 다음이 쌍륙과 골패다. 또 아전이 관전을 축내고, 장교가 장물죄를 범하는 원인도 이것 때문이다. 이에 목민관은 세 번 명령을 내리고 다섯 번을 엄중히 금지할 것이며, 그래도 고치지 않으면 잡아다가 법에 따라 속전을 받아서 노비들이나 옥중 죄수들을 구휼한다.

俳優之戲와 傀儡之技와 儺樂募緣으로 妖言賣術者는 並禁之니라.
배우지희와 괴뢰지기와 나악모연으로 요언매술자는 병금지니라.

배우의 유희와 피뢰의 재주, 그리고 나악으로 시주를 청
하여 요사한 말로 행술하는 자는 모두 금해야 한다.

절간이 낡고 부처가 퇴색되면 중들은 공문을 만들고 징과 북을 두드
리면서 재물을 구한다. 사당패가 북을 치고 염불을 하면서 민간 재물을
구걸하는 것을 엄중히 금지해야만 한다.

私屠牛馬者는 禁之고 徵贖은 則不可니라.
사도우마자는 금지고 징속은 즉불가니라.

사사로이 마소를 도살하는 것은 금지해야 하며, 돈을 바
쳐 속죄하게 하는 것은 옳지 않다.

주자의 권농문에 보면 '농사짓는 모든 공력을 소의 힘에 의지하기 때
문에 제때에 잘 먹이고 함부로 도살해 농사일에 지장을 주지 말라. 만
약 어긴다면 칙명조례에 따라 등에 곤장 20대를 때리고, 소 한마리마다
벌금 50관을 받되, 가두고 바치기를 감독하면서 쉽게 용서하지 않는
다.'라고 했다.

印信僞造者는 察其情犯하여 斷其輕重이니라.
인신위조자는 찰기정범하여 단기경중이니라.

도장을 위조한 자는 그 정상을 알아보아서 죄의 경중을
따져 처단해야 한다.

관인이나 궁궐의 도장을 위조하면 법에 따라 처리한다. 호장의 도장
두개를 합쳐 네모꼴로 만들기도 하고, 헌 벙거지나 마른 박 조각 등으
로 조잡하게 전자를 새기기도 한다. 이럴 경우엔는 가벼운 벌로 다스려
야 한다.

族譜僞造者는 罪其首謨하고 宥其從者니라.
족보위조자는 죄기수모하고 유기종자니라.

족보를 위조하는 자는, 수모자는 죄주고 종범은 용서
한다.

병전 「참정편」에 있기 때문에 여기서는 생략한다.

제6조 제해 除害
백성들의 각종 피해를 제거함

爲民除害는 牧所務也니 一日盜賊이요 二日鬼魅요 三日虎狼이니
위민제해는 목소무야니 일왈도적이요 이왈귀매요 삼왈호랑이니
三者息이 而民患除矣니라.
삼자식이 이민환제의니라.

백성을 위하여 피해를 없애는 일은 목민관의 임무이다.
피해의 첫째는 도덕이요, 둘째는 귀신붙이요, 셋째는 호
랑이니 이 세 가지가 없어야 백성의 걱정이 사라질 것
이다.

사람들이 이야기를 할 때 무서운 것 세 가지 중 가장 무서운 것이 뭐냐
고 물으면, 여러 가지 대답이 나온다. 어떤 사람은 도적을, 어떤 사람은
귀신을, 어떤 사람은 호랑이라고 할 것이다. 이것은 백성에게 반드시 해
를 끼치는 것들이다.

盜所以作은 **厥有三緣**하니 **上不端表**하고 **中不奉令**하고 **下不畏法**
도소이작은 궐유삼유하니 상불단표하고 중불봉령하고 하불외법
하니 **雖欲無盜**나 **不可得也**니라.
하니 수욕무도나 불가득야니라.

도적이 생기고 일어나는 데는 세 가지 이유가 있으니, 위에
서 위의를 바르게 가지지 못하고, 중간에서 명령을 받들어
행하지 않고, 아래에서 법을 두려워하지 않기 때문이다. 그
러므로 비록 도적을 없애려고 해도 되지 않는 것이다.

상급기관에서 행동이 올바르지 못한 것은 사신이나 목민관이 탐욕과
부정을 저지른다는 말이다. 그렇기 때문에 백성들은 이를 가리켜 큰 도
둑이라고 한다.

宜上德意하여 **赦其罪惡**하여 **棄舊自新**하여 **各還其業**이 **上也**라.
선상덕의하여 사기죄악하여 기구자신하여 각환기업이 상야라.

임금의 어진 뜻을 펴서 그 죄악을 용서해 주어 그들로 하
여금 전의 악행을 버리고 스스로 새로워져 각기 본업으
로 돌아가게 하는 것이 최선의 방책이다.

한나라의 공수가 발해태수로 부임하기 직전의 일이다. 당시 발해지방

은 흉년이 들면서 도둑들이 많았다. 그러자 선제가 공수에게 태수를 삼으며 말하기를 "그대는 무엇으로 도둑을 처리하려고 하는가?"라고 하자, 이에 "해변지역이 멀리 떨어져 있기 때문에 성상의 덕이 미치지 못합니다. 더구나 백성이 추위와 굶주림에 처해 있지만, 관리들이 그들을 구휼하지 않고 있습니다. 그들은 폐하의 백성들에게 폐하의 병기를 더러운 못 속에서 도둑질해 농간을 부리게 하고 있습니다. 폐하께서는 신에게 그들을 이기게 하려는 것입니까? 아니면 앞으로 편안하게 하려는 것입니까?"라고 했다. 선제가 공수의 대답에 기뻐하면서 "어진 인재를 뽑는 것은 편안하게 하려는 것이다."라고 하면서 황금을 하사해 부임지로 보냈다. 그는 부임하면서 도둑 잡는 아전들을 없애고 농기구를 가진 사람들을 모두 양민이 되게 했다. 이에 아전들은 병기를 소지한 사람들을 도둑으로 몰지 않았다. 이후부터 고을에는 도둑들이 없어졌다.

如是然後에 改行屛跡하고 道不拾遺하고 有恥且格이면 不亦善乎아.
여시연후에 개행병적하고 도불습유하고 유치차격이면 불역선호아.

이렇게 한 후에야 악행을 고치고 자취를 숨기며, 길에서는 흘린 것을 줍지 않고 부끄러워할 줄 알며, 또 바르게 되면 이 또한 좋은 일이 아니겠는가.

송나라의 범순인이 낙양윤으로 부임할 때, 사극장이 하양에서 오다가 중도에서 말을 먹이며 쉬고 있었다. 이때 어떤 노인이 담장 밑에서 따스한 햇볕을 쬐고 있었다. 노인에게 어떤 사람이 달려와 "댁의 송아지를 도둑맞았습니다!"라고 했다. 하지만 노인은 아무 말도 묻지 않았다. 몇 시간 뒤에 또다시 그가 찾아와 송아지를 잃었다고 했다. 그런데도 늙은이가 태연한 표정으로 "이웃집에서 장난으로 감췄을 것이다."라고 했다. 이에 사극장이 이상하게 생각해서 "송아지를 잃었다고 두 번이나 말해도 놀라지 않는 이유는 무엇입니까?"라고 묻자, 노인이 웃으며 "범 공이 계신데 누가 도둑질을 하겠는가."라고 했다. 얼마 후 송아지가 돌아왔다. 이에 사극장이 감탄했다.

奸豪相聚하여 **怙惡不悛**이면 **剛威擊斷**하여 **以安平民**이 **抑其次也**
간호상취하여 호악부전이면 강위격단하여 이안평민이 억기차야
니라.
니라.

간악하고 세력 있는 자들이 서로 모여 악행을 자행하면서 뉘우치지 않으면, 강화 위력으로 쳐서 백성을 편안하게 하는 것이 그 다음 방법일 것이다.

북주의 한포가 옹주자사가 부임했는데, 그곳에 도둑들이 들끓었다. 이에 한포가 몰래 탐지했는데, 도둑질을 세력 있는 자들이 했던 것이었다. 한포는 모르는 체하고 그들에게 예우하면서 "자사는 서생출신이기 때문에 도적을 막지 못한다. 믿는 것은 그대들이니 도와주시오."라고 했다. 그리고 향리에서 우환이 되는 사람들을 모두 우두머리로 삼아 지역에 배치했다. 만약 도둑이 발생했는데 잡지 못하면 일부러 놓아준 죄

로 처벌하게 했다. 이렇게 되자 배치된 자들이 모두가 무서워하면서 자수하면서 "전에 도둑은 모두 저희들이 한 짓입니다."라면서 자신의 무리들을 발고했다. 이로부터 도둑들이 사라졌다.

顯賞許赦하여 使之相捕하고 使之相告하여 以至殘滅이 又其次也
현상허사하여 사지상포하고 사지상고하여 이지잔멸이 우기차야
니라.
니라.

현상금을 걸어 죄를 용서하여 줄 것을 허락해서 서로 잡아들이거나 고발하게 하여 잔멸시키는 것도 하나의 방법이다.

주나라의 유경이 옹주별가로 부임했다. 이때 호씨 집이 도둑을 맞았는데, 이로 인해 많은 이웃사람들이 옥에 갇혀 있었다. 유경은 간사한 꾀로 이름 없는 글을 써서 관청문간에 붙였다. 그 글은 '우리들 모두가 호씨의 집을 도둑질했다. 무리들이 혼잡해 언젠가 누설될 것이다. 먼저 자복하려고 하지만 죄를 면치 못할까 두렵다. 먼저 자수하면 죄를 면해 준다는 약속을 하면 자수하겠다.' 였다. 유경이 또다시 면죄 첩을 부치자, 이틀 만에 어떤 자가 찾아와 자수함으로써 무리들을 모두 잡을 수 있었다.

朱墨之識를 表其衣裙는 以辨禾莠여 以資鋤拔도 亦小數也라.
주묵지지를 표기의거는 변화수하여 이자서발도 역소수야라.

붉은색과 먹물로 그 의복에 표하여 진짜와 가짜를 분별하고 도둑을 색출해 내는 것 또한 조그만 술수이다.

송나라의 진술고가 건주수령으로 재작하고 있을 때였다. 포성현에서 물건을 잃어버린 사람이 있었지만, 도둑이 누구인지 알 수가 없었다. 이에 진술고가 꾀를 내어 "어떤 사당에 종이 걸려 있는데, 매우 영험해서 도둑을 잘 맞춘다고 한다."라면서 사람을 시켜 종을 가져다가 뒷문 안에 두고 제사를 지냈다. 그는 여러 죄수들을 데려다가 종 앞에 세운 다음 "도둑질하지 않은 사람이 만지면 소리가 없고 도둑질한 사람이 만지면 소리가 난다."라고 했다. 진술고가 종에다가 엄숙하게 기도하고 제사를 마친 다음 포장으로 둘렀다. 이때 몰래 먹을 종위에 발랐고, 얼마 후 죄수들이 포장 속으로 들어갔다. 그리고 종을 만진 죄수들의 손을 조사했다. 모든 죄수들의 손에 먹이 묻었는데, 오직 한 죄수만 먹이 묻어있지 않았다. 진술고가 그를 심문하자 도둑임을 자복했다. 그는 종에서 소리가 날까 두려워 만지지 못했던 것이다.

僞舉運喪은 譎盜之恒例也요 僞訐察哀은 詗盜之小數也니라.
위여운상은 흉도지항례야요 위부찰애은 형도지소수야니라.

상여를 위장하여 물건을 운반하는 것은 간사한 도둑이 항상 하는 짓이요, 초상을 가장하여 상인들이 슬퍼하는 것을 살피는 것은 도둑을 조사하는 작은 술수이다.

당나라 때 유공작이 양양절도사로 재직했다. 이때 흉년이 들었는데, 이웃지방이 더 심했다. 이런 가운데 상복을 입은 사람이 곡하면서 '3대의 열두 무덤을 무창에 이장하려는데, 나루터를 지키는 이속에게 말해서 통과시켜주십시오.' 라는 글을 올렸다. 이에 유공작이 곧바로 군사를 동원해 그를 체포하고 관을 깨뜨렸다. 관은 모두 쌀로 가득 채워져 있었다. 흉년 때 3대의 열 두 무덤을 동시에 옮기는 것은 있을 수가 없다. 그래서 그것이 거짓임을 간파한 것이다.

運智出謨하여 鉤深發隱이면 唯能者가 爲之니라.
운지출모하여 구심발기이면 유능자가 위지니라.

지혜를 쓰고 계교를 버어 깊은 것은 캐어버고 숨어 있는 것을 들추어내는 것은 능한 자만이 하는 일이다. 이치를 살피고 사물을 분간하면 누구나 그 실상을 속이지 못하는 것이니, 오직 밝은 자만이 할 수 있는 일이다.

당나라의 염제미가 강남진수로 근무할 때였다. 뱃사공이 삯을 받고 장사꾼의 물건을 배에 실었다. 그 물건 중에 은 10정이 숨겨져 있었는데, 뱃사공이 이를 알아차리고 훔쳤다. 그런 다음 배가 정박한 물속에 숨겼다. 배가 진에 도착했고 상인이 화물을 조사했는데, 은 10정이 사라졌다. 그는 곧바로 뱃사공을 잡아서 고소하자, 염제미가 "원고는 어제 어디에서 밤을 잤는가?"라고 묻자, 상인은 "이곳에서 백리 쯤, 갯가물이 갈라지는 곳에서 잠을 잤습니다."라고 했다. 이 말을 듣고 군사들에게 명해 뱃사람과 함께 배에서 찾게 했다. 그리고 몰래 군사에게 "분명히 뱃사람이 강 속에 숨겼을 것이다. 뱃사공에게 갈고리를 넣어 꺼내게 하라."라고 했다. 무사가 갈고리로 물속에 넣어 꺼내자, 은은 광주리 속에 담겨 있었고 봉인한 것이 그대로였다. 염제미가 뱃사공을 문초하자 자백했다.

察理辨物이면 物莫遁情이니 唯明者이어야 爲之니라.
찰리변물이면 물막둔정이니 유명자이어야 위지니라.

이치를 살피고 사물을 분간하면 누구나 그 실상을 속이지 못하는 것이니, 오직 밝은 사람만이 할 수 있다.

전진 때 부융이 기주목으로 근무할 때였다. 날이 저물었을 때 어떤 노파가 강도를 만났다. 그때 어떤 행인이 노파를 위해 강도를 잡았는데, 도리어 강도가 행인을 무고했다. 이에 부융이 "두 사람이 함께 뛰어 먼저 저 문을 나가는 사람은 도적이 아니다."라고 했다. 그러자 두 사람이 문으로 나갔다가 돌아오자, 부융이 정색하고 후에 도착한 사람에게 "네

놈이 도적이구나!"라고 했다. 이것은 그의 꾀가 번뜩이는 좋은 예이다.

枉執平民하여 鍛之爲盜하니 能察其冤하여 雪之爲良이 斯之謂仁
왕집평민하여 단지위도하니 능찰기원하여 설지위양이 사지위인
牧也니라.
목야니라.

잘못하여 평민을 잡아다 고문하여 강제로 도둑을 만드는
예가 있는데, 그 원통함을 살펴서 누명을 벗기고 양민으
로 만들어 주면 이는 어진 목민관이라 할 수 있다.

조선 명종 때 이몽량이 호서안찰사로 근무할 때였다. 진천현에서 강
도를 국문해 조서가 완성되자, 공문으로 죄수를 사형에 처하도록 청했
다. 이때 도적을 잡은 사람이 스스로 그 공문을 가지고 이몽량에게 왔
다. 이몽량은 그를 가까이 불러 도둑을 잡던 상황에 대해 이것저것을
묻다가 그의 수상함을 간파하고 공문을 압수했다. 그리고는 "이 자는
주인을 배신한 종놈이다. 가난한 선비가 강한 종을 찾기 위해 왔다가
도리어 결박을 당한 것이다. 아전들이 뇌물을 먹고 옥사를 만든 것이
다."라고 했다. 그를 문초하자, 자복했다.

誣引富民하여 **枉施虐刑**은 **爲盜賊執仇**며 **爲吏校征貨**니 **是之謂昏**
무인부민하여 왕시학형은 위도적집구며 위이교정화니 시지위혼
牧也니라.
목야니라.

부유한 백성들을 무고로 끌어들여 함부로 혹독한 형벌을
행하는 것은 도적을 위하여 원수를 잡아 주고, 아전과 교
졸을 위하여 돈을 벌어 주는 것이니, 이를 어리석은 목
민관이라 일컫는다.

유호가 임성령으로 부임했는데, 일 처리가 엄정하고 밝았다. 어느 날 강
도를 국문하는데, 옥리가 도적을 시켜 장물아비 10여 명을 잡아들여 심문
할 것을 청했다. 이때 유호가 일부러 무능한 척하면서 "모두 본인을 오라
고 하여라."고 판결했다. 도착한 사람들은 모두 차림새가 말끔한 호부가
의 자제들이었다. 유호는 그 즉시 국문하던 옥리를 물리치고 다른 아전에
게 명해 도적을 뜰아래로 데려와 대면시켰는데, 한사람도 아는 사람이 없
었다. 유호가 도둑에게 "네가 지명할 수 있는데, 왜 얼굴을 모른다고 하느
냐?"라고 하자, 도둑이 깜짝 놀라면서 실토했다. 유호는 모두 석방시키고
아전을 체포해 법으로 처리했다. 이에 온 고을이 그를 속일 수가 없었다.

鬼魅作變은 **巫導之也**니 **誅其巫**하고 **毁其祠**라야 **妖無所憑也**니라.
귀매작변은 무도지야니 주기무하고 훼기사라야 요무소빙야니라.

귀신붙이가 변고를 일으키는 것은 무당의 짓이니, 그 무당을 베고 신당을 헐어야만 요괴가 의지할 것이 없게 된다.

전국 위나라의 서문표가 업의 수령이 되었다. 업 땅의 아전들은 매년 백성의 돈을 거둬 물귀신에게 신부를 시집보내는 풍속을 행하고 있었다. 이때 무당은 양가 여자들 중 미녀를 선발해 목욕시키고 비단장막을 쳐서 강에 띄워 빠지게 했다. 이에 서문표가 그것을 바꾸기 위해 "그러한 때가 오면 나 역시 신부를 보내겠다."라고 하면서 하상에 도착했다. 그러자 모든 관속과 부로들이 함께 모였는데, 서문표가 "신부를 불러오느라. 미녀인지 추녀인지 보겠다."고 했다. 신부가 도착하자 "이 신부는 미녀가 아니다. 무당할미가 신부를 다시 구해오겠다고 물귀신에게 보고하라."고 했다. 그런 다음에 아전에게 명해 무당을 강 가운데로 던졌다. 얼마 후 또다시 "허~어. 왜 이렇게 오래 있느냐?"라며 무당제자들을 강물에 세 명이나 던지고는 "여봐라! 이들 모두가 여자인지라, 물귀신에게 제대로 아뢰지 못하는구나. 그래서 아전 네놈이 들어가 잘 아뢰어라!"라는 말이 끝나자, 아전을 강물에 던지고 붓을 들고 서서 기다렸다. 시간이 지나자 "이를 어찌하느냐? 저들이 돌아오지 않고 있으니."라며 남아있던 자들을 재촉했다. 그들은 그가 무서워 계단에 머리를 조아렸는데, 모두가 이마에서 피를 흘렸다. 이후부터 이런 풍속이 사라졌다.

假託佛鬼하여 妖言惑衆者는 除之니라.
가탁불귀하여 요언혹중자는 제지니라.

거짓 부처나 귀신에 의탁하여 요사한 말로 백성을 현혹
하는 자는 제거해야 한다.

송나라의 정호가 호현주부로 근무할 때였다. 남산 절간에 돌부처가
있는데, '머리에서 빛이 난다.'는 소문이 나면서 다른 지방의 남녀들이
찾아와 밤낮으로 혼잡하게 거처했다. 그때 현령은 돌부처가 두려워 그
들을 막지 못했다. 그가 처음 부임해 중에게 힐문하기를 "부처가 해마
다 빛을 낸다는데 그 말이 사실인가?"라고 하자, 중은 "그렇습니다."라
고 대답했다. 이에 정호가 "또다시 그러면 반드시 나에게 미리 알려라.
공무 때문에 시간이 없어서 부처의 머리를 가져와서 봐야겠다."라며 부
탁했다. 이후부터 유언비어가 없어졌다.

憑依雜物하여 邪說欺愚者는 除之니라.
빙의잡물하여 사설기우자는 제지니라.

잡물을 빙자하여 사특한 말로 어리석은 사람들을 속이는
자는 제거해야 한다.

송나라 때 고부가 구주지사로 부임했는데, 그 고장의 풍속이 무당과

귀신을 숭상하고 있었다. 고을 백성 중 모씨와 시씨는 20여 동안 집안 대대로 큰 독충을 길렀다. 더구나 윤달이 낀 해는 유난히 사람을 많이 해쳤고 다른 사람과 다툼이 있을 때마다 독을 피웠다. 고부가 독충을 모두 잡아 죽이고 그들을 처벌하자 백성들에게 근심이 사라졌다.

虎豹嗷人하고 數害牛豕어든 設機弩穽獲하여 以絕其患이니라.
호표담인하고 삭해우시어든 설기노정획하여 이절기환이니라.

호랑이와 늑대가 사람을 물어 죽이고 소와 돼지를 자주 해치면, 덫과 쇠뇌를 설치하거나 함정을 파서 잡아 그 근심을 없애야 한다.

호랑이나 늑대를 사냥할 때 사냥꾼들은 마을사람들에게 술과 고기를 공짜로 얻어먹는다. 따라서 호랑이나 늑대로 인한 피해보다 이것으로 더 큰 피해를 입는다. 그래서 목민관은 이런 행패를 엄히 다스리면서 한편으로 노도(반달모양으로 안팎에 칼날이 있는 무기)를 설치토록 해야 한다.

공전육조
工典六條

제1조 산림 山林
조림 정책

山林者는 邦賦之所出이라 山林之政을 聖王重焉이니라.
산림자는 방부지소출이라 산림지정을 성왕중언이니라.

산림은 나라의 공부가 나는 곳이어서, 산림에 대한 정사
를 성왕께서 소중하게 여겼다.

요임금과 순임금 시대부터 산림을 수호하고 가꾸는 법이 철저했는데,
순임금은 재목을 관장하는 벼슬에 임용된 적도 있다.

封山養松은 其有厲禁하니 宜謹守之하고 其有奸弊어든 宜細察之니라.
봉산양송은 기유여금하니 의근수지하고 기유간폐어든 의세찰지니라.

봉산의 소나무를 기르는 일에 대해서는 엄중한 금령이 있으니 마땅히 조심하여 지켜야 하며, 농간하는 폐단이 있으니 세밀하게 살펴야 한다.

『속대전』에 '각 도의 봉산에서 금송을 벌목하는 사람은 중죄로 논하고, 송산의 배를 만드는 재목을 수신이나 수령이 함부로 벌목을 허가하거나 벌목하는 사람은 군기를 팔아먹을 때 적용하는 형법으로 다스리고 솔밭에 불을 지른 사람은 사형에 처한다.'고 적혀 있다.

私養山之禁은 其私伐을 與封山同이니라.
사양산지금은 기사벌을 여봉산동이니라.

개인이 나무를 기르는 산에서 사사로이 벌채를 금하는 것은 봉산과 같다.

예전부터 산림을 보호하는데 법이 엄했던 것이다.

封山之松은 寧適朽棄이언정 不可以請用也니라.
봉산지송은 영적후기이언정 불가이청용야니라.

봉산의 소나무는 차라리 썩도록 내버려 둘지언정 사용하기를 청해서는 안 된다.

소나무 벌목을 금지하는 규정을 보면 '바람에 부러진 소나무 파는 것을 허가하지 말고 그냥 그곳에서 썩게 한다. 황장봉산에서 벤 나무는 규격에 따라 판자를 만들고, 잘라 버린 양쪽 끝부분은 판매를 허가하지 않고 그냥 그 자리에서 태워버려야 한다.'고 했다. 이것은 낭비를 부추기는 것인데, 반드시 고쳐져야만 한다.

黃腸曳木之役에는 其有奸弊者니 察之니라.
황장예목지역에는 기유간폐자니 찰지니라.

황장봉산에서 벌채한 소나무를 끌어내는 부역에 농간하는 폐단이 있으니 자세히 살펴야 한다.

관 재목을 끌어내는 날에는 2개 고을 백성들이 함께 동원되어 힘을 모으는데, 이때 교만한 아전과 장교들은 인부들의 등을 채찍질하고 엉덩이를 발로 찬다. 부유한 마을과 집은 모두 돈으로 부역을 피하고, 병든 백성들만이 부역으로 고통을 당한다. 목민관은 그 폐단을 생각해야 한다.

商賈潛輸禁松之板者는 禁之니 謹於法而廉於財라야 斯可矣니라.
상고잠수금송지판자는 금지니 근어법이염어재라야 사가의니라.

장사꾼이 몰래 금지한 산의 송판을 실어내는 것을 금해
야 하니, 법을 삼가 지키고 재물에 청렴하여야 이를 금할
수 있다.

아전과 장교가 송판을 몰래 훔쳐가는 상인을 잡으면 열에 아홉은 뇌
물을 받고 놓아 준다. 수령이 10명을 잡으면 그중에 속공시키는 것은
하나뿐이고, 나머지 아홉은 촉탁을 받고 놓아준다. 따라서 국가의 재목
이 매일 손실되고 국용에는 도움이 되지 않는다.

植松培松이 雖有法條로되 能弗害之而已矣나 何以植之리오.
식송배송이 수유법조로되 능불해지이이의나 하이식지리오.

소나무를 심고 재배하는 것이 비록 법조문에 있기는 하
나 해치지 않으면 되지 어찌 심기까지 하랴.

소나무를 심고 재배하는 것이 비록 법조문에 있기는 하나 해치지 않
으면 되지 어찌 심기까지 하랴.

諸木栽植之政은 亦徒法而已라. 量可久任이어든 宜遵法典이로되
제목재식지정은 역도법이이라. 양가구임이어든 의준법전이로되
知其速遞어든 無自勞矣니라.
지기속체어든 무자로의니라.

여러 가지 나무를 심는 일 또한 한갓 법조문일 뿐이니,
수령 스스로가 헤아려 보아 오래도록 재임할 수 있다면
마땅히 법을 준수할 것이나 자신이 빨리 체임될 것을 안
다면 쓸데 없이 수고하려 들지 말아야 한다.

바람이 불면 소나무의 씨가 떨어져 자연적으로 수풀이 이뤄진다. 이
것을 잘 관리한다면 소나무를 심을 필요가 없다. 나무는 하늘이 낳고
땅이 기르며 봄바람과 비와 이슬에 의해 자연적으로 우거지는 것이다.
사람들이 지키거나 관원들이 간섭하지 말고, 관에서 필요하면 정당하
게 구입하며 강제로 거두지 말아야 한다. 그래야만 백성들이 자발적으
로 나무를 심을 것이다.

嶺隘養木之地에는 其有厲禁이니 宜謹守之니라.
영애양목지지에는 기유여금이니 의근수지니라.

높고 험한 요새지의 나무를 기르는 곳에는 엄중한 금령
이 있으니 마땅히 삼가 지켜야 한다.

산이 높고 험하고 길이 좁은 장소는 도적들이 침입할 수 있는 곳으로 반드시 국방의 시설이 있다. 하지만 그런 곳에 나무를 심는 것은 안팎의 형편을 살펴야만 한다. 예를 들면 군사를 숨기거나 매복시키는데 좋고, 또 나무를 베어 울타리를 세우면 적의 침입을 막을 수도 있다.

山腰禁耕之法은 宜有測定이요, 不可縱弛며 亦不可縱弛也니라.
산요금경지법은 의유측정이요, 불가종이며 역불가교수야니라.

산허리에서 경작을 금지하는 법은 마땅히 고도를 측량하는 표준이 있어야 한다. 함부로 법을 늦출 수도 없고, 또한 변통성 없이 법을 지키기만 할 수도 없다.

산이 높고 낮은 형세가 각기 다르기 때문에 허리의 높고 낮음도 제각각이다. 그래서 산에 대한 법이 명확하지 못해서 백성이 법을 어기는 것을 막기 어렵다. 따라서 평지에 표지를 세우고 고도를 측정해 한계를 엄격하게 구획해야 한다. 그런 다음에 백성들이 법을 어기지 않게 바래야 한다.

東南貢蔘之弊가 歲加月增하니 盡心稽察하여 毋至重斂이니라.
동남공삼지폐가 세가월증하니 진심계찰하여 무지중렴이니라.

동남 지방에서 인삼을 공납하는 폐단이 해마다 늘고 있다. 마음을 다해 상고하고 살펴서 지나치게 많이 거두어들이는 일이 없도록 해야 한다.

인삼을 관에 바칠 때도 폐단이 심하다. 지금은 산에서 수확하는 것은 점점 어렵게 되고 사람이 가꾸는 것이 많아졌다. 이에 인삼장수는 심사하고 감독하는 벼슬아치와 농간을 부려 고을에서 나라에 바치는 인삼을 모두 인삼장수에게 구입해 바치게 했다. 그래서 백성들의 부담이 가중되는 것이다. 그렇기 때문에 대동법처럼 인삼을 바치는 것을 공법으로 정함이 좋다.

土産寶物은 無煩採掘하여 以爲民病이니라.
토산보물은 무번채굴하여 이위민병이니라.

그 지방에서 산출되는 보물을 번거롭게 채굴하여 백성들에게 병폐가 되게 하는 일이 없도록 해야 한다.

특산물이나 보물이 생산된다는 것은 해당지역 백성들에게 병폐를 주는 것이다. 그래서 목민관은 이런 전후사정을 잘 파악해 다른 곳에서 달라는 요구가 있어도 받아주지 말아야 한다. 더구나 특산물이나 보물이 있어도 생산이나 채굴을 삼가야 한다. 또한 해임되어 돌아갈 때 단 한 조각이라도 가져가서는 안 된다.

西北蔘貂之稅는 宜從寬假요 其或犯禁이라도 宜從闊略이니라.
서북삼초지세는 의종관가요 기혹범금이라도 의종활략이니라.

서북 지방의 인삼과 초피에 대한 세금은 마땅히 너그럽게 해서 혹 금법을 범하더라도 너그럽게 처리해야 한다.

특산물이나 보물이 생산되는 고을의 세금을 후하게 해서 백성들을 편안하게 해줘야 한다. 그렇지 않으면 백성들이나 특산물의 관리가 어렵게 된다.

金銀銅鐵로 舊有店者는 察其奸惡하고 新爲礦者는 禁其鼓冶니라.
금은동철로 구유점자는 찰기간악하고 신위광자는 금기고야니라.

금, 은, 구리, 철은 예전부터 있어 온 광산에 대해서는 간악한 짓을 살펴야 하고, 새로 광산을 채굴하려는 자에 대해서는 제련하는 설비를 금지시켜야 한다.

광산에 간악한 무리들이 모여드는 것을 감시해 뜻밖의 환란에 대비해야만 한다. 환란의 예를 들면 가산에서 난을 일으킨 홍경래도 금광을 이용했다. 또 무리를 앞세워 광산을 새로 개척했다면 주모자를 잡아 변란의 싹을 제거해야 한다.

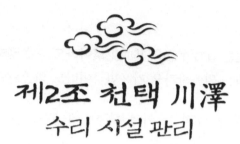

제2조 천택 川澤
수리 시설 관리

川澤者는 農利之所本이니 川澤之政을 聖王重焉이니라.
천택자는 농리지소본이니 천택지정을 성왕중언이니라.

천택은 농사 이익의 근본이므로 옛날의 훌륭한 임금은
천택에 대한 정사를 소중하게 여겼다.

　목민관의 직책 중 가장 중요한 것은 농사를 힘쓰는 것이다. 농사의 근
본에서 물을 다스리는 것보다 중요한 것이 없다. 그래서 우와 직은 직접
농사를 짓고 밭과 도랑을 다스렸으며, 사기와 이회는 수리만 다스렸다.
한마디로 훌륭한 관리들의 뛰어난 업적을 살펴보면 모두 수리였다.

川流逕縣하면 **鑿渠引水**하여 **以漑以灌**하고 **與作公田**하여 **以補民**
천류경현하면 착거인수하여 이개이관하고 여작공전하여 이보민
役이 政之善也니라.
역이 정지선야니라.

시냇물이 고을을 지나가면 도랑을 파서 그 물을 끌어다
가 전답에 대고, 백성과 더불어 공전을 경작하여 백성의
부담을 보충하는 것이 선정이다.

허만석이 연기현감으로 재직하고 있을 때였다. 고을북쪽 15리에 큰
제방을 쌓고 도랑을 뚫어서 천여 경의 논에 물을 대개 했는데, 제방은
청주와 경계에 있었다. 제방을 처음 쌓을 때 허만석이 직접 감독했다.
이때 청주사람들이 떼거리로 와서 욕설을 하거나 그가 앉았던 의자를
부셨다. 이에 허만석이 활을 당겨 쫓아내고부터 청주사람들이 접근하
지 못했다. 얼마 후 제방이 완성되면서 백성들이 혜택을 입었는데, 지
금까지도 그를 칭찬하고 있다.

小曰池沼요 **大曰湖澤**이며 **其障曰陂**니 **亦謂之堤**라.
소왈지소요 대왈호택이며 기장왈파니 역위지제이라.
所以節水로 此澤上有水之이면 **所以爲節也**니라.
소이절수로 차택상유슈지이면 소이위절야니라.

작은 것은 지소라 하고 큰 것은 호택이라 하며, 그 막는 것을 방축 또는 제방이라 하는데 이는 곧 물을 조절하는 것이다. 이것이 '못 위에 물이 있는 것이 절'이 되는 까닭이다.

한나라 소신신이 남양태수로 재직할 때 제방을 축조했다. 제방은 돌을 쌓아 둑을 만들고 그 옆에 6개의 돌문을 삽입해 물을 조절했다. 더구나 관개를 넓힌 것이 매년 불어나 3만 경에 이르자, 백성들이 많은 이익을 얻었다.

東土名湖는 僅有七八이요 餘皆窄小하고 然且葑合而不修矣니라.
동토명호는 근유칠팔이요 여개착소하고 연차봉합이불수의니라.

우리 나라에는 호수라고 이름하는 것이 겨우 7~8개소가 있을 뿐이고, 나머지는 모두 좁고 작은 것이다. 그리고 그나마 방기풀이 우거져 있는데도 수리하지 아니하였다.

조선 효종 때 반계 유형원은 "조선의 큰 저수지는 김제의 벽골제, 고부의 눌제, 익산과 전주사이의 황등제 등이다. 이것은 해당고을에 큰 이익을 주기 때문에 나라에서 힘을 다해 만든 것인데, 지금은 모두 무너졌다. 만약 이 저수지를 새로 고쳐 1천경의 물을 담을 수만 있다면 노령 이상은 영원히 흉년이 없을 것이다."라고 했다.

土豪貴族이 擅其水利하여 專漑其田者는 嚴禁이니라.
토호귀족이 천기수리하여 전개기전자는 엄금이니라.

토호와 귀족이 수리 시설을 멋대로 하여 자기의 전답에만 물대기를 독점하는 것은 엄금해야 한다.

최시설이 영유현령으로 재직할 때, 둘레가 40리인 덕지란 못이 있었다. 이곳에 물을 담았다가 전지에 보내 백성들에게 오랫동안 혜택을 주었다. 이럴 때 수어사가 저수지 덕지를 헐어 둔전을 만들고자 했다. 이에 죄시설이 감사에게 그것이 옳지 않다고 했지만, 수어사가 권세를 부려서 감사를 굴복시켰다. 수어사가 군관을 동원해 제방을 헐었는데, 그해 가을에 큰 흉년이 들었다. 그러자 최시설이 또다시 감사에게 보고해 둔전을 폐지하고 저수지로 환원시켰다.

若瀕海捍潮하고 內作膏田이면 是名海堰이니라.
약빈해한조하고 내작고전이면 시명해언이니라.

바닷가에 조수를 방지하는 둑을 쌓고 안에 기름진 전답을 만들기도 하는데, 이것을 해언이라 이름한다.

신익상이 의주부윤으로 재직하고 있을 때, 제방을 쌓아 논을 만들고 매년 곡식 수천 섬을 수확해 백성들의 용역을 보충시켰다.

江河之濱이 連年衝決하여 爲民巨患者는 作爲隄防하여 以安厥居
강하지빈이 연년충결하여 위민거환자는 작위제방하여 이안궐거
니라.
니라.

강과 하천의 유역이 해마다 홍수의 피해로 백성들의 커다란 근심거리가 되는 것은, 제방을 만들어서 백성들이 편히 살도록 해야 한다.

김필진이 원성현감으로 부임했는데, 현의 소재지가 물과 가까웠다. 하지만 옛날부터 이곳에 제방이 있었기 홍수의 피해를 입지 않았다. 공교롭게 그가 부임했을 때 홍수로 제방이 무너져 물이 주거지를 덮치는 바람에 하루아침에 백여 채의 집이 떠내려갔다. 그러자 김필진이 현상금을 걸어 헤엄 잘 치는 사람을 구해 물에 빠진 사람을 구조했는데, 인명피해를 줄일 수가 있었다. 상황이 안정된 다음 제방개축을 의논했지만, 백성들과 아전들은 "금년 같은 홍수는 매년 발생하는 것이 아닙니다."라고 했다. 하지만 그는 "하루빨리 쌓지 않으면 또다시 걱정거리가 될 것이다."라며 민가에서 인부와 승려 2천명을 징발해 매일 돌을 나르게 했다. 그로부터 7일 만에 제방을 완성했는데, 처음보다 제방을 높이 쌓았기 때문에 영원히 수해가 사라졌다.

漕路所通과 **商旅所聚**는 **疎其汎溢**하고 **固其隄防**도 **亦善務也**니라.
조로소통과 상려소취는 소기범일하고 고기제방도 역선무야니라.

뱃길이 통하는 곳과 상인이 모여드는 곳에 범람하는 물을 소통시키고 제방을 견고하게 하는 것 역시 잘하는 일이다.

명나라의 적부복이 남강지부로 임명되었다. 그곳은 파양호 물가에 위치하기 때문에 배가 풍랑을 만나면 정박할 곳이 없었다. 그가 나서서 돌로 방파제 백여 장을 쌓았는데, 오가는 모든 사람들이 편리했다.

池澤所産은 **魚鼈蓮검菱蒲之屬**이니 **爲之厲守**하여 **以補民役**이요
지택소산은 어별연검능포지속이니 위지여수하여 이보민역이요
不可自取以養己이니라.
불가자취이양기이니라.

못에서 생산되는 물고기, 연마름, 마른꼴, 부들 등속은 엄중하게 지켜서 그 수입으로 백성들의 용역에 보충해야지 수령이 스스로 취득하여 사복을 채워서는 안 된다.

조선 선조 때 토정 이지함이 아산현감으로 부임해 백성들에게 질병과 고통을 물었다. 이때 어떤 사람이 고기연못 때문에 고통을 받는다며 호

소했다. 고기연못은 관에서 물고기를 기르는 양식장이었다. 전임자는 백성에게 물고기를 잡아 바치게 했는데, 이것이 고통을 준 것이었다. 이지함이 곧바로 고기연못을 메워 백성들의 근심을 들어주었다.

제3조 선해 繕廨
청사를 수리함

廨宇頹圮하여 上雨旁風이라도 莫之修繕하고 任其崩毀면 亦民牧
해우퇴비하여 상우방풍이라도 막지수선하고 임기붕훼면 역민목
之大咎也니라.
지대구야니라.

청사가 기울거나 무너져서 비가 새고 바람이 들이쳐도
보수하지 않고 허물어지도록 버버려 두는 것은 목민관의
큰 잘못이다.

조선 초에는 청사를 사소하게 보수하는 것을 법령으로 금지했다. 하지만 지금은 그 법령이 없어져 백성들은 청사의 낡음에 매우 안타까워했다. 또한 백성을 부리고 공사비 지출에 대해 정확한 노력과 비용을 아끼는 일처리가 있어야만 백성들이 의심하거나 비방하지 않는다.

律有擅起之條하고 邦有私建之禁는 而先輩於此에 自若修擧니라.
율유천기지조하고 방유사건지금는 이선배어차에 자약수거니라.

법에는 함부로 공사를 일으키는 것을 금하는 조문이 있
고, 나라에는 사사로이 건축하는 것을 금지하는 규정이
있으나 선배들은 여기에 구애되지 않고 수선 공사를
했다.

나라의 법을 어기면서 사소하게 백성을 동원해 부역을 시키지 말아야
한다. 수령은 부역에 대한 아전들의 농간을 막아야 한다.

樓亭閒燕之觀은 亦城邑之所不能無者라.
누정한연지관은 역성읍지소불능무자라.

누각이나 정자의 한가하고 운치 있는 경관 또한 고을에
없어서는 안 된다.

고려 이첨의 「강화 이섭정기」에 '고을 소재지에 유관을 두지 말아야
한다. 그러나 생각이 혼란하고 시야가 흐려지면서 뜻이 막혀 있을 때,
군자는 휴식할 수 있는 공간에서 마음을 안정시킬 수 있어야 한다. 그
렇게 하면 혼란함에서 벗어난 생각이 쉬워지고, 막혔던 생각이 트이는
것이다.' 라고 했다.

吏校奴隷之屬은 宜令赴役하며 募僧助事도 是亦一道니라.
이교노예지속은 의령부역하며 모승조사도 시역일도니라.

이교와 노예 등속은 마땅히 부역에 나가게 해야 하고, 중
들을 불러 모아 공사를 돕게 하는 것도 한 가지 방법
이다.

변인달이 이천현감으로 재직할 때였다. 당시 그가 고을에 향교를 세
우기 위해 공무의 여가를 이용했는데, 아전과 군졸만 사역하고 백성에
게 부역을 시키지 않았다.

鳩材募工은 總有商量이며 弊竇는 不可不先塞이며 勞費는 不可不
구재모공은 총유상량이며 폐두는 불가불선색이며 노비는 불가불
思省이니라.
사생이니라.

재목을 모으고 공인을 모집하는 데는 모두 잘 계획하여
야 한다. 폐단이 생길 구멍을 먼저 막지 않을 수 없으며,
노력과 비용이 절감을 생각하지 않을 수 없는 것이다.

좋은 재목이나 공인을 얻는 것은 정말 어려운 일이다. 공인의 적임자
를 취한다면 일을 설계하는데 착오가 없고 자재의 낭비가 없어 노력과

비용이 절감될 것이다. 이와 반대로 공인의 적임자를 취하지 못한다면 모든 것이 엉터리일 뿐이다. 그렇기 때문에 반드시 서울, 개성, 평양 등에서 국수를 택해 목수를 삼아야 성공할 수가 있다.

治廨旣善이면 栽花種樹도 亦淸士之跡也니라.
치해기선이면 재화종수도 역청사지적야니라.

청사를 수리하고 나면 꽃과 나무를 심는 것 역시 맑은 선비의 자취이다.

진나라 반안인이 하양 현령을 군무할 때였다. 그는 고을백성들에게 복숭아나무와 자두나무를 심게 했다. 그래서 백성들은 "반 사또님의 정사가 자랑스럽구나. 하양의 온 고을이 꽃으로 만발했다네."라고 노래를 불렀다.

제4조 수성 修城
병란兵亂에 대비하여 성곽을 수리함

修城浚濠하여 固國保民은 亦守土者之職分也니라.
수성준호하여 고국보민은 역수토자지직분야니라.

성을 수리하고 해자를 파서 국방을 튼튼히 하고 백성들을 보호하는 일 역시 수령의 직분이다.

각 도나 군현에 있는 성은 축조된 지 백년이란 세월이 흘렀지만, 지금까지 수리 한번 하지 않아 무너져 있다. 이제야 개축할 것을 논의하는데, 상태를 보아 수리하고 보완했다면 이런 수고를 하지 않아도 되었을 것이다. 성을 개축하는 것은 수령의 급한 임무중의 하나이다.

兵興敵至하여 臨急築城者는 宜度其地勢하고 順其民情이니라.
병흥적지하여 임급축성자는 이탁기지세하고 순기민정이니라.

전쟁이 일어나 적이 몰려오는 급박한 때에 성을 쌓을 경우에는 마땅히 그 지세를 살피고 백성들의 뜻에 따라야 한다.

고려의 허재가 길주를 사수할 때, 구성을 쌓고 있었다. 이럴 때 여진족이 쳐들어온 것이다. 허재가 급하게 사졸들을 동원해 하룻밤 사이에 겹성을 쌓고 항거하자, 오랑캐가 퇴각했다. 얼마 후 길주관문 밖에서 여진족을 공격해 3천여 명을 참수하고 병기까지 노획했다. 이런 공으로 사헌부 어사대로 승진했다.

城而不時면 則如勿城이니 必以農隙이 古之道也니라.
성이불시면 즉여물성이니 필이농극이 고지도야니라.

성을 쌓되 제때가 아니면 쌓지 않는 것만 못하니, 성은 반드시 농한기에 쌓는 것이 옛날의 법이다.

백성들이 농사일로 시간이 바쁜데, 성을 쌓기 위해 그들을 동원하면 반드시 원망이 돌아온다. 이때 놀고 있는 사람들을 동원한다면 농번기라고 괜찮다.

古之所謂築城者는 土城也라. 臨難禦寇는 莫如土城이니라.
고지소위축성자는 토성야라. 임난어구는 막여토성이니라.

옛날의 이른바 축성을 쌓았다는 것은 토성을 말한 것이다. 난리를 당하여 적을 방어하는 데는 토성만한 것이 없기 때문이다.

토성을 많은 백성들을 동원하지 않아도 쌓을 수 있기 때문에 부담이 적다.

堡垣之制는 宜遵尹耕堡約하며 其雉堞敵臺之는 制宜益潤色이니라.
보원지제는 의준윤경보약하며 기치첩적대지는 제의익윤색이니라.

보원의 제도는 마땅히 '윤경보약'을 따라야 하며, 그 치첩과 적대의 제도는 마땅하게 윤색을 더해야 한다.

『보약(堡約)』은 명나라 윤경이 지은 것인데, 민간인으로 구성된 지역별 자위조직을 말한다. 건강하면 도망을 상책으로 생각하고, 허약하면 숨는 것을 묘방으로 삼는다. 하지만 이것저것도 아니면 결국 모두 죽고 적군에게 나라가 망할 것이다. 따라서 목민관은 나름의 민간방위체계를 갖춰야만 한다.

其在平時에는 修其城垣하여 以爲行旅之觀者면 宜囚其舊하여 補
기재평시에는 수기성원하여 이위행려지관자면 의인기구하여 보
之以石이니라.
지이석이니라.

평시에 성곽을 수축하여 길 가는 나그네로 하여금 관람
하도록 하려면 마땅히 옛것에 따라서 돌로 보수하는 것
이 좋다.

옛 성을 보수할 때, 옛것에 따라 돌로 처리해야만 나그네들도 관람하
기에 좋다.

제5조 도로 道路
교통交通을 위한 도로道路 행정行政

修治道路하여 使行旅願出於其路도 亦良牧之政也니라.
수치도로하여 사행려원출어기로도 역량목지정야니라.

도로를 보수하여 나그네로 하여금 그 길로 다니기를 원
하게 만드는 것 또한 훌륭한 목민관의 정사이다.

서구사가 구용지현으로 근무할 때였다. 현의 길거리 70리에 진흙이 3
척이나 쌓여서 비나 눈이 오면 진창이 된다. 서구사가 공용의 경비를
절약해서 돌을 깔아 놓자, 사람들이 편리하게 다녔다.

橋梁者는 濟人之具也니 天氣旣寒이면 宜卽成之니라.
교량자는 제인지구야니 천기기한이면 의즉성지니라.

교량이란 사람을 건너게 하는 시설이다. 날씨가 추워지면 즉시 놓아야 한다.

상강날이면 즉시 영을 내려 사람이 건너는 다리를 놓게 하고, 입동 날이면 즉시 영을 내려 수레가 건너는 다리를 수리하게 해야만 한다.

津不闕舟하며 亭不缺堠도 亦商旅之所樂也니라.
진불궐주하며 정불결후도 역상려지소락야니라.

나루터에 배가 없는 곳이 없고, 역정에 후가 없는 곳이 없으면 행상인들과 나그네가 즐거워하는 바이다.

店不傳任하고 嶺不擡轎면 民可以息肩矣요 店不匿奸하고 院不恣
점부전임하고 영부대교면 민가이식견의요 점불익간하고 원불자
淫이면 民可以淑心矣리라.
음이면 민가이숙심의리라.

여점에서 짐을 실어나르게 하지 아니하고, 재에서 가마를 메게 하지 아니하면 백성들은 어깨를 쉴 수 있을 것이며, 여점에서 간악한 자를 숨기지 아니하고 참원에서 음탕한 짓을 함부로 하지 않는다면 백성들의 마음이 밝아질 것이다.

산 고개에서 짐을 싣게 하거나 가마를 메게 하는 것은 이속들의 횡포로 백성들을 괴롭히는 행위이다. 그래서 목민관은 이런 일을 엄히 단속해야만 백성들로부터 칭송을 듣는다. 풍기를 문란하게 하는 도둑의 소굴 여점과 참원의 부정행위 역시 엄히 다스려야만 한다.

路不鋪黃하고 畔不植炬면 斯可曰知禮矣리오.
노불포황하고 반불식거면 사가왈지례의리오.

길에 황토를 펴지 아니하고 길가에 횃불을 세우지 아니하면, 예를 안다고 할 수 있다.

길에 황토를 깔거나 횃불을 밝히는 것은 임금의 행차 때만 갖추는 예의다. 그렇기 때문에 감사가 순시할 때 이렇게 하는 것은 아첨이고, 또 그것을 받는 자는 예를 어기는 것이기 때문에 삼가야 한다.

제6조 장작 匠作
여러가지 도구와 용기用器의 제작

工作繁興하고 技巧咸聚는 貪之著也라. 雖百工具備라도 而絶無製
공작번흥하고 기교함췌는 탐지저야라. 수백공구비라도 이절무제
造者는 淸士之府也니라.
조자는 청사지부야니라.

공작을 번거롭게 일으키고, 기교 있는 장인을 다 모아들
이는 것은 탐욕을 드러내는 것이다. 비록 갖가지 공장이
가 구비되었더라도 전혀 물건을 제조하지 않는 것이 청
렴한 선비의 판청이다.

조선 세조 때 최윤덕이 태안군수로 근무할 때, 화살 통의 장식이 떨어
져 공장이 관용쇠로 때웠다. 그러자 최윤덕은 때운 쇠를 뜯도록 명령했
다. 이것은 그의 청렴함을 나타낸 것이다.

說有製造라도 毋令貪陋之腸이 達於器皿이니라.
설유제조라도 무령탐루지장이 달어기명이니라.

설사 기물을 제조하는 일이 있더라도 탐욕스럽고 비루한 마음이 기명에까지 미치게 하지는 말아야 한다.

『다산필담』에 '지금, 탐욕이 날로 심해져 구리그릇은 옛것보다 두께가 세 배나 되었다. 수저 두께 역시 어른 머리통 크기와 같아졌는데, 입이 작아서 수저를 입에 넣을 수가 없다. 이렇게 두꺼워진 이유를 물을 때, 탐관오리들은 훗날 궁핍해지면 그것을 팔아도 제값을 받을 수 있기 때문이라고 대답한다. 정말 한심하고 부끄러워 몸 둘 바를 모르겠다.

凡器用製造者는 宜有印帖이니라.
범기용제조자는 의유인첩이니라.

모든 기물과 용품을 제조하는 데는 마땅히 증명서가 있어야 한다.

수령은 고을에 부임해 첫 등청 때 이속들을 불러놓고 "오늘 이 시각부터 관에서 제조하는 모든 동기는 증명서가 첨부돼야 제조할 수 있고, 받은 원가는 너희가 직접 기록해 증빙이 되게 하라."라고 영을 내렸다.

作爲田車하여 以權農務하고 作爲兵船하여 以設戎備도 牧之職也라.
작위전거하여 이권농무하고 작위병선하여 이설융비도 목지직야라.

전거를 만들어서 농사를 권장하고 병선을 만들어서 전쟁
에 대비하는 것도 목민관의 직책이다.

전거는 풀·분뇨·곡식 등을 실어 나르는 것으로 적재량이 무려 소
네 마리에 해당된다. 바닷가 고을에서 병선을 수리할 때 목민관이 직접
감독하면서 적을 격파할 수 있는 새로운 병선제조에도 노력해야 한다.

講燒壁之法하고 因亦陶瓦하고 使邑城之內로 悉爲瓦屋도 亦善政
강소벽지법하고 인역도와하여 사읍성지내로 실위와옥도 역선정
也니라.
야니라.

벽돌 굽는 법을 강구하고, 인하여 기와를 구워서 읍내를
모두 기와집이 되게 하는 것 또한 선정이다.

굽은 벽돌이나 기와는 화재를 예방할 수 있고, 3년마다 한 번씩 이엉
으로 초가지붕을 덮는 것보다 관리비가 적게 들어간다. 이에 목민관은
벽돌이나 기와를 굽는 법을 백성들에게 배우게 하고 초가의 벽이나 지
붕을 개조하게 한다면 칭송받을 것이다.

量衡之家異戶殊는 雖莫之救나 諸倉諸市는 宜令畫一이니라.
양형지가이호수는 수막지구나 제창제시는 의령획일이니라.

되와 저울이 집집마다 다른 것은 어쩔 수 없지만, 모든
창고와 시장의 것은 일정하게 해야 한다.

나라 안에서 사용되고 있는 자와 되와 저울은 모두 다르다. 그렇기 때
문에 고을수령 한사람으로서는 바로잡을 수가 없다. 그래서 담당 고을
내에서 이것을 모두 거둬 중간치를 만들어 공동으로 사용하게 하면 가
능하다. 이것은 정치의 교화가 백성들에게 만족해야만 행해질 수가
있다.

제조 비자 備資
물자를 비축함

荒政은 先王之所盡心이니 牧民之才를 於斯可見이라. 荒政善而이
황정은 선왕지소진심이니 목민지재를 어사가견이라. 황정선이이
어야 牧民之盡心畢矣라.
어야 목민지능사필의라.

황정은 선왕들이 마음을 다하던 바이니, 목민의 재능을
여기에서 볼 수 있다. 황정을 잘 해야만 목민의 일을 다
잘하였다고 할 수 있다.

송나라 장재가 운암현령으로 근무하고 있을 때, 흉년이 찾아와 벼의
품질이 좋지 못해 도저히 정미할 수가 없었다. 그래서 집안사람들이 벼
를 찧으려고 하자, 그가 "굶어죽는 자가 많아 변변찮은 것을 먹어도 부
끄러운데, 우리가 그렇게 해서는 안 되오."라며 급하게 말렸다. 더구나
종종 굶어죽는 백성들이 안타까워 끼니를 거른 적도 많았다.

救荒之政은 莫如乎預備니 其不預備者는 皆苟焉而已라.
구황지정은 막여호예비니 기불예비자는 개구언이니라.

흉년에 구제하는 정사는 미리 준비하는 것만 같지 못하
니, 예비하지 않으면 모두 구차할 뿐이다.

조선 숙종 때 홍처량이 청풍부사로 근무할 때 고을이 외진 산골에 있
어서 세입이 적었다. 이에 홍처량이 비용을 절약하면서 재물을 3년 동
안 저축했는데, 곡식이 무려 수천 섬이 모였다. 이것은 흉년 때를 대비
한 것이다. 그가 돌아간 다음 때마침 큰 흉년이 찾아왔지만, 이것으로
구제한 덕분에 백성들이 굶지 않았다.

穀簿之中에 別有賑穀하니 本縣所儲의 有無虛實을 亟宜査驗이니라.
곡부지중에 별유진곡하니 본현소저의 유무허실을 극위사검이니라.

곡부 가운데는 진곡이 따로 있으니, 자기 고을에서 저축
한 것이 있는지 없는지와 허실을 자주 조사해야 한다.

『속대전』에 '각 고을의 진곡은 매년 수확의 비율에 따라 비축하며, 이
를 어기는 자에겐 벌을 준다. 특히 진곡을 비축한다는 핑계로 백성들을
괴롭히지 말아야 한다.' 라고 되어 있다. 남쪽지방 군현의 군량미가 넉
넉하지만, 아전들의 농간질을 쉬지 않고 감시해야할 것이다.

歲事旣判이면 亟赴監營하여 以議移粟하고 以議蠲租니라.
세사기판이면 극부감영하여 이의이속하고 이의견조니라.

농사가 이미 흉작으로 판정되면, 급히 감영에 나아가서
곡식 옮겨올 것과 조세 감 할 것을 의논하여야 한다.

영조 38년, 삼남지방에 큰 흉년이 들었다. 이에 영조는 "지금 호서안
집사가 고한 것을 듣고 굶주린 백성들의 모습이 내 눈에 선하다. 강화
쌀 2천 석과 북도 교제창 곡식 3만 석을 특별히 풀도록 허락한다. 도신
에게 명해 아우성치는 백성들을 구휼하도록 하라. 그리고 교제창 곡식
을 호남에 4만석, 영남에 3만석을 지급한다."라며 하교했다.

與其移粟於遠道는 莫若留財於本地니 兩便之政을 宜議仰請이니라.
여기이속어원도는 막약유재어본지니 양편지정을 의의앙청이니라.

먼 곳으로 곡식을 옮기기보다는 그 고장에 유치하는 것
이 나으니, 양쪽이 다 편리 하게 되는 정사를 강구해서
위에 청해야 한다.

열성조에서 흉년이 들면 곡식을 옮겨서 하사하는 것과 조세를 감하고
공표를 감해준다는 영이 역사책에 수없이 기록되어 있다. 목민관은 큰

흉년을 들면 고사를 알아서 처리해야 된다. 그런 다음 감영으로 찾아가 위에 청하도록 권해서 백성들이 은택을 입길 바라야 한다.

補賑諸物은 厥有內頒하니 繼述之政이 遂以成例니라.
보진제물은 궐유내반하니 계술지정이 수이성례니라.

진자에 보조하는 여러 물건을 궁중에서 하사함이 있었으니, 그걸 계승하는 정사가 마침내 관례가 되었다.

영조 원년, 영조는 "굶주린 백성을 구휼하는 것이 시급해서 공명첩을 허락한다. 하지만 각 아문에서 처리하는 일을 짐이 보지 못했다. 그래서 공명첩은 굶주린 백성을 구휼하는 것 외에는 절대로 팔아서는 안 된다." 공명첩은 가선대부나 절충장군의 직첩에 이름을 서명할 자리를 비워둔 것을 말한다.

上恩雖均이라도 亦唯良牧이라야 克獲承受니라.
상은수균이라도 역유양목이라야 극획승수니라.

임금의 은혜가 고르더라도 선량한 목민관이라야 받들어 행할 수가 있다.

조선 숙종 때 김필진이 원성현감으로 근무할 때, 큰 흉년이 들었다. 그래서 관에 의지하고 있는 백성들이 자그마치 1만여 명이나 되었다. 그는 상부에 공문을 보내 조정에 청하도록 해 곡식 2천 석과 돈 14만 냥을 얻어 진휼했다. 그 덕분에 1만여 명이 모두 살아났다.

御史下來하여 管賑監賑이어든 亟宜往謁하여 以議賑事라.
어사하래하여 관진감진이어든 극의왕알하여 이의사니라.

어사가 내려와서 진휼하는 일을 보살피고 감독하면, 급히 가서 뵙고 진휼에 관한 일을 의논해야 한다.

과거와 달리 근래에는 감진어사에 젊은 유신들을 많이 파견하고 있다. 하지만 순조 9년(1809년)과 14년(1814년)에 찾아온 심한 흉년에 한 사람의 어사도 파견하지 않아 남쪽지방 백성들을 굶어죽게 했다. 이 같은 일이 과거엔 없었는데, 사람이 죽고 난 뒤에 어사를 파견한다는 것은 앞뒤의 이치가 맞지 않는 처신이다.

隣境有粟이면 宜卽私糴이니 須有朝令이라도 乃毋遏也니라.
인경유속이면 의즉사적이니 수유조령이라도 내무알야니라.

이웃 고을에 곡식이 있으면 곧 사사로이 사들여야 할 것이니, 조정의 명령이 있더라도 곡식 매매를 막지 못할 것이다.

명나라의 서구사가 구용현감으로 재직할 때, 흉년이 찾아와 곡식이 매우 귀하게 되었다. 그때 순무사가 창고곡식 수백 석을 평상 값으로 내주고, 값을 관에 바치게 했다. 하였다. 이에 서구사가 순무사에게 "곡식을 구입하는 자는 부자들뿐입니다. 가난한 백성은 평상 값으로 팔아도 살 수가 없습니다."라고 했다. 그런 다음 시가로 절반을 팔고 값을 관에 갚도록 했다. 나머지 곡식은 죽을 쑤어 굶주린 자에게 먹이고, 곡식이 많을 때는 그들 스스로 나눠가지게 했다.

其在江海之口者는 須察邸店하고 禁其橫暴하여 使商船湊集이니라.
기재강해지구자는 수찰저점하고 금기횡포하여 사상선주집이니라.

강이나 바다의 어귀에서는 모름지기 저점을 살펴서 그 횡포를 금하여 장삿배가 모여들게 해야 한다.

흉년 때 배가 포구에 도착하면 여관주인과 거간꾼들이 농간을 부린다. 이때 부자에게 뇌물을 받으면 쌀값을 깎아내리고, 장사꾼에게 뇌물을 받으면 쌀값을 올린다. 그렇기 때문에 흉년을 만났을 때 거간꾼들이 농간질 못하도록 엄하게 단속해야 한다.

不俟詔令하고 **便宜發倉**은 **古之義也**나 **使臣之行也**니 **今之縣令**이
불사조령하고 편의발창은 고지의야나 사신지행야니 급지현령이
라도 則何敢焉이리오.
라도 즉하감언이리오.

임금의 명령을 기다리지 않고 형편에 따라 창고를 열어
곡식을 방출하는 것이 옛날 뜻이지만, 이는 사신이 행할
일인데 오늘날 현령이 어찌 감히 하겠는가?

조선 인조 때 이동직이 광주부윤으로 재작할 때, 큰 흉년으로 온 나라
백성들이 굶어죽었다. 이때 광주부에 곡식 10여만 섬이 있었지만, 군량
미이기 때문에 조정에서 풀지 않았다. 그러나 이동직은 "하루만 늦어도
천 명이 죽어나간다."라면서 이속과 백성들을 창고 앞으로 모이게 했
다. 그런 다음 그는 자물쇠를 부수고 창고곡식을 풀어 1만여 명을 살렸
다. 이런 가운데 비변사에서 공문을 보내 이를 막자, 백성들은 뿔뿔이
흩어져 죽었다. 이에 그는 힘껏 조정과 다퉈 마침내 승낙을 받아 죽고
굶주린 백성을 구제했다. 가을이 되어 곡식을 징수할 때 백성들은 "봄
이나 여름에 구휼했으면 부모와 처자들은 죽지 않았을 것이다."라며,
곡식을 뒤늦게 바치는 자가 한사람도 없었다.

제2조 권분 勸分
백성들에게 서로 나누어 베풀기를 권함

勸分之法은 遠自周代나 世降政衰하여 名實不同하니 今之勸分은
권분지법은 원자주대나 세강정쇠하여 명실부동하니 금지권분은
非古之勸分也니라.
비고지권분야니라.

권분의 법은 멀리 주나라 때부터 시작되었으나, 세도가
떨어지고 정치가 쇠퇴해져서 이름과 실제가 같지 않아졌
으니, 오늘날의 권분은 옛날의 권분하는 법이 아니다.

　과거엔 일가와 화목하게 지내는 목, 인척과 친목하게 지내는 인, 친우
와 신용을 지키는 임, 가난한 사람을 도와주는 휼의 도리를 백성들에게
가르쳤다. 만약 백성들이 이 가르침을 따르지 않으면 형벌로 다스렸다.

中國勸分之法은 皆是勸糶오 不是勸餼며 皆是勸施오
중국권분지법은 개시권조오 불시권희며 개시권시오

不是勸納이며 皆是身先이오 不是口說이며 皆是賞勸이오
불시권납이며 개시신선이오 불시구설이며 개시상권이오

不是威脅이니 今之勸分者는 非禮之極也니라.
불시위협이니 금지권분자는 비례지극야니라.

중국의 권분법은 모두 조미를 권하였고 희미를 권하지 않았으며, 모두 흩어 주기를 권하였고 바치는 것을 권하지 않았으며, 모두 자신이 먼저 하였고 입으로만 하지 않았으며, 모두 상을 주어 권하였고 위협으로 하지 않았으니, 오늘날의 권분은 예가 아님이 극심하다.

조선의 권분법이란 공자로 주게 하며, 이뿐만 아니라 아무런 이유 없이 바치게 했다. 그래서 관의 영이 서지 않고 사용처 또한 불분명 하다. 중국 법은 부민에게 권하는 것이 오로지 조미와 사미에 불과하다. 조미는 값을 싸게 정해 그들이 기민에게 팔도록 하는 것이고, 사미는 이식을 받기로 약속한 다음 기민에게 꿔주는 것이다. 관장의 권하는 것이 이렇기 때문에 백성들이 따르지 않는데, 이에 독려하거나 위협해도 반드시 거부할 것이다. 이것을 억지로 다스린다면 학정으로 변하기 때문에 목민관은 삼갈 것이다.

吾東勸分之法은 使民納粟하여 以分萬民이니 雖非古法이나 例已
오동권분지법은 사민납속하여 이분만민이니 수비고법이나 예이

成矣니라.
성의니라.

우리 나라의 권분법은 백성들로 하여금 곡식을 바치게
하여 만민에게 나누어 주니, 이는 옛 법이 아니지만 관례
가 이미 이루어졌다.

조선 명종 16년, 명종이 관리들에게 영을 내려 황정을 거행토록 했다.
즉 조세를 면제하고 금법을 완화시킨다. 곡식을 옮기고 바치며 나눠주
기를 권장한다. 버린 아이를 거둬 양육하는 일까지 모두 마음을 써야한
다. 병든 자는 구료하고 죽은 자는 묻어줘야 한다.

察訪別坐로 酬之以官은 厥有故事하고 載於國乘이니라.
찰방별좌로 수지이관은 궐유고사하고 재어국승이니라.

찰방과 별좌의 벼슬로 갚아 줌은 예전 사례가 있고 나라
역사에도 실려 있다.

영조 7년 신해년, 우의정 조문영이 임금에게 "권분은 흉년을 구제하
는데 있어서 가장 큰 정사입니다. 벼슬을 매관매직하는 것은 부정이지

만, 흉년에는 특별한 경우라고 생각합니다. 그래서 명나라 유학자 구준은 '평상시엔 불가하지만, 흉년 때 백성들을 구제하기에는 이것이 매우 중요한 정책이다' 라고 했습니다. 그리고 과거 효종과 현종임금께서도 행한 사례가 있습니다. 하지만 지금의 조정은 신용을 잃었기 때문에 백성들이 따르지 않고 있습니다. 그렇기 때문에 이 같은 흉년 때는 이것으로 격려해야 할 것입니다."라고 아뢨다. 이에 임금은 "이 일에 대해 짐도 잘 알고 있다. 그러나 신용은 해당부서에서 행하지 않았기 때문에 잃었던 것이다. 이에 수령들은 공명첩을 억지로 팔아 곡식을 모으고 있다. 이것을 반드시 단속해야 할 것이다."라고 했다.

將選饒戶하여 分爲三等하고 三等之內를 又各細部이니라.
장선요호하여 분위삼등하고 삼등지내를 우각세부이니라.

넉넉한 집을 가리어 3등으로 나누어, 이 3등을 또 각각 자세하게 쪼개어야 한다.

목민관은 백성들의 빈부를 살핀 다음 공론을 채택해 먼저 넉넉한 집을 상·중·하 3등급으로 나눈다. 스스로의 노력으로 먹고 사는 자에게 먹고 남은 곡식을 나눠주라고는 할 수 없다. 그러나 백성들이 가난해 2백 섬 이상에 해당되는 상등 호수는 몇 없고, 20섬 이상에 해당되는 중등 역시 한 고을에 몇에 불과하며, 하등 호수는 한 고을에 수백이다. 만약 이들에게 권분하지 않는다면 권분할 대상이 없다.

乃選鄕望하여 排日敦召하여 採其公議하여 以定饒戶니라.

내선향망하여 배일돈소하여 채기공의하여 이정요호니라.

향리의 인망이 있는 사람을 뽑아서 날을 정하여 친절히
불러다가 공론을 채택해서 넉넉한 집을 정한다.

수령이 잘사는 백성을 술잔치에 청해 그들에게 자발적으로 몇 석을
내라고 유도하거나, 관의 힘으로 몇 석을 내라고 영을 내리기도 한다.
그들 스스로 하게 두면 의돈 같은 부자도 자신이 가난하다고 하거나,
관의 힘으로 누른다면 검루 같은 가난한 자도 낼 것이다. 그래서 권분
이 어렵다는 것이다.

勸分也者는 勸其自分也니 勸其自分이어든 而官之省力多矣니라.

권분야자는 권기자분야니 권기자분이어든 이관지생력다의니라.

권분이란, 스스로 나누어 주기를 권하는 것이니, 스스로
나누어 주기를 권함으로써 관의 부담을 덜어 줌이 많다.

부자들은 형제나 친지나 이웃이나 이웃 동네를 비롯해 개인 산지기까
지 두고 있다. 하지만 성품이 인색해 가난한 사람을 도와주지 않는다.
그래서 관에서 이들에게 권해서 곡식을 내놓게 하는데, 이것을 권분이
라 말한다. 사람이면 누구를 막론하고 개인재물을 강제로 빼앗아 남에

게 나눠주는 것을 싫어한다. 과거의 권분은 그렇지 않았기 때문에 명분을 찾아 의리를 생각해야 지혜를 얻을 수가 있다.

勸分令出이면 富民魚駭하고 貧士蠅營하니 樞機不愼이면 其有貪
권분령출이면 부민어해하고 빈사승영하니 추기불신이면 기유탐
天이어든 以爲己者矣니라.
천이어든 이위기자의니라.

권분의 영이 나오면 부잣집은 물고기처럼 놀라고 가난한 선비는 파리처럼 덤벼들 것이니, 기밀을 삼가지 않으면 크게 욕심을 내어 제 몸만 위하는 자가 있게 된다.

「다산일초」에 "순조 14년 갑술년 겨울, 어떤 유생이 군에 입대해서 권분에 대해 수령에게 물었다. 유생이 먼저 '관의 영이 엄하지만, 만약 부자들이 영을 거부한다면 다른 방법이 있습니까?' 라고 묻자, 수령이 '곤장을 칠 수밖에 없다.' 라고 했다. 이에 유생은 '맞는 말씀입니다. 곤장이 없다면 곡식을 바치지 않습니다.' 라고 했다. 유생은 군에서 제대하자, 부잣집을 찾아가 '당신에게 1천 냥이 배정되었다. 나에게 뇌물 1백 냥만을 준다면 3백 냥을 깎아주겠다. 그러면 2백 냥이 당신의 이익이 된다.' 라고 했다. 이에 부자가 '내가 거부한다고 누가 나를 건드리겠느냐?' 라고 말했다. 이 말을 들은 유생이 '난 관의 뜻을 잘 알고 있기 때문에 한 말이다. 관에서 굶주리고 있는 내가 불쌍하다며 네 곡식을 나에게 주고자 한다. 그런데 네가 거부한다면 반드시 책임이 따를 것이

다.' 라고 했다. 그러나 부자는 유생의 말에 코웃음만 쳤다. 이튿날 유생은 수령이 그 부자를 창고로 호출한 것을 보았다. 그날 밤 유생은 부자를 또다시 찾아가 '내일 수령이 당신을 불러 곤장을 칠 것이다. 내말이 거짓이 아님을 내일 알 것이다.' 라고 했지만, 부자는 역시 유생의 말을 비웃기만 했다.

이튿날이 되었다. 수령은 부자를 불러 권분에 대해 설명한 다음 1천 냥을 회사하라고 했다. 하지만 부자는 '그럴만한 여유가 없습니다.' 라고 거절하자, 수령은 부자를 곤장으로 다스려 승낙을 받아냈다. 곤장을 맞은 부자가 관아에서 나온 즉시 유생의 말을 따르겠다고 했다. 그러자 유생은 '우선 관아에 5백 냥만 먼저 바치시오.' 라고 대답한 뒤 군졸로 위장해 수령을 만났다. 부자가 관아에 5백 냥을 바치자, 유생은 부자를 위한 소장을 제출했다.

그러자 관아는 그의 사연이 매우 슬프고 가엾다고 판단해 3백 냥을 감해주었다. 다시 말해 유생이 욕심을 부렸지만, 이 사실을 어느 누구도 알지 못했다. 목민관은 항상 내뱉는 말에 조심을 기울여야만 한다." 라고 했다.

竊貨於飢吻之中하면 聲達邊徼하고 殃流苗裔니 必不可萌於心也
절화어기문지중하면 성원변요하고 앙류묘예니 필불가붕어심야
니라.
니라.

굶주린 사람의 입에 든 재물을 도둑질하면 소문이 변방

까지 들리고 재앙이 자손에게까지 끼쳐지는 것이니, 그런 생각은 마음 속에 싹트게 할 수 없는 것이다.

『한암쇄어』에 "인간의 천성은 반드시 선한데, 그것을 버리거나 망치면 짐승만도 못하다. 그렇기 때문에 군자가 취할 것이 못된다. 수의어사가 탐관오리들의 죄를 논할 때 '굶주린 백성 머리수를 4천8백 명으로 거짓 보고하고, 그에 따른 곡식을 훔쳐간다.'라고 말했다. 이 말을 믿지 못해 내가 직접 조사했는데, 사실이었다. 또 '권분한 쌀 1백50석을 돈으로 환산해서 받았다. 그래서 1석에 15냥씩 남았는데, 모두 2천2백50냥을 자신의 주머니를 채웠다.'라고 했다. 이 말을 믿지 못해 내가 손수 조사했는데, 사실이었다. 이렇게 훔친 돈으로 옥천의 고운 베, 탐라의 큰 복어, 은쟁반, 은합과 5척 다리, 5색의 대자리 등을 구입해 권세가의 집에 바쳤다. 다시 말해 권세가 집안의 진귀한 물건들은 자신의 녹봉이 아니라, 모두 이렇게 권분한 돈으로 장만된 것이었다. 하지만 권세가는 이런 권분 속에 재앙이 도사리고 있다는 사실을 알지 못한다. 그렇기 때문에 옛날 재상들은 절대로 뇌물을 삼갔다."라고 했다.

南方諸寺에 或有富僧이어든 勸取其粟하여 以贍環山하고 以仁俗
남방제사에 혹유부승이어든 권취기속하여 이섬환산하고 이인속
族도 抑所宜也니라.
족도 억소의야니라.

남쪽 지방의 여러 사찰에 혹 부자 중이 있으면, 그 곡식을 권분하여 가져다가 산 주위에 있는 백성을 구제하고, 세속 인연이 있는 친족들에게 은혜를 베풀게 함도 또한 마땅한 일이다.

남쪽지방 절들은 대부분 과거엔 풍요로웠지만, 지금은 모두 망했다. 그러나 이런 가운데 한두 명은 매년 곡식 수백 석을 추수하는 부자 중이 있다. 이것을 관례에 적용해 등급을 나눠 구제하는 것에 보충한다면 매우 효과가 크다. 이에 따라 절이 위치한 산 주변의 여러 마을들과 중의 친척들로 권분을 한정해야만 한다.

제3조 규모 規模
구제을 합리적으로 함

賑有二觀하니 一日及期요 二日有模니라.
진유이관하니 일왈급기요 이왈유모니라.
救焚拯溺을 其可以玩機乎며 駁衆平物에 其可以無模乎아.
구분증닉을 기가이완기호며 어중평물에 기가이무모호아.

흉년 구제에는 두 가지 관점이 있으니, 첫째는 시기에 맞추는 것이요, 둘째는 규모가 있는 것이다. 불에 타는 것을 구제하고 물에 빠진 사람을 건지는 데 어찌 시기를 소홀히 할 수 있겠으며, 대중을 부리고 물자를 고르게 하는 데 어찌 규모가 없을 수 있겠는가.

조선의 권분법은 먼 곳에 살고 있는 부자에게 돈을 바치게 한다. 이때 부자는 곡식을 돈으로 바꿔 관에 바치고, 관은 이것으로 곡식을 구입해 백성들에게 나눠준다. 이런 원리는 부자의 이웃에 살고도 일부러 구제 곡을 받기 위해 읍까지 가야하는 불편함이 따른다. 이럴 바에야 구제장을 마을에 설치하는 것이 훨씬 경제적이다.

若夫賑糶之法은 國典所無로되 縣令有私糴之米어든 亦可行也니라.
약부진조지법은 국전소무로되 현령유사적지미어든 역가행야니라.

구제곡을 주는 법은 국법에는 없지만, 현령이 사사로이
사들인 쌀이 있으면 시행하는 것이 좋다.

이중방이 기주통판으로 근무할 때 흉년을 만났다. 그는 창고의 곡식
을 모두 풀어 백성들에게 꿔주면서 "풍년이 들면 너희들이 가져간 곡식
을 창고로 가져오너라. 나는 썩은 곡식을 새 곡식으로 바꾸는 것이고,
너희는 굶주림에서 벗어나는 것이다."라고 했다. 이듬해 풍년이 들면서
백성들은 한사람도 빠짐없이 기한 내에 곡식을 채워놓았다.

其設賑場에는 小縣宜止一二處요 大州須至十餘處가 乃古法也니라.
기설진장에는 소현의지일이처요 대주수지십여처가 내고법야니라.

진장을 설치함에 있어서는 작은 고을에는 마땅히 한 두
곳에 그치고, 큰 고을에는 모름지기 십여 곳을 만드는 바
로 예전의 법이다.

현종 8년, 관동과 관서지방의 백성들 수천 명이 장안으로 올라와 굶주림과 함께 병들어 있었다. 그러자 현종은 한성부에 영을 내려 양식을 동서 활인서로 나눠서 구휼하게 했다.

仁人之爲賑也는 哀之而已라. 自他流者는 受之하고 自我流者는
인인지위진야는 애지이이라. 자타유자는 수지하고 자아유자는
留之하여 無此疆爾界也니라.
유지하여 무차강이계야니라.

어진 사람이 진휼함에는 불쌍히 여겨야 할 뿐이다. 다른 곳에서 들어오는 자는 받아들이고 내 고을에서 다른 고을로 가는 자는 머물러 두어 내 경계를 따지지 말아야 할 것이다.

조선 숙종 때 이규령이 안동부사로 재직할 때, 식량이 부족해 굶주리는 자가 많아서 진장을 설치했다. 당시 군읍에게 영으로 유민을 받지 못하게 하자, 이구령이 "모두 우리백성들인데, 이곳저곳을 구별할 수 있느냐. 그들이 길에서 굶어죽는 것을 그냥 볼 수만은 없느니라."라면서 진장을 설치한 것이다. 그곳에서 미음과 죽으로 백성들을 돌보면서 재산이 있는 자를 찾아 이곳을 맡겼다. 그래서 굶어죽는 사람이 없었으며, 이것이 조정에 알려지면서 상을 받았다.

今之流民은 往無所歸니 唯宜惻怛하여 勸諭俾勿輕動이니라.
금지유민은 왕무소귀니 유의측달하여 권유비물경동이니라.

오늘날의 유민들은 돌아갈 곳이 없는 자들이니 오직 간
절히 권유해서 그들로 하여금 경솔히 움직이지 못하게
해야 할 것이다.

주자가 남강군에 재직할 때, 먹을 것을 고향을 버리는 백성들에게 '본
군은 앞의 재해로 인해 가호가 고향을 떠나는 경우가 많다. 고향을 떠
나면 먼저 살 곳을 잃어버리고, 그 다음은 목숨까지 잃을 수가 있다. 또
조상의 무덤과 전답과 집은 당연하게 황폐해 진다. 더구나 다른 고장
역시 풍년이 들지 않았기 때문에 그곳이나 이곳이나 마찬가지다. 이제
조정의 은혜를 기다리면서 생업에 힘쓰도록 하라.' 는 방을 붙였다.

其分糶分餼之法은 宜博考古典하여 取爲楷式이니라.
기분조분희지법은 의박고고전하여 취위해식이니라.

분조, 분희의 법은 마땅히 널리 옛 전적을 상고하여 이것
을 취해서 법식으로 삼아야 한다.

송나라 정강중이 온주통판으로 재직할 때, 흉년이 들면서 백성들이
고향을 떠났다. 이에 그는 자신의 녹봉으로 곡식을 구입해 백성들에게

나눠주라고 영을 내렸다. 이때 어떤 지주가 "통판의 은혜가 굶주리는 백성까지 돌아가지 않을 것입니다."라고 하자, 그는 "그럴 줄 알고 미리 조치했습니다."라고 했다. 그는 돈 1만 전을 풀어서 1전마다 글자 하나를 썼다. 그리고 밤에 거리로 나가 굶주리는 백성을 만나면 돈 1전을 주면서 "이 글씨를 지우지 말고 가져오느라."라며 주의를 줬다. 이튿날부터 이 돈을 가져오면 쌀을 주었는데, 이렇게 해서 굶주린 백성을 한사람도 빠뜨리지 않고 챙겼다.

乃選飢口하여 分爲三等하고 其上等을 又分爲三級하고 中等下等
내선기구하여 분위삼등하고 기상등을 우분위삼급하고 중등하등
을 各爲一級이니라.
을 각위일급이니라.

굶주린 가구를 뽑아 3등으로 나누고, 그 상등은 또 3급으로 나누며, 중등과 하등은 각각 1급씩을 만든다.

이규령이 안동부사로 근무하고 있을 때, 큰 흉년이 찾아왔다. 그는 죽어가는 백성들의 식구를 계산해 죽 쓸 양곡을 줬다. 이때 식구수를 속여 곡식을 더 타먹는 자가 있어 아전이 적발하여 이규령에게 고했다. 그러자 그는 "그들을 가려내어 더 굶주리게 하는 것보다 오히려 관가에서 속임을 당하는 것이 훨씬 낫다. 더구나 부모나 처자를 죽음에서 구하기 우해 속임수를 쓰는데, 어찌 하겠느냐. 그만둬라."라고 했다.

제4조 설시 設施
진장賑場의 설치 및 진휼賑恤의 시행

乃設賑廳하고 乃置監吏하며 乃具錡釜하고 乃具鹽醬海帶乾鰕니라.
내설진청하고 내치감리하며 내구기부하고 내구염장해대건하니라.

진휼청을 설치하고 감독 관리를 두며, 가마솥을 갖추고 소금과 간장, 미역, 마른 새우를 마련한다.

세상을 움직이는 것은 사람들인데, 적재적소에 필요한 사람을 구하지 못하면 그 일은 반드시 실패한다. 따라서 도감 1명, 감관 2명, 담당 아전 2명 등을 청렴하고 일처리에 능숙한 사람들로 배치해야만 한다. 그렇기 때문에 수령은 세심하게 사람을 잘 가려서 써야 한다. 또한 청렴한 사람을 선발해 백성들을 구제하는 책임자로 삼고, 한 면마다 1명씩 배치하면 된다. 지금은 솥 한두 개로 죽을 쑤어 큰 항아리에 담아서 식고 묽어진 뒤에 먹이고 있는데, 이것은 옳지 못한 행동이다.

乃籤穀粟하여 **以知實數**하고 **乃算飢口**하여 **以定實數**니라.
내파곡속하여 이지실수하고 내산기구하여 이정실수니라.

알곡을 키질해서 실제 숫자를 알고 굶주린 인구를 세어
서 실제 수효를 정해야 한다.

목민관이 백성을 구제하려면 나라에서 주거나, 감영에서 정해주거나,
본 현에서 비축한 것이나, 이웃고을에서 가져온 것 등은 무조건 키질을
한다. 그런 다음 알곡을 마질하는데, 이때 고봉으로 해서 섬에 넣고 묶
어서 창고에 저장한다. 이것으로 실제 사용하게 될 수효를 따져서 처리
한다.

乃作賑牌하고 **乃作賑印**하며 **乃作賑旗**하고 **乃作賑斗**하며 **乃作閽**
내작진패하고 내작진인하며 내작진기하고 내작진두하며 내작혼
牌하고 **乃條賑曆**이니라.
패하고 내수진력이니라.

진패, 진인, 진기, 진두, 혼패, 진력 등을 만든다.

조선 영조 때 유정원이 통천군수로 근무할 때였다. 큰 흉년을 들었는
데 특히 관동지방이 매우 심했다. 그는 곡식 1천8백 섬을 얻어 고을백
성 중 청렴한 사람을 선발해 일을 맡겼다. 또 열흘마다 진미를 나눠줄

때 직접 감독했다. 그리고 면마다 기를 만들게 했는데, 면의 책임자가 기를 들고 해당백성들을 데려와 진미를 받게 했다. 진미를 받으면 기를 세우고 둥글게 앉게 했다. 그런 다음 9개의 솥을 마당에 걸어서 죽과 미음을 만들어 먹게 했다. 죽을 모두 먹으면 기를 휘두르고 나갔다. 이에 무리를 이탈한 사람이 하나도 없었다. 변장한 암행어사가 이를 엿보고 "흠~ 역시 능력이 있는 분이구나."라고 했다.

小寒前十日에 書賑濟條例는 及賑曆一部하여 頒干諸鄕이니라.
소한전십일에 서진제조례는 급진력일부하여 반우제향이니라.

소한 10일 전에 구제하는 조례와 진력 1부를 써서 여러 마을에 나누어 준다.

　여러 마을에 영을 내려 글에 능한 사람을 관으로 보내게 해서 조례를 익힌 다음 마을로 돌아가 그것을 백성들에게 알리게 한다. 큰 마을마다 조례를 한부씩 배포한 다음, 부근 작은 마을들은 큰 마을로 와서 배우도록 한다. 또한 진력은 이날 관에서 배포하고, 이후부터 동에서는 양식에 따라 10일마다 한 번씩 정리해 현으로 올리면 된다. 소한 전 3일에 수령은 창고로 나가 설치하고 배설한 것을 조사해 잘 못되었다면 완전하게 고쳐주면 된다.

小寒之日에 **牧夙興**은 **詣牌殿瞻禮**하고 **仍詣賑場**하여 **饋粥頒餼**니라.
소한지일에 목숙흥은 예패전첨례하고 잉예진장하여 궤죽반희니라.

소한날 목민관은 일찍 일어나서 전패에 나아가 예를 행하고, 이어서 진장에 나아가서 죽을 먹이고 구제미를 나누어 준다.

조선 선조 때 최계옥이 과거에 급제했다. 그는 어사로 임명받은 직후 어사화를 꽂고 홍패를 든 상태에서 진청으로 나와 죽을 먹었다. 이를 본 사람들이 이상하게 생각했다.

入春之日에 **改曆修牌**하고 **大展其規**하며 **驚蟄之日**에 **頒其貸**하고
입춘지일에 개력수패하고 대전기규하며 경칩지일에 반기대하고
春分之日에 **頒其糶糶**하며 **淸明之日**에 **頒其貸**니라.
춘분지일에 반기출조하며 청명지일에 반기대니라.

입춘날 진력을 고치고 진패를 정리하여 크게 그 규모를 넓힌다. 경칩날에 대여곡을 나누어 주고, 춘분날에는 조미를 나누어 주며, 청명날에는 대여곡을 나누어 준다.

구휼은 절기에 맞는 품목으로 백성들에게 나눠줘야만 큰 효과를 볼 수가 있다. 그렇지 않으면 백성들에게 원망만 듣는다.

流乞者는 天下之窮民이 而無告之者也는 仁牧之所盡心이요 不可
유걸자는 천하지궁민이 이무고지자야니 인목지소진심이요 불가

忽也니라.
홀야니라.

떠돌며 걸식하는 거지는 천하의 궁한 백성으로서 호소할
데가 없는 자이다. 어진 목민관은 마음을 다해야지 소홀
히 해서는 안 된다.

병진년, 이희문이 선산군수로 재직할 때, 큰 흉년이 들었다. 그가 손
수 간장과 죽을 실고 새벽부터 밤까지 저자로 나가 백성들에게 나눠줬
다. 이런 정성으로 진휼한 결과 굶어죽는 백성들이 하나도 없었다.

死亡之簿는 平民飢民으로 各爲一部니라.
사망지부는 평민기민으로 각위일부니라.

사망자의 명부는 평민과 굶주린 백성을 각각 1부씩 만든
다.

일상적으로 목민관은 동지 10일 전에 해당 면과 마을에 영을 내린다.
즉 동짓날 자정 이후부터 사망하는 자는 해당동리에서 풍헌에게 급히
보고한다. 보고를 받은 풍헌은 이것을 책에 기록하는데, 이때 병으로

사망하면 '병사'로, 굶어서 사망하면 '아사'로 주를 단다. 또 부잣집 노인이 병으로 사망하거나 간난아이가 출생해 바로 사망해도 누락 없이 기록해야만 한다. 수령이 이처럼 빠짐없이 기록하지 않으면 굶어죽는 백성이 얼마인지를 임금이 알지 못한다. 그래서 이것은 나라에 큰 죄를 짓는 것이다.

饑饉之年에는 必有癘疫하나니 其救療之方과 收瘞之政을 益宜盡
기근지년에는 필유여역하나니 기구료지방과 수예지정을 익의진
心이니라.
심이니라.

기근이 든 해에는 반드시 전염병이 있는 법이니, 그 구료하는 방법과 시체를 거두어 묻는 정사에 더욱 마음을 써야 한다.

전염병으로 인해 한 집안이 몰사하면 전염을 우려해 시체를 거둘 이웃조차 없다. 이럴 경우 몰사한 집에 돌아가는 구제미의 세배나 그 집의 재산을 동네 부잣집에게 주관하게 해서 염하고 매장토록 한다. 이때 장례일은 3일을 이내로 정하고 염하고 매장한 일을 관에 보고하게 한다. 이때 목민관은 10일에 한 번씩 순행해서 형편을 살피고 물으며, 아울러 병자도 위로해준다. 이때 말 한 필에 종 한 사람만 데리고 가면 된다.

嬰孩遺棄者는 養之爲子女하고 童穉流離者는 養之爲奴婢하되 竝
영해유기자는 양지위자녀하고 동치유리자는 양지위노비하되 병
宜申明國法하여 曉諭上戸니라.
의신명국법하여 효유상호니라.

버린 갓난아이는 길러서 자녀로 삼고, 떠돌아다니는 어
린이는 길러서 노비로 삼되, 모두 국법을 거듭 밝혀서 상
호 잘사는 집에 깨우쳐 달려 주어야 한다.

숙종 갑신년에 민진후가 임금에게 "외방의 구제규정에 '죽을 먹고 있
는 굶주린 백성들을 거둬서 기른 다음 60일이 지나면 증명서를 발급하
는데, 이때 13세 이하는 자손까지 노비로, 14세 이상은 당사자만 노비
로 삼는다.' 라고 되어있습니다. 그렇지만 서울은 지방과는 차이가 많기
때문에 40일이상인 자 가운데 15세 이하는 자손까지 노비로 삼고, 16세
이상은 당사자만 노비로 삼으며, 또 40일 이하인 자 가운데 장성하거나
아이거나 막론하고 당사자를 노비로 삼는 것이 마땅할 듯싶습니다."라
고 했다. 그의 말에 임금은 고개를 끄덕이면서 동의했다.

제5조 보력 補力
흉년에 백성들의 양식에 보탬이 되는
여러 가지 방안 모색

歲事旣判이면 宜勸水田代爲旱田하여 早播他穀하고 及秋申勸種
세사기판이면 의칙수전대위한전하여 한파타곡하고 급추신권종
麥이니라.
맥이니라.

농사가 흉작으로 판가름 나면 마땅히 논을 갈아엎어 밭
으로 만들도록 당부해서 일찍 다른 곡식을 뿌리도록 하
고, 가을이 되면 보리를 갈도록 거듭 권한다.

순조 14년 여름 가뭄이 극심해지자, 현령은 고을 백성들에게 차조(조
의 한 종류)를 심도록 권했다. 하지만 남쪽변방 열 고을에서는 종자조차
없었고, 다만 장흥 김씨 집에 3백말이 있었다. 이때 장흥 김씨는 차조
한 되에 15닢을 받고 팔았다. 수일 만에 4백50냥의 매출을 올렸는데, 원
래 시세는 30냥이었다. 이것을 직접 목격한 백성들은 이듬해 풍년이 들
었음에도 불구하고 저축하지 않았다.

春日既長이면 **可興工役**이니 **公廨頹圮**어든 **須修營者**는 **宜於此時**
춘일기장이면 가흥공역이니 공해퇴비어든 수수영자는 의어차시
補葺이니라.
보즙이니라.

봄철 해가 길어지면 공사를 일으킬 수 있으니, 허물어진
관사로 고쳐야 할 것은 이때에 수리해야 한다.

조선 광해군 때 참판 이후산이 관동을 근무하고 있을 때 큰 흉년이 찾
아왔다. 더구나 감영건물이 임진왜란으로 허물어져 지금까지 재건축을
하지 못했다. 이에 이후산이 "옛사람들이 흉년을 당해 토목공사를 일으
킨 것도 한 가지 방법이었다."라면서 감영창고의 쌀과 포목을 풀어서
굶주린 백성들을 모집했다. 그 결과 백성들이 구름처럼 모였고, 몇 달
이 채 도지 않아 감영이 완성되었다.

救荒之草로 **可補民食者**는 **宜選佳品**하여 **令學宮諸儒**로 **抄取數種**
구황지초로 가보민식자는 의선가품하여 영학궁제유로 초취수종
하여 使各傳聞이니라.
하여 사각전문이니라.

구황하는 식물로서 백성들의 식량에 보탬이 될 만한 것
은, 좋은 것을 골라서 향교의 여러 선비들로 하여금 두어
가지 종류를 가리게 하여 각각 전해 알리게 해야 한다.

명나라 제지란이 섬서첨사로 재직할 때였다. 우연히 유랑하는 백성들이 쑥을 베는 것을 보았다. 쑥에는 두 종류가 있는데, 그 씨를 가루로 만들어 굶주린 백성들이 5년 동안이나 먹었다. 그는 그 가루를 먹어보았는데, 입을 쏘고 뱃속이 떫어 여러 날 구역질을 했다. 그는 가난한 백성들의 지혜로운 행위를 기록하고 쑥 씨를 채취해 나라에 바쳤다.

凶年除盜之政을 在所致力하여 不可忽也나 得情則哀하면 不可殺
흉년제도지정을 재소치력하여 불가홀야나 득정즉애하면 불가살
也니라.
야니라.

흉년에는 도둑을 없애는 정사는 힘써서 소홀히 해서는 안되지만, 실정을 알고 나면 불쌍해서 죽일 수가 없다.

논밭 곡식을 훔치는 좀도둑과 대낮 남의 집에서 놋그릇이나 옷 등을 훔치는 자를 모두 죽일 수가 없다. 그래서 반드시 방을 붙여 게시한 다음에 형벌을 가하는 것이 현명하다. 물론 도둑질을 그냥 두라는 것이 아니라, 흉년이 들어서 굶어죽는 것을 피하기 위한 것이라면 제고해봐야 하겠다.

飢民放火者는 宜亦嚴禁이니라.

기민방화자는 의역엄금이니라.

굶주린 백성이 불지르는 것도 마땅히 엄금해야 한다.

순조 9년, 방방곡곡에 기근이 심했다. 어느 날 보성군의 창고지기가 창고 안에 있는 곡식 만여 석을 훔친 다음 창고에 불을 질러 태워버렸다. 그러자 해당 목민관이 그를 잡아들여 참수시켰다.

糜穀은 莫如酒醴니 酒禁을 未可已也니라.

미곡은 막여주례니 주금을 미가이야니라.

곡식을 소모하는 것으로는 술과 단술보다 더한 것이 없으니, 술 금하는 것을 그만 둘 수 없다.

흉년이면 당연하게 금주령을 내려졌는데, 이것은 지금까지 상례로 이어지고 있다. 하지만 아전이나 군교들은 이것을 핑계로 백성들을 괴롭혔던 것이다. 금주령일 때도 막걸리는 요기 또는 나그네들에게 도움이 되기 때문에 엄하게 단속할 필요가 없다. 하지만 소주는 아전과 군교들의 음탕과 주정의 원인이 됨으로 강하게 단속해야 한다. 만약 몰래 술을 빚다가 발각되면 모두 벌금형으로 처리하고 징수한 벌금은 구제의 밑천으로 보충하면 된다.

薄征已責은 先王之法也라. 冬而收糧하고 春而收稅와 及民庫雜徭
박정기책은 선왕지법야라. 동이수량하고 춘이수세와 내민고잡요
와 邸吏私債는 悉從寬緩이요 不可催督이니라.
와 저리사채는 실종관완이요 불가최독이니라.

세금을 가볍게 하고 공채를 탕감해 주는 것은 선왕의 법
이다. 겨울에 양식을 거두고 봄에 조세 거두는 것과 민고
의 잡역과 저리의 사채도 모두 너그럽게 완화해 주고 재
촉해서는 안 된다.

기사년 식량이 부족해 굶주리고 있을 때 나사촌에 어떤 선비가 살고
있었다. 그는 세미 바칠 것이 2석이었지만, 결국 바치지 못하고 죽었다.
이에 수령은 관원을 파견해 가족에게 바치라고 전했다. 그런데 그 가족
들은 세미를 바치지 않고 야밤 도주했다. 그러자 이것을 동리에서 징수
하게 했는데, 사람들은 전지를 팔아 세미를 간신히 메웠다. 이로 인해
고아와 과부들이 생겼고 유랑하다가 길에서 굶어 죽었다. 본전이 무려
1천2백 냥이나 되었다. 이 금액은 재상이 공청에 나갈 때 가마 앞에 큰
횃불 한 쌍을 태우는 가격과 같다. 재상들은 다시 한 번 백성들을 가엽
게 생각해야만 한다.

제6조 죤사 竣事
진황 정책賑荒 政策의 끝마무리

賑事將畢이어든 點檢始終하여 所犯罪過를 ○○省察이니라.
진사장필이어든 점검시종하여 소범죄과를 일일성찰이니라.

구제하는 일이 끝나가면 처음과 끝을 점검해서, 범한 잘
못을 하나하나 살핀다.

사람들은 백성·하늘·자신의 마음 등을 몹시 두려워한다. 뜻이 정성
스럽지 않고 마음이 불손하기 때문에 윗사람과 국가를 속이고, 치사하
게 형벌을 피하고, 자신의 이익과 녹봉을 위해 노력한 것을 백성들이 모
두 알고 있다. 그렇기 때문에 스스로의 죄를 알기 위해서는 백성들의 말
에 귀를 기울여야한다. 수령이 반드시 이것을 지킨다면 스스로 진휼하
는 것에 죄가 없을 것이다.

自備之穀은 將報上司니 自査情實하여 毌敢虛張이니라.
자비지곡은 장보상사니 자사정실하여 무감허장이니라.

스스로 비축한 곡식은 상사에 보고해야 하니, 스스로 실
정을 조사해서 감히 거짓 기록하지 말 것이다.

조선 숙종 때 이관이 많은 고을을 맡아 다스렸는데, 그는 "수령이 개
인적으로 비축한 구제곡은 틀림없이 부정으로 마련된 것이다. 이것을
내세워 공으로 인정받겠다는 것은 매우 창피한 짓이다."라면서 많은 굶
주린 백성을 먹였다. 하지만 보고서에는 조정명령에 따라 약간 명만 올
렸다. 전관이 이관이 경주부윤으로 재직할 때 보고서를 보고 "작은 고
을일지라도 스스로 비축한 진곡이 수천 석인데, 경주 같은 큰 고을에서
10여 석뿐이다. 이것으로 실제 재고를 보고하지 않은 것임을 알 수가
있다. 많이 비축했다고 상을 받은 자들은 부끄러워해야 할 것이다."라
고 했다.

善與不善과 其功其罪는 詳觀法令하면 斯可以自知矣니라.
선여불선과 기공기죄는 상관법령하면 사가이자지의니라.

잘하고 잘못한 것이나 공로와 죄과는, 법령을 자세히 보
면 저절로 알게 될 것이다.

영조 경신년에 경기·황해·강원에서 굶주린 백성들이 유량하다가 장안으로 들어온 사람이 무려 1천4백여 명이었다. 이에 임금은 그들을 편안하게 살게 하지 못했다면서 세 곳의 도신을 책망했다. 그런 다음 죽을 쑤어 그들을 진휼하라고 영을 내렸다.

芒種之日에 旣罷賑場하고 乃設罷賑之宴하되 不用妓樂이니라.
망종지일에 기파진장하고 내설파진지연하되 불용기악이니라.

망종날 이미 진장을 파하면, 곧 파진연을 베풀되, 기악은 쓰지 않는다.

파진연은 큰일을 완수한 다음에 한잔 술과 한 접시 고기를 차려 그들의 노고를 위로해주는 회식이다. 한마디로 축하하거나 경사스런 날이 아니기 때문에 풍악이 없다. 그래서 목민관은 상황판단을 정확하게 한 다음에 처신하는 것이 옳다.

是日에 論功行賞하고 厥明日에 修簿報司니라.
시일에 논공행상하고 궐명일에 수부보사니라.

이날 논공행상하고 이튿날에는 장부를 정리하여 상사에 보고한다.

『속대전』의 「호전조」에 '굶주린 백성을 사적으로 진휼해서 많이 살리거나, 자신의 곡식으로 관의 진휼을 도운 사람은 많고 적음에 따라 차등 있게 상을 준다.' 라고 했다. 『대전통편』의 「호전조」에 '각도에 진곡 바치기를 원할 때 50석 이상이면 반드시 기록해 조정에 아뢰고, 50석 이하는 본도에서 상을 준다.' 라고 규정되어 있다.

大饑之餘에는 民之綿綴이 如大病之餘에 元氣未復하니 撫綏安集
대기지여에는 민지면철이 여대병지여에 원기미복하니 무수안집
을 不可忽也니라.
을 불가홀야니라.

큰 흉년이 든 뒤에는 백성들의 기진맥진함이 마치 큰 병을 치른 뒤에 원기가 회복되지 않는 것과 같으니, 어루만지고 안정시키는 것을 소홀히 해서는 안 된다.

숙종 7년, 전년까지 관서지방에 매년 흉년이 들었는데, 그 중에 여섯 고을은 더더욱 심했다. 이에 따라 굶주리는 백성들 중 일가는 있지만 전지가 없는 사람, 일가는 없지만 전지가 있는 사람, 일가나 전지도 없어 유랑하면서 걸식하는 사람 등으로 나눠 양식을 주었다. 그 뒤 유랑하면서 걸식하는 무리에게 조세를 탕감하도록 허락했다. 또한 감사의 보고에 따라 전지가 없는 사람을 조사해 일체를 면제해 주었다. 그때 곡식이 무려 1천6백30여 석이었다.

| 제 12 장 |

해관육조
六條

제조 체대遞代
진수령의 교체

官必有遞하니 遞而不驚하고 失而不戀이면 民斯敬之矣이리라.
관필유체하니 체이불경하고 실이불련이면 민사경지의이리라.

관직은 반드시 체임되게 마련이니, 갈려도 놀라지 않고
잃어도 미련을 갖지 않으면 백성들이 공경한다.

송나라 양만리가 벼슬에 올랐을 때, 서울에서 집까지 돌아갈 노자를 계산해 상자에 넣어두고, 집안사람에게 일러 물건 하나라도 사지 못하게 했다. 이것은 돌아가는 짐 보따리에 누가 될까봐 그랬는데, 그는 날마다 행장을 재촉하는 사람처럼 행동한 것이다. 이에 정선이 "과거에 한 경조윤이 있었는데, 이름은 기억나지 않는다. 그는 가족을 동행하지 않고 짐은 닳아빠진 상자 하나였다. 항상 새벽 일어나 자리를 정리하고, 식사가 끝나면 주발을 씻고 수저를 챙겨 넣는다. 이렇게 행한 것은 항상 여관에 든 사람처럼 떠나가려는 것처럼 보이기 위해서다. 그래서 호강한 자들 위에 섰고 환관들을 거절했는데, 그에겐 두려운 것이 없었다."라고 했다.

棄官如跳는 古之義也니 旣遞而悲면 不亦羞乎아.

기관여사는 고지의야니 기체이비면 불역수호아.

벼슬을 헌신짝처럼 버리는 것이 옛사람의 의리이니, 교
체되었다 해서 슬퍼하면 부끄러운 일이 아닌가.

고려의 최재가 지양주사로 근무할 때, 원나라 강향사가 와서 존무사
를 욕보였다. 그러자 그는 앞으로 자신에게도 미칠 것을 염려해 벼슬을
버리고 낙향했다.

治簿有素하여 明日遂行이면 淸士之風也요 勘簿廉明하여 俾無後

치부유소하여 명일수행이면 청사지풍야요 감부염명하여 비무후

患이면 智士之行也니라.

환이면 지사지행야니라.

평소에 장부를 정리해 두어서 이튿날 곧 떠나는 것은 맑
은 선비의 기풍이요, 문부를 청렴하고 밝게 마감하여 뒷
근심이 없게 하는 것은 지혜 있는 선비의 행동이다.

후한 양병이 자사로 부임하면서 2천 석의 녹봉을 일로 계산해서 받았
고, 나머지 녹봉은 집에 가져오지 않았다. 그러자 아전이 백만 전의 돈
을 실고 와서 주었는데, 순간 그는 문을 닫아걸고 받지 않았다.

父老相送하여 飮錢于郊하고 如嬰失母하여 情見于辭면 亦人世之
부로상송하여 음전우교하고 여영실모하여 정견우사면 역인세지
至榮也라.
영야니라.

부로들이 교외에서 연회를 베풀어 전송하고 어린아이가
어머니를 잃은 것 같은 정으로 인사하는 것은, 역시 인간
세상의 지극한 영광이다.

양나라 동양태수 사훤이 임기를 마치고 떠날 때였다. 고을사람들은
돈 1만 전을 그에게 보냈다. 그는 아무런 표정도 없이 1백전 만 받고는
"돈이 유총보다 많아 부끄럽다."라고 했다.

歸路逢頑하고 受其叱罵하여 惡聲遠播면 此人世之至辱也니라.
귀로구완하고 수기질매하여 악성원파면 차인세지지욕이니라.

돌아오는 길에 사나운 백성을 만나 꾸짖음과 욕을 당하
여, 나쁜 소문이 멀리 전파되는 것은 인간 세상의 지극한
욕인 것이다.

「다산필담」에 '해남현 북쪽으로 30리 쯤 가면 관아로 통하는 길옆에
높은 절벽이 솟아 있다. 탐욕스런 관리가 임기를 마치고 돌아갈 때는

아전과 백성들이 절벽 위에서 밑을 내려다보면서 그의 죄를 소리쳐 꾸짖는다. 이때 탐관의 행차를 호위하는 사람들은 혹여 불상사나 일어나지 않을까라는 염려로 이곳에 도착하면 말을 빨리 달려 지나간다. 그래서 붙여진 이름이' 질치암 '이라고 한다.' 라고 했다.

제2조 귀장 歸裝
체임遞任되어 돌아가는 수령의 행장行裝

清士歸裝은 脫然瀟灑하여 敝車羸馬라도 其淸飈襲人이니라.
청사귀장은 탈연소쇄하여 폐거리마라도 기청표습인이니라.

맑은 선비가 돌아가는 행장은 가뿐하고 시원스러워 낡은
수레와 파리한 말이라도 맑은 바람이 사람을 감싼다.

　고려 때 유석이 안동부사로 근무하면서 빼어난 정사로 칭송을 받았다.
하지만 최이 등의 무리들에게 모함당해 귀양을 가게 되었다. 그가 떠나
는 순간 어떤 늙은이와 어린이가 "옥황상제님! 우리 영감께서 무슨 죄가
있다고 이러하십니까? 이제 그분이 가시면 백성들의 살길이 막막합니
다."라면서 길을 막고 울부짖었다. 이때 그의 부인이 자녀와 함께 떠나
는데, 말이 3필뿐이었다. 말이 부족해 걸어가는 사람도 있자, 고을사람
들이 슬퍼하면서 하루 머물길 청했다. 하지만 그의 부인은 듣지 않자,
고을사람들은 말과 마부를 내어 호송하려고 했다. 그렇지만 그의 아내
가 "남편의 귀양살이는 처자식 역시 죄인입니다. 그런데 어찌 사람과 말

에게 도움을 받겠습니까?"라며 끝내 사양했다. 이에 고을사람들은 천생연분이라고 입을 모았다.

箏籠에 無新造之器하고 珠帛無土産之物이면 淸士之裝也니라.
사롱에 무신조지기하고 주백무토산지물이면 청사지장야니라.

상자와 채롱은 새로 만든 그릇이 없고, 구슬과 비단에 토산품이 없으면 맑은 선비의 행장이다.

당나라 육구몽집이 고소에 있었는데, 특이하게도 문 앞에 큰 돌 하나가 있었다.
　그 사연은 그의 조상이 울림태수로 재직하다가 임기를 채우고 돌아올 때, 짐이 없어서 배가 바다를 건널 때 중심을 잡기 위해 실은 돌이었다. 그래서 사람들은 이것을 '울림석'이라고 했다.

若夫投淵鄭火하여 暴殄天物하여 以自鳴其廉潔者는 斯又不合於
약부투연척화하여 폭진천물하여 이자명기염결자는 사우불합어
天理也니라.
천리야니라.

물건을 못에 던지고 불에 집어넣어 물건을 천히 하고 아

끼지 않으면서 청렴하고 깨끗하다는 이름을 버려고 하는
것도 천리에 맞지 않는다.

송나라 공기가 관에 근무할 때, 그의 두 아우가 동쪽지방에서 돌아왔
다. 그들이 돌아올 때 실은 짐이 10여척의 배에 가득했는데, 대부분 비
단 · 종이 · 자리등속이었다. 이에 공기가 짐들을 언덕 옆에 쌓아놓고
모두 불태우면서 "너희들은 선비인데, 어째서 장사꾼이 되려하느냐?"
라고 했다.

歸而無物하고 清素如昔이 上也요 設爲方便하여 以贍宗族이 次也
귀이무물하고 청소여석이 상야요 설위방편하여 이섬종족이 차야
니라.
니라.

집에 돌아와서 물건이 없어 검소하기가 전과 같은 것이
으뜸이고, 방법을 강구하여 일가들을 도와주는 것이 그
다음이다.

양성재가 강동전운부사에서 퇴임하고 고향으로 떠날 때다. 그의 녹봉
1만 냥이 창고에 그대로 남아 있었지만, 버려두고 몸만 돌아갔다. 또 그
의 아들이 오양의 장수가 되어 받은 녹봉 7천 냥인데, 그 역시 가난한

가호를 대신해 조세로 수납했다. 하지만 그의 집은 짧은 서까래에 흙섬돌의 쓰러져가는 농삿집이었지만, 3대 동안 늘리고 꾸미지 않았다. 사양숙이 여릉 수령으로 재직하다가 임기가 끝나면서 그를 방문했다. 문을 거쳐 마루에 올라왔는데, 눈앞에 보이는 모든 것이 본받을 만한 것들이었다. 이에 화공에게 명해 그 집을 그림으로 그려서 가지고 나왔다.

제3조 원류 願留
백성들이 수령의 유임留任을 청원請願함

惜去之切하여 遮道願留하며 流輝史册하여 以照後世는 非聲貌之
석거지절하여 차도원류하며 유휘사책하여 이조후세는 비성모지
所能爲也니라.
소능위야니라.

떠나는 것을 애석하게 여김이 간절하여 길을 막고 유임
하기를 원하며, 빛을 역사책에 남겨 후세에 전하게 하는
것은 말과 형식으로만 되는 것이 아니다.

조선 영조 때 유정원이 자인현감으로 재직할 때였다. 그는 휴가를 얻
어 돌아오면서 벼슬을 그만두겠다고 마음먹었다. 이를 눈치 알아차린
고을백성들이 관아로 몰려와 사흘 동안 밤낮으로 지켰다. 그러자 유정
원은 식구들을 관아에 둔 다음 돌아오겠다는 뜻을 비쳤다. 휴가에서 돌
아온 그는 상부에 사직서를 세 번이나 올렸는데, 이에 상부에서는 "백성
들이 어머니를 잃은 것처럼 갈팡질팡하는데, 개인사정을 따라 처리할

수가 없다."라며 허락하지 않았다. 그는 어쩔 수 없이 고을로 돌아오자 백성들이 모두 환영했다.

奔赴闕下하여 乞其借留어든 因而許之하여 以順民情이니 此古勸
분부궐하하여 걸기차류어든 인이허지하여 이순민정이니 차고권
善之大柄也니라.
선지대병야니라.

대궐로 달려가 유임하기를 빌면 나라에서 그대로 허락하여 주어서 백성들의 뜻에 따르는 것은 예전에 착한 것을 권하는 큰 방법이다.

후한의 구순이 영천태수로 재직할 때, 광무제가 집금오로 임명했다. 며칠 후, 광무제와 함께 영천을 지나는데, 백성들이 황제의 길을 막고 1년만 그를 빌려달라고 청원했다. 아에 광무제는 기뻐하면서 흔쾌히 영천태수로 복귀시켰다.

聲名所達에 或隣郡乞借하고 或二邑相爭이면 此賢牧之光價也니라.
성명소달에 혹인군걸차하고 혹이읍상쟁이면 차현목지광가야니라.

명성이 드날려서 이웃 고을에서 와 주기를 청하거나, 두

고을이 서로 와 주기를 다투면 이는 어진 수령의 좋은 평가이다.

조선 현종 때 이정악이 서산군수로 근무할 때였다. 당시 현종은 매년 온천으로 행차하면서 비용을 생략하라는 하명을 내렸다. 하지만 임금의 이런 하교에도 불구하고 여러 고을의 노역과 비용은 만만찮았다. 그렇지만 이정악은 비용처리를 적당하게 한 탓에 아전과 백성들이 임금의 행차를 눈치 채지 못했다. 이에 조정은 그를 파주목사로 제수시켰는데, 서산 백성들이 부모를 잃은 것처럼 생각하면서 "무엇 때문에 이곳에서 빼앗아 저곳으로 주십니까?"라며 호소했다.

或久任以相安하고 或旣老而勉留하여 唯民是循하여 不爲法拘도
혹구임이상안하고 혹기로이면류하여 유민시순하여 불위법구도
治世之事也니라.
치세지사야니라.

오래 재임하여 서로 편안하게 되었거나 이미 늙었는데도 애써 유임시켜서 오직 백성의 뜻에 따르고 법에 구애되지 않는 것은 태평세대의 일이다.

명나라 유강이 영주지주로 부임해 재임기간이 무려 34년이었다. 당시 백성들이 그를 유임시키기를 청할 때마다 인종이 술을 하사했다. 이

에 백성들은 그것을 영광으로 생각했다.

因民愛慕하고 以其聲績으로 得再莅斯邦도 亦史冊之光也니라.
인민애모하고 이기성적으로 득재이사방도 역사책지광야니라.

백성이 사랑하고 사모하기 때문이거나 그 치적의 명성으로 다시 그 고을에 부임하게 되는 것 역시 역사책에 빛나게 된다.

고려 채정이 경주 장서기로 근무할 때, 경주사람들과 영주사람들이 뭉쳐 난을 일으켰다. 그러자 조정에서는 안무사를 보내 평정하려고 했지만 적당한 인물이 없었다. 이때 어떤 대신이 경주사람들이 채정을 존경한다고 아뢨다. 이에 임금은 유수부사로 임명했고, 그는 말 한필에 몸을 실고 부임지에 도착했다. 그 뒤로부터 난이 자동적으로 평정되었다.

其遭喪而歸者가 猶有因民不舍어든 或起復而還任하고 或喪畢而
기조상이귀자가 유유인민불사어든 혹기복이환임하고 혹상필이

復除니라.
부제니라.

어버이의 상을 당해서 돌아간 자를 백성들이 놓지 않으

려 하면 기복하여 다시 임명시키기도 하고, 상사를 마친 뒤에 다시 제수하기도 한다.

명나라 유백길이 탕산현의 수령으로 근무하다가 부모상을 만나 그만 두었다. 초상이 끝나자, 탕산백성들이 대궐 앞으로 모여 그의 재임을 청했다. 이 말을 들은 어떤 대신이 "새 수령이 탕산으로 부임한 기간이 벌써 2년입니다."라고 아뢰자, 황제가 "새 수령이 전임 수령보다 뛰어 났으면 백성들이 그를 청하지 않았을 것이다. 이것은 분면 전임수령이 훨씬 정무에 밝았다는 증거다."라며 그를 재임시켰다.

陰與吏謨하여 誘動奸民하여 使之詣闕而乞留者는 欺君罔上이니
음여리모하여 유동간민하여 사지예궐이걸류자는 기군망상이니
厥罪甚大니라.
궐죄심대니라.

몰래 아전과 함께 모의하여 간사한 백성을 꾀어 움직여 서 대궐에 나아가서 유임하기를 빌게 하는 것은, 임금을 속이고 윗사람을 속이는 것이니 그 죄가 매우 크다.

명나라 선종 때 왕취가 한중동지로 부임했는데, 그는 잔치를 베풀게 하고 속리에게 아뢰게 해 지부로 삼도록 요구했다. 이것이 조정에 알려 지면서 선종이 노해서 그와 함께 속리까지 벌을 내렸다.

제4조 걸유 乞宥
백성들이 수령의 죄의 용서를 비는 것

文法所坐에 黎民哀之하여 相率籲天하며 冀宥其罪者는 前古之善俗
문법소좌에 여민애지하여 상솔유천하며 기유기죄자는 전고지선속
也니라.
야니라.

법에 좌죄된 것을 백성들이 불쌍히 여겨 서로 이끌고 임
금에게 호소하여 죄를 용서해 주기를 바라는 것은 옛날
의 좋은 풍속이다.

　범희정이 조현의 수령으로 근무할 때, 어느 간사한 아전이 뇌물을 받
았다. 그가 그 죄를 조사해 형틀에 묶어서 서울로 압송시켰다. 그러나
아전은 도리어 그를 모함해 체포되게 했다. 그러자 조현 백성 8백여 명
이 장안으로 돌라와 "범희정 수령은 청렴함과 동시에 정사에 능력이 있
습니다. 그런데 지금 간사한 아전에게 모함을 당했습니다."라며 호소했
다. 또 시랑 허확이 임무를 수행하기 위해 조현을 지나갈 때, 고을의 노

인 2백여 명이 길을 막고 이마를 조아리며 "조정에서 우리의 어진 수령을 잡아갔습니다. 부디 억울함을 청해주십시오."라며 울면서 호소했다. 허확이 조정으로 졸아가 황제에게 고하자, 그를 석방시켜 조현으로 돌려보냈다.

제5조 은졸 隱卒
수령이 재임 중 사망하는 경우

在官身沒에 而淸芬益烈하며 吏民哀悼하며 攀轜號咷하여 旣久而不
재관신몰에 이청분익렬하며 이민애도하며 반이호도하여 기구이불

能忘者는 賢牧之有終也니라.
능망자는 현목지유종이니라.

관직에 있으면서 죽어 맑은 덕행이 더욱 빛나, 아전과 백
성이 슬퍼하여 상여를 붙잡고 부르짖으며 울고, 오래 되
어도 잊지 못하는 것은 어진 수령의 유종의 미이다.

조선 선조 때 노대하가 고부군수로 재직하다가 관에서 사망했다. 이때
그를 염하라며 군에서 비단으로 수의를 만들어 부의로 보내왔다. 이때
정읍현감 박충생이 염하는 것을 보고는 "노군수가 평생 동안 사치하는
것을 싫어했다. 이것은 당치도 않는 것이다."라며 허락하지 않았다.

寢疾旣病이면 宜卽遷居하여 不可考終于政堂하여 以爲人厭惡니라.
침질기병이면 의즉천거하여 불가고종우정당하여 이위인염오니라.

오래 병으로 누워 위독해지면 곧 거처를 옮겨야 할 것이
요, 정당에서 운명하여 다른 사람들이 싫어하게 해서는
안 된다.

조선 광해군 때 이위국이 상원군수로 부임했다. 그가 부임하기 전부터
군의 관사에 귀신 나타나 부임한 군수들을 해쳤다는 소문이 나돌고 있었
다. 더구나 그런 이유를 들어 지금까지 사용하지 않고 비워두었다. 하지만
그가 부임하면서 그곳을 수리하게 한 다음 거처했다. 거처한 첫날밤, 자신
이 타고 다니는 애마가 갑자기 죽었다. 하지만 그는 아무 일이 없었다는
듯 덤덤하게 생각했는데, 끝내 자신이 죽는 일이 없었다. 얼마 후 이천부
사로 승진되었다. 이곳 역시 전임 부사가 부의 관사에서 연달아 세 명이나
죽었다. 그래서 아전들은 좌석을 만들고 자리를 깔아 귀신을 위해 정당에
서 제사지냈다. 지금까지 여러 전임부사들이 이곳을 피해 민가에서 기거
했다. 하지만 이위국은 아전에게 "신관이 오면 구관은 당연히 떠나는 것
이다. 그래서 귀신인들 이것과 다르겠느냐?"라며 그곳에 거처했다.

喪需之米는 旣有公賜니 民賻之錢을 何必再受리오. 遺令可矣니라.
상수지미는 기유공사니 민부지전을 하필재수리오. 유령가의니라.

상에 소용되는 쌀을 이미 나라에서 주는 것이 있으니, 백성의 부의 돈을 어찌 두 번 받을 수 있겠는가. 유언으로 못하도록 명령하는 것이 옳다.

『속대전』과 『호전조』에 '수령 본인이 죽거나 상을 당하면 상수미를 차등으로 지급한다. 관찰사나 수령이 임지에서 상을 당하면 호남과 영남지방은 40석, 호서지방은 30석, 본인이 가망하면 호남과 영남은 40석, 호서는 35석, 해서지방은 친상이나 본인의 상은 35석이다. 아내가 사망하면 모두 본인의 상에 절반이다.' 로 규정짓고 있다.

治聲旣轟하여 **常有異聞**이면 **爲人所誦**이니라.
치성기굉하여 상유이문이면 위인소송이니라.

잘 다스렸다는 명성이 널리 퍼져 항상 특이한 소문이 있으면 사람들이 칭송하게 된다.

왕업이 형주자사로 부임해 덕으로써 백성들을 다스렸다. 그가 지강에서 사망하자, 흰 호랑이 세 마리가 머리를 숙이고 꼬리를 끌며 밤새워 빈소를 지켰다. 상여가 고을을 넘어가는 순간, 어디로 사라졌는지 알 수가 없었다.

제6조 유애 遺愛
수령이 백성들의 애모愛慕속에 죽거나 떠나감.

既沒而思하여 廟以祠之이면 則其遺愛를 可知矣니라.
기몰이사하여 묘이사지이면 즉기유애를 가지의니라.

죽은 뒤에 사모하여 사당을 세워 제사지내 주면, 그 유애
가 남아 있음을 알 수 있는 것이다.

김희가 남원부사로 재직하면서 백성들을 자식처럼 생각하고, 송사를
간결하고 명확하게 물 흐르듯 처리했다. 그가 재임하는 몇 해 동안 고을
전체가 시끄럽지 않았다. 그러던 중 그가 병이 들어 관에서 사망했다.
이후부터 고을사람들은 그의 제삿날이 되면 어김없이 제사를 모셨다.

生而祠之는 非禮也니 愚民爲之하여 相沿而爲俗也니라.
생이사지는 비례야니 우민위지하여 상연이위속야니라.

살아서 제사지내는 일은 예가 아닌데, 어리석은 백성들이 행하여 서로 따라서 풍속이 되었다.

당나라 적인걸이 위주자사로 부임했는데, 백성들은 그를 위해 생사당을 세웠다. 그런 후 그의 아들 경휘가 위주에서 벼슬하면서 탐욕에 빠져 못된 짓거리를 했다. 이에 백성들은 괴로움을 이기지 못해 아버지 적인걸의 생사당을 부셔버렸다.

刻石頌德하여 以示悠遠은 卽所謂善政碑也니 內省不愧가 斯爲難
각석송덕하여 이시유원은 즉소위선정비야니 내성불괴가 사위난
矣니라.
의니라.

돌에 새겨 덕을 칭송하여 영원토록 보도록 하는 것이 이른바 선정비인데, 마음으로 반성하여 부끄럽지 않기가 어렵다.

조선 인조 때 석담 이윤우가 경성판관아로 부임했다. 경성은 장안과 수천 리 떨어진 변방에 위치했는데, 이곳은 옛날 석막의 터였다. 더구나 풍속이 오랑캐와 섞여있는 바람에 백성들을 다스리기가 무척 어려웠다. 그렇지만 이윤우는 이것에 굴하지 않고 정성을 다해 백성을 다스리면서 죄를 지어도 용서했다. 그가 임기를 마치고 돌아간 다음에 고을

백성들은 그를 기리기 위해 철비를 세웠다.

木碑頌惠는 **有誦有諂**하니 **隨卽去之**하고 **卽行嚴禁**하여 **毋底乎恥**
목비송혜는 유송유첨하니 수즉거지하고 즉행엄금하여 무적호치
辱矣니라.
욕의니라.

목비를 세워 덕정을 칭송하는 것은 찬양하는 것도 있고
아첨하는 것도 있으니, 세우는 데로 곧바로 없애고 엄금
하여 치욕에 이르지 않아야 한다.

조선 헌종 때 찬서 이상황이 충청도 암행어사로 재직할 때의 어느 날 새벽 괴산군으로 출도 했다. 그가 고을 밖 5리쯤 왔지만 아직까지 날이 어두컴컴했다. 이때 멀리 보이는 미나리 밭 가운데서 어떤 백성이 열심히 움직이고 있었다. 자세히 보자, 그는 소매에서 나뭇조각을 꺼내 진흙 속에 거꾸로 박았다가 조금 후에 또다시 길옆에 세웠다. 그런 다음 앞으로 수십 걸음을 가다가 또다시 그와 같은 행동을 되풀이하길 다섯 번이나 되었다. 그가 다가가 "그것이 무슨 행동이오?"라고 하자, 그가 "이것은 선정비라는 것입니다. 설명해도 나그네가 알지 못합니다."라고 했다. 이 말에 어사가 "허~어, 그래도 진흙을 해서 세우는 이유가 궁금하오?"라고 물었다. 그는 마지못한 표정으로 "이방이 암행어사가 사방으로 돌아다니고 있다고 말했다오. 그가 나에게 이 비 열개를 주면서 동쪽 길에 다섯 개, 서쪽 길에 다섯 개를 세우라고 했습니다. 그래서 난

눈먼 어사가 이것을 진짜로 알까봐 염려되어 일부러 진흙 칠을 해서 세우고 있습니다."라고 했다. 어사가 날이 밝기가 무섭게 관청으로 들어가서 선정비에 대해 따져 묻고, 군수를 봉고파직 시켰다.

既去而思하여 樹木猶爲人愛惜者는 甘棠之遺也니라.
기거이사하여 수목유위인애석자는 감당지유야니라.

이미 떠나간 뒤에도 사모하여 그가 노닐던 곳의 나무까지도 사람들이 아끼게 되는 것은 감당의 유풍이다.

당나라 이석이 우성령으로 부임했다. 관사에는 버드나무 세 그루가 있었는데, 그가 이곳을 좋아해 왕래하면서 쉬기도 했다. 후임자 역시 이곳을 좋아해 버들을 베지 않고 감당에 견주었다.

愛之不諼하여 愛取侯姓하여 以名其子者는 所謂民情을 大可見也라.
애지불훤하여 원취후성하여 이명기자자는 소위민정을 대가견야라.

사랑해서 잊지 못하여 수령의 성을 따서 그 아들의 이름을 짓는 것은 이른바 민정은 크게 볼 수 있다는 것이다.

당나라 한유가 양산령으로 재직했는데, 이때 백성들이 아들을 낳으면 무조건 성씨를 한이라고 했다.

既去之久에 再過茲邦이면 遺黎歡迎하여 壺簞滿前도 亦僕御有光
기거지구에 재과자방이면 우려환영하여 호단만전도 역복어유광
이니라.
이니라.

떠난 지 오랜 후에 다시 그 고을을 지날 때, 백성들이 반
갑게 맞아서 마실 것과 도시락 밥이 앞에 가득하면 말몰
이꾼도 빛이 난다.

유정원이 통천군수로 근무하면서 백성들에게 은혜를 많이 베풀었다.
그가 임기를 마치고 돌아간 2년 만에 어떤 임무를 위해 회양에 도착했
다. 그러자 통천백성 50여 명이 수백리 길을 달려와 반가운 마음에 눈
물까지 흘렸다.

與人之誦이 久而不已면 其爲政을 可知已니라.
여인지송이 구이불이면 기위정을 가지이니라.

많은 사람들의 칭송하는 것이 오래도록 그치지 않으면
그가 행한 정사를 알 수 있다.

고려 하윤원이 원주목사로 재직하면서 백성들에게 선정을 베풀었다. 임기를 마치고 돌아가자, 치악산의 중 운감이 다음과 같은 시를 지어 그에게 보냈다. '아이가 어머니 옆에 있을 땐 / 은혜와 사랑을 모르지만 / 어머니가 가면 아이가 우는 것은 / 춥고 배고픔이 왔기 때문이네'

居無赫譽하고 去而後思는 其唯不伐而陰善之乎저.
거무혁예하고 거이후사는 기유불벌이음선호인저.

　있을 때에는 빛나는 명예가 없었으나, 떠난 뒤에 사모하는 것은 공을 자랑하지 않고 남모르게 착한 일을 한 때문이 아니겠는가?

　진나라 사안이 오회태수로 부임해 정사를 돌봤다. 당시 그가 있을 때는 보통사람으로 보였지만, 그가 떠난 뒤에 사람들이 아쉬워했다.

仁人所適에 從者如市하고 歸而有隨면 德之驗也니라.
인인소적에 종자여시하고 귀이유수면 덕지험야니라.

　어진 사람이 가는 곳에 따르는 자가 저자처럼 많고, 돌아와도 따름이 있는 것은 덕이 있었다는 징험이다.

『오대사』에 "5월 현이 수령으로 부임해 그의 정치교화가 골고루 미쳐 백성들이 사랑했다. 그가 다른 고을로 옮기자 온 고을 백성들이 집을 거느리고 따랐다. 그래서 사람들은 그를 ' 수사호 '라고 불렀다."고 했다.

若夫毁譽之眞과 善惡之判은 必待君子之言하여 以爲公案이니라.
약부훼예지진과 선악지판은 필대군자지언하여 이위공안이니라.

훼방과 칭찬이 참인가, 선과 악의 판단은 반드시 군자의 말을 기다려서 공안으로 삼아야 할 것이다.

원결이 지은 「도주자사단 벽기」를 보면 '천하가 태평할 때는 사방천 리 안에 있는 백성들을 자사가 생과 사, 희로애락 등을 마음대로 좌지 우지할 수 있다. 또 전쟁이 일어나면 백성들을 보호하고 환란을 평정시 키는 힘도 자사가 가지고 있다. 만약 자사가 문무나 도량이 없거나, 청 렴하지 않거나, 부하에게 엄하지 못하거나, 은혜가 부족하거나, 불공평 하거나, 정직하지 않으면 고을의 살아있는 모든 것들이 해를 입는다.' 고 했다.

쉬운
목민심서

2쇄 인쇄 2023년 01월 05일
2쇄 발행 2023년 01월 10일

편 저 대한고전문화편찬연구회
발행인 김현호
발행처 법문북스(일문판)
공급처 법률미디어

주소 서울 구로구 경인로 54길4(구로동 636-62)
전화 02)2636-2911~2, **팩스** 02)2636-3012
홈페이지 www.lawb.co.kr

등록일자 1979년 8월 27일
등록번호 제5-22호

ISBN 978-89-7535-783-1 (03190)

정가 18,000원

이 도서의 국립중앙도서관 출판예정도서목록(CIP)은 서지정보유통지원시스템 홈페이지(http://seoji.nl.go.kr)와 국가자료종합목록 구축시스템(http://kolis-net.nl.go.kr)에서 이용하실 수 있습니다. (CIP제어번호 : CIP2019040922)